Thinking, Feeling, Behaving
(Second Edition)

"REBT를 활용한 정서교육 프로그램 1"

Ann Vernon 저
박경애·하진의·윤정혜·이유미 공역

초등학생용

학지사

Thinking, Feeling, Behaving:
An Emotional Education Curriculum for Children/Grades 1-6
by Ann Vernon

역자 서문

이 책은 REBT(Rational Emotive Behavior Therapy)로 알려져 있는 인지·정서·행동치료이론에 그 근간을 두고 있다. 인지·정서·행동치료는 인간이 겪는 부적절한 정서와 부적응적 행동의 문제는 역기능적 사고 및 그 과정이 원인이므로 이것을 찾아 교정하여 건강하게 기능하는 방법을 제시해 주고 있다. 역자 대표는 그동안 REBT이론을 이해하고 적용하기 쉽게 수준별 교육과정을 개발하고 보급하면서, 그리고 임상장면에서 REBT를 적용한 상담 및 심리치료를 수행하면서 아동 및 청소년을 위한 교육용 프로그램의 필요성을 절실하게 느껴 왔다. 왜냐하면 아동 및 청소년은 그 인지적 특성이 성인의 그것과는 달라 아직도 형성 과정 중에 있기 때문에 REBT의 교육적 특성을 활용하여 올바른 신념체계를 형성하게 되면 성인처럼 왜곡된 신념의 교정에 드는 에너지와 시간을 절약하여 자신의 성장에 활용할 수 있다는 이점이 있다. 이러한 이유로 십수 년 전 REBT를 아동 및 청소년에게 적용하는 방법에 대해 고민하던 중에 이 책을 발견하게 되었고, 숙명여자대학교 박사과정에서 역자 대표의 REBT 세미나에 참석했던 학생들과 뜻을 같이하여 원서 초판을 번역하였고, 마침내 이 책(원서 2판)을 번역하게 되었다.

초역은 초등학교 1·2학년은 윤정혜 박사, 3·4학년은 하진의 박사, 5·6학년은 이유미 교수가 각각 맡아서 필요한 부분은 우리나라의 상황에 맞고 이해가 쉬운 내용으로 조정하였다. 역자 대표가 전체를 수합하여 모든 장을 검토하였고 영어의 우리말 표현이 적합하지 못한 부분을 찾아 영어번역 전문가의 도움을 받아서 적절한 의역을 시도하였다. 그런 후에 전체의 장을 면밀히 재검토하여 내용에 통일감과 조화를 유지할 수 있도록 최종 번역을 완료하였다.

『REBT를 활용한 정서교육 프로그램 1: 초등학생용』은 초등학교 학생 및 그 연령에 해당하는 아동용으로 제작된 사고 및 정서교육 프로그램이다. 그러므로 이 책에서는 '학생'과 '아동'으로 용어를 혼용하여 사용하였다. 이 책은 REBT에 대한 충분한 지식을 지니고 있는 학교교사, 상담교사, 아동상담자 등 아동 및 청소년의 정신건강과 사고 및 정서교육을 담당하는 전문가는 누구라도 활용할 수 있다. 본문에 있는 구조화된 프로그램을 적용하는 과정에서 내용을 아동 및 청소년의 인지 수준에 맞게 풀어서 설명해 주고, 모르는 단어에 대한 구체적인 설명이 선행되어야 하는 경우도 발생할 수 있을 것이다. 또한 프로그램을 한 단계씩 낮추어 적용해도 좋다. 예를 들어, 초등학교 5·6학년의 아이들을 대상으로 이 프로그램의 3·4학년용을 사용해도 무방하다. 또한 각 영역에서 집단의 리더가 적합하다고 판단되는 프로그램을 선정하여 활용할 수도 있다. 이때 프로그램의 원줄기에 충실하면서 융통성을 발휘하는 지혜가 필요하리라 생각된다.

이 프로그램을 성공적으로 수행하기 위해서 각 영역의 활동에서 제시하고 있는 준비물 등을 마련해야 되는 수고가 요구됨을 사족으로 더한다. 특별히 초등학생용에는 각 영역의 활동에서 필요한 색인 카드, 회전판, 게임판, 온도계 등의 교구를 제작하여 수록하였다.

이 책이 최선의 번역이 될 수 있도록 많은 정성을 기울여 준 공동역자 하진의 박사, 윤정혜 박사, 이유미 교수에게 깊은 감사의 마음을 전한다. 특히 윤정혜 박사는 다른 역자들과 연락사항을 주고받느라고 많은 수고를 하셨다. 특별히 고마움을 표한다.

2018년 8월

광운대학교 연구실에서

역자 대표 박경애

저자 서문

Albert Ellis는 초등학교 시절 주로 집을 보며 홀로 지내면서 자신의 감정을 대처하는 방법으로 REBT의 토대가 될 만한 아이디어를 생각해 냈고, 20대 초반에 자신의 심각한 수줍음을 극복하는 방법으로 REBT를 창안해 냈다고 한다. 그 후 1960년대에 Ellis는 REBT를 활용하여 개인과 부부들에게 전문적 치료를 시작하였다. 그러면서 그는 두 가지 흥미 있는 사실에 주목하였다. 첫째, 성치료와 부부치료가 정신분석적인 개인상담보다 더 직접적인 교육을 필요로 한다는 것이었다. 둘째, 성치료와 부부치료의 내담자들이 개인상담의 내담자들보다 훨씬 더 빨리 개선되었다는 점이다.

REBT가 비록 성인들에게 적용하기 위한 심리치료로 시작되었지만 항상 심리교육이 강조되어 왔다. REBT는 원리와 신념을 직접적으로 가르칠 뿐 아니라 어린 학생들에게도 이해될 수 있으며, 치료상황 밖에서도 정서적인 문제를 극복하기 위해서 쉽게 사용될 수 있다.

이 책은 아동 및 청소년을 위한 것인데, Ann Vernon이 Ellis의 초기 작업들을 확장시켰으며 REBT의 또 다른 많은 임상가는 REBT의 원리를 가르칠 수 있도록 가장 자세하고 명확하며 이해하기 쉽도록 각 장들을 만드는 데 기여하였다. 중요한 점은 여기에 제시된 활동내용은 교육현장에서 이루어진 아동 및 청소년에 대한 수많은 연구결과에 기초하고 있다는 것이다. 또한 이 내용들은 정서적인 문제를 가지고 있는 학생의 경우 특히 유용하게 사용될 것이다.

마지막으로, 연구들은 학생들이 정서적으로 건강해지도록 돕기 위한 노력은 문제가 일어나기 오래 전에 시작하는 것이 가장 중요함을 보여 주고 있다. 아동 및 청소년과 개인상담 및 집단상담을 실시하고 있는 심리치료자들이나 상담자들의 (이 책에 포함된 내용들이) 실제 활동에 도움이 된다고 확신한다. 이 책이 교육현장에서 아동 및 청소년을 돕기 위한 일환으로 널리 활용되고 적용되기를 기대한다.

이 책의 내용과 활용법

우리는 급변하는 변화의 시대 속에 살고 있다. 우리 모두는 더 이상 예측할 수 없고 안전하지 않은 세상에 적응해야 하는 도전에 직면해 있다. 학생들에게도 성장하는 것이 이전보다 더욱더 어려운 일이 되고 있다. 많은 젊은이가 이러한 인생의 도전들을 극복할 수는 있지만 어린 시절의 스트레스는 널리 퍼져 있다. 어린 시절의 우울과 자살 역시 증가 추세이다. 이런 문제들은 많은 젊은이가 아동기 발달을 특징짓는 전형적인 목표뿐 아니라 현재의 논란거리들에 대처하는 것이 얼마나 어려운가를 극적으로 표현해 주고 있다.

이러한 실제들에서 드러난 것처럼 우리가 학생들의 사회적 · 정서적인 발달을 다루는 것은 피할 수 없는 일이다. 부모들은 이 많은 짐을 필수적으로 짊어져야만 한다. 그리고 학교도 역시 이런 학습이 잘 되도록 격려해야 한다. 교육자로서 그리고 상담자로서 우리는 아동 및 청소년에게 많은 지식과 정보뿐만 아니라 이 급변하는 현대 사회에서 성공적으로 살아가기 위한 생존의 기술도 잘 가르쳐야 할 책임이 있다. 학생들이 사회적 · 정서적인 발달에 대처하지 못하는 것은 단지 그들이 배우는 능력을 방해할 뿐 아니라 문제를 다루는 방법을 자기 파괴적으로 적용할 수 있는 가능성이 높아질 수 있음도 유념해야 한다.

사고 및 정서교육 프로그램

두 권의 책으로 나온 『REBT를 활용한 정서교육 프로그램 1: 초등학생용』과 『REBT를 활용한 정서교육 프로그램 2: 중 · 고등학생용』의 목적은 교육자들, 상담자들, 학교 심리학자들, 사회 사업가들 그리고 학교에서 그 밖의 일을 담당하는 사람들에게 아동 및 청소년이 긍정적인 정신적 건강개념을 학습하도록 도와줄 포괄적인 교육과정을 제공하는 것이다. 각각의 책은 현장에서 시범 적용해 보고, 학년별로 등급을 매겨서 다음과 같은 다섯 가지의 소주제로 분류하였다. 각 주제는 자기수용, 감정, 신념과 행동, 문제해결/의사결정, 인간관계 영역으로 총 105개의 활동으로 이루어졌다.

이 교육과정은 다음의 몇 가지 측면에서 정신적 건강개념을 가르치기 위한 다른 과정들과 구별된다. 우선, 각 활동은 해당 학년에 맞게 발달상으로 적당하고 서로 연계가 있는 내용으로 구성하였다. 두 권의 책은 서로 연관되어 초등학교 1학년부터 고등학교 3학년까지의 학생들을 위해 통합된 프로그램을 제시하고 있다. 각 발달적 수준에서 이 프로그램을 받아 본 경험이 있는 학생들은 다음 프로그램에서 노력을 덜 들이고도 체계적인 효과를 기대할 수 있었다.

다음으로 각각의 활동은 특정한 목표를 성취하고자 한다. 이러한 목표들은 강조하기 위한 개념들과 기대하는 결과들의 지침을 제공한다. 또한 각각의 활동은 만약 필요하다면, 부연할 수 있는 내용질문과 개인적인 토론질문 모두를 포함한다. 내용질문은 개념을 확실하게 파악하게 해 주는 반면에, 개인적인 토론질문은 학생들이 배운 개념들을 자신의 삶에 적용할 수 있도록 격려한다. 개인적인 토론질문의 내용은 학생들이 배운 지식을 자신의 성장에 대처하는 데 활용하도록 돕기 때문에 매우 중요하다. 마지막으로, 학생들의 연역적 이해를 끌어내기 위해 시뮬레이션 게임, 역할놀이, 이야기, 작문활동, 아이디어 쏟아 놓기 활동, 미술활동 등에 참여하도록 하였다.

아마도 이 교육과정의 가장 중요한 특징은 그 내용이 정서교육에 아주 적합한 체계인 인지 · 정서 · 행동치료(REBT)의 이론적 원리에 강한 근거가 있다는 것이다. 그 이유는 다음과 같다. 첫째, REBT의 기초적인 원리는 대부분의 지능 수준이 있는 연령대의 학생들에게 쉽게 이해될 수 있으며, 적용되고 응용될 수 있다. 둘째, REBT는 행동적이고 정서적인 자기 통제기술을 가르친다. 마지막으로, REBT는 여러 가지 인지적 · 감정적 · 행동적 기술을 가르치는 것을 지지한다. 가장 중요하게는 REBT이론이 본질적으로 교육적이기 때문에 REBT의 다양한 개념이 정서교육 과정에 쉽게 통합될 수 있다.

인지 · 정서 · 행동치료(REBT)의 원리

이론의 기본적인 전제를 간단히 설명하고자 한다. 다만, 여기서는 간단한 개요만 언급하기 때문에 REBT에 익숙하지 않은 독자들은 이 책의 내용과 활용법의 끝부분에 적혀 있는 참고서적들을 더 깊이 공부하는 것이 도움이 될 것이다.

인지 · 정서 · 행동치료(REBT)를 창안한 Albert Ellis(1955)에 따르면, REBT는 일반적으로 정서적인 문제들이 사건 그 자체보다 사건들에 대한 잘못된 생각 때문에 생겨난다는 가정에 기초를 두고 있는 상담의 개입방법이다. 그러므로 REBT는 인지적-정서적-행동적 체계를 수반한다. 이러한 생각은 정서적 혼란을 A-B-C 이론으로 설명하며, 여기서 A는 선행사건, B는 사건에 대한 생각, 그리고 C는 정서적이고 행동적인 결과를 말한다.

많은 사람은 선행사건들이 결과를 야기한다고 생각한다. 그러나 REBT에서는 사건에 대한 생각들이 어떤 결과를 초래하는 데 중요한 요인이라고 생각한다. 만약 생각이 합리적이라면, 그 생각이 사람들로 하여금 건설적으로 행동하게 하여 그들의 목표를 달성하게 하는 적절한 정서를 갖게 한다. 반대로, 비합리적인 생각은 화, 분노, 우울과 같은 혼란된 정서를 갖게 해서 목표 달성을 어렵게 한다.

Ellis(1996)에 따르면, 모든 비합리적인 신념은 기본적인 당위적 사고에서 파생하며 다음과 같은 진술을 포함한다. 그것은 자신과 타인을 향해 탓을 돌리는 진술문, 어떻게 세상이 돌아가고 사물이 되어야만 하는지에 대한 요구적이고 비현실적인 견해, 사건을 과장하는 끔찍하다는 진술문, 그리고 좌절을 참을 수 없다는 낮은 인내심이다.

Waters(1982)는 이러한 비합리적인 신념이 청소년과 관계되었을 때 다음과 같은 표현으로 나타날 수 있다고 말한다.

> 다른 사람들이 나를 좋아하지 않는다면 그건 끔찍한 일이야. 나는 실수를 하면 안 돼. 특히 사회적 실수를 하면 안 돼. 모든 게 내 뜻대로 되어야 하고 원하는 것을 다 얻을 수 있어야 해. 나를 위해 일들이 쉽게 이루어져야 해. 세상은 공정해야 해. 나는 반드시 이겨야 해. 나는 그 어떤 것에 대해 기다릴 필요가 없어. 실수를 할 위험에 처하는 것보다는 도전을 피하는 것이 더 나아. 난 나의 친구들에게 인정을 받아야 해. 나는 비판을 견딜 수 없어. 내가 비참한 것은 부모님의 잘못이야. 나는 스스로 할 수 없어(Waters, 1982, p. 572).

일단 비합리적인 신념이 확인되면, A-B-C 패러다임의 D와 E가 작동된다. 논박(D)은 사건에 대한 가정들에 질문을 함으로써 비합리적인 신념들에 도전하는 것을 의미한다. 논박이 진행됨에 따라 비합리적인 신념은 효율적인 새로운 철학인 합리적 신념으로 대치되고 그 효과(E)로 정서도 더욱 완화되어 나타난다.

설명을 위해 준수의 사례를 보면, 그는 친구의 생일파티에 초대를 받지 못한 여덟 살 학생이다. 만약 준수가 파티에 초대받지 않았기 때문에(A-선행사건) 화가 났다면(C-감정적인 결과) 준수는 친구가 자신을 초대하지 않아서 가지 못했다는 것 때문에 지독하게 싫다고 자신에게 말할 것이다. 그는 초대되지 않았기 때문에 자신이 가치 없음에 틀림없다고(B-비합리적인 신념) 할 것이다. 준수가 문제를 다루는 것을 돕기 위하여 우리는 논박(D)으로 이러한 비합리적인 신념들에 도전하도록 용기를 줄 수 있다. 그렇게 하기 위하여 우리는 준수가 문제의 전체를 조망하고 강렬하지 않은 감정(E)을 가질 수 있도록 다음과 같은 질문을 할 수 있다.

1. 네가 파티에 초대받지 못한 것만으로 네가 실제로 좋은 아이가 아니라는 것을 의미한다고 할 수 있니?
2. 네가 초대받지 못했던 또 다른 이유는 무엇일까?
3. 너를 제외한 모두가 초대를 받았다고 생각해 보자. 그것은 네가 견딜 수 없는 끔찍한 일이라는 것을 의미하니?
4. 단지 네가 원한다는 이유만으로 친구가 왜 너를 초대해야만 하는 거니?
5. 네가 파티에 초대받지 못했다면 어떻게 이런 상황을 다룰 수 있을까?

아동 및 청소년을 위한 REBT의 적용

1970년에 뉴욕의 Rational Living 연구소(Institute of Rational Living)는 사립초등학교 Living School을 개교하였다. 이 학교의 목적은 전형적인 초등학교 수준의 교육과정에 추가하여 REBT 개념을 교육하는 것이었다. 이 학교의 교육과정이 운영되는 동안에 학생들의 정서적인 건강성을 향상시켰다는 것이 증명되었다. 현재에도 REBT는 아동 및 청소년을 위해 교육현장에서뿐만 아니라 개인상담 및 집단상담 등의 상담현장에서 광범위하게 활용되고 있다.

REBT 원리에 기초를 둔 정서교육 과정이 학령기 아동 및 청소년에게 성공적인 몇 가지 이유가 있다. 첫째, REBT는 심리교육적 특성을 지니고 있고 긍정적인 정신건강의 개념을 학생들에게 가르침으로써 학생들 스스로 자신을 돕는 것을 교육할 수 있다. 더욱 중요한 것은 REBT는 오늘날 학생들이 직면하는 여러 가지 문제와 관련된 핵심이 되는 비합리적인 신념을 수정하도록 시도한다. 예를 들면, 아동 및 청소년은 자신의 성적이 좋다거나 나쁜 수행의 문제를 자기 가치와 동등한 것으로 여기기 때문에 결코 좋은 감정을 느낄 수 없다. 어떤 사건에 대하여 끔찍하게 여기고 자기 패배적인 방법으로 반응한다(예를 들어, 술을 남용하거나 또는 식이장애가 생기기도 한다). 문제에 대하여 과잉 일반화된 조망을 하거나 또는 조망을 잃어버리고 충동적으로 반응한다(심지어 자살에 이르기도 한다). 게다가 많은 아동 및 청소년은 세상일이 자기 뜻대로 돌아가야만 한다고 지각하는 등의 비합리적인 태도에 쉽게 사로잡히는 것처럼 보인다. 이러한 조망은 열심히 노력해야 한다는 사실과 인생에 대한 장기적인 목표를 수립해 나가는 데 있어서 인내심을 잃어버리는 결과를 초래한다. 결국 학생들 스스로 생각을 바꿈으로써 부정적인 감정을 변화시키는 것을 배우지 않는 한 예방이나 치료를 위한 노력들은 별로 효과가 없을 것이다. REBT의 핵심 목표는 사람들로 하여금 생각들을 성공적으로 바꾸도록 돕는 데 있다.

이 책에 있는 활동들은 다양한 활동과 연역적인 질문을 통하여 핵심이 되는 비합리적인 개념을 보여 주고 있다. 예를 들어, 초등학교 1 · 2학년을 위한 자기수용: 활동 5(어이쿠)에서는 학생들이 자주 갖는 신념인 '실수하면 쓸모없는 사람이다.'를 논박하고 있다. 특히 학생들은 어떤 소년의 이야기—철자시험에서 실수했다는 이유로 '돼지 같은 멍청이'라는 말을 쓴 소년—에 귀를 기울인다. 몇 개의 연속된 질문을 통하여 학생들은 실수란 그렇게 중요한 것이 아니며 그 소년은 실수했다는 이유로 자신을 좌절시킬 필요가 없다라는 것, 그리고 실수하면서 그것을 통해 배우는 것은 자연스럽다라는 것을 알게 될 것이다. 또 다른 일반적인 비합리적인 신념은 '사람은 자신의 감정을 나타내서는 안 된다.'는 것이다. 초등학교 5 · 6학년을 위한 감정: 활동 3(바람직한/바람직하지 않은 표현)에서는 화, 실망, 공포, 걱정, 슬픔을 표현하는 적절한 방법을 학생들이 알 수 있도록 정서표현 활동지를 활용하고 있다.

이 프로그램의 사용에 관하여

최근에는 아동 및 청소년이 겪게 될지도 모르는 잠재적인 문제들을 최소화하거나 감소시키기 위해서 고안된 예방전달 체계를 개발하는 데 관심이 모아지고 있다(Pincus, 1990; vernon, 1998a, 1998b, 1998c, 2002). Bernard와 Joyce(1984)에 의해서 주목되었듯이, 예방적인 정신건강프로그램의 목표는 인간관계 기술을 개발하고, 자기존중감을 높이고, 문제해결/의사결정 전략을 개발하고, 인생에 대하여 융통성 있는 전망을 개발하고, 자신만의 가치체계를 획득하고, 의사소통 기술을 배움으로써 아동 및 청소년의 사회적 · 정서적 성장을 돕기 위함이다. 이 프로그램에서 제시하고 있는 여러 가지 활동은 가능한 한 앞에서 말한 영역의 문제들이 발생하기 전에 예방적인 차원에서 미리미리 사용하도록 추천하고 있다. 프로그램 자체가 치료적인 노력을 제공하기도 하며, 특별히 적응상에 문제가 있는 아동 및 청소년을 위한 개입방법으로 활용할 수도 있다.

활동프로그램은 주로 학급이나 소그룹 집단상담에 사용할 것으로 고안되었다. 이는 개인상담에서도 쓰일 수 있으며, 특별한 상황과 특별한 집단을 위해 필요한 만큼 변형하여 활용할 수도 있다. 이런 변화는 새로운 활동의 창조를 고무할 수 있을 것이다.

각 활동은 두 개의 주요 부분으로 나뉜다. 자극활동과 토론이다. 시작할 때 각 시간 및 각 단원의 목표를 설명하는 것은 특별히 중 · 고등학생들에게 유익하다. 자극활동은 50분 수업을 기준으로 대개 15~20분 동안 진행되도록 고안되었고, 15~20분 동안의 충분한 시간이 토론에 할당될 수도 있다. 토론은 학생들이 특별한 기술들을 배우도록 해 줄 것이다. 토론은 특별한 개념들에 관하여 관찰하게 할 것이다. 토론은 학생들에게 자기 자신, 인간관계, 자신의 행동, 자신의 감정에 대하여 더욱더 많이 알기 위해 필요한 통찰을 얻게 할 것이다. 토론은 활동프로그램의 중요한 요소이기 때문에 가능한 한 학생들로 하여금 원형으로 앉게 하는 것이 좋다.

활동의 많은 내용은 학생들로 하여금 정서적 적응에 관하여 자기 자신을 바로 보도록 하고 또한 학급의 친구들로부터 배우고 서로 나누도록 하게 된다. 그러므로 신뢰와 집단응집의 분위기가 확립되어야 하는 것은 필수적이다. 만약 적절한 분위기가 만들어지면 학생들은 종종 모여서 함께 나눌 기회를 좋아하게 된다. 그러나 만약 학생들이 개인적인 어떤 것을 나누는 데 불편해하는 것처럼 보인다면, 그런 학생들은 그냥 통과시키도록 한다. 억지로 토론에 참석시키려고 하지 말아야 한다. 단지 다른 친구들이 함께 나누고 토론하는 것을 듣는 것만으로도 학습경험이 될 것이고 또한 드러내 보이기는 꺼려지지만 자신도 경험하였을 느낌과 생각을 정상화하도록 도울 것이다.

또한 초기에 확실한 기본 규칙을 확립하는 것이 중요하다. 그러한 규칙은 학생들이 서로의 의견과 표현을 존중하도록 돕고, 개인적인 내용에 대한 토론은 집단 내에서만 이루어지고 집단 밖에서는 반드시 비밀이 보장되어야 함을 강조한다. 또한 학생 자신이 자신의 개인정보를 함께 나눌지 나누지 않을지에 대한 선택을 갖고 있다는 것을 알도록 도와준다. 계속해서 이러한 기본 규칙을 강조하는 것은 학생들에게 자신의 느낌을 표현할 수 있는 '안전한 공간'을 제공할 것이며, 또한 이러한 중요한 개념을 학생들이 자연스럽게 배울 수 있도록 도와줄 것이다.

참고서적

Bernard, M. E., & Joyce, M. R. (1981). *Rational-emotive therapy with children and adolescents: Theory, treatment strategies, preventative methods*. New York: Wiley.

Dryden, W. (1996). Rational emotive behaviour therapy. In W. Dryden (Ed.), *Handbook of individual therapy* (pp. 306-338).

Ellis, A. (1994). *Reason and emotion in psychotherapy*. New York: Institute for Rational-Emotive Therapy.

Ellis, A. (2001). *Overcoming destructive beliefs, feelings, and behaviors*. New York: Prometheus Books.

Ellis, A., & Bernard, M. E. (1983). *Rational-emotive approaches to the problems of childhood*. New York: Plenum.

Ellis, A., & Wilde, J. (2002). *Case studies in rational emotive behavior therapy with children and adolescents*. Upper Saddle River, NJ: Merrill Prentice Hall.

Pincus, D. (1990). *Feeling good about yourself: Strategies to guide young people toward more positive*, *personal feelings*. Carthage, IL: Good Apple.

Vernon, A. (1983). Rational-emotive education. In A. Ellis & M. Bernard (Eds.), *Rational-emotive approaches to the problems of childhood*. New York: Plenum.

Vernon, A. (1988a). *The Passport Program: A journey through emotional, social, cognitive, and self-development (grades 1-5)*. Champaign, IL: Research Press.

Vernon, A. (1988b). *The Passport Program: A journey through emotional, social, cognitive, and self-development (grades 6-8)*. Champaign, IL: Research Press.

Vernon, A. (1988c). *The Passport Program: A journey through emotional, social, cognitive, and self-development (grades 9-12)*. Champaign, IL: Research Press.

Vernon, A. (2002). *What works when with children and adolescents: A handbook of individual counseling techniques*. Champaign, IL: Research Press.

Waters, V.(1982). Therapies for Children: Rational-emotive therapy. In C. R. Reynolds & T. B. Gutkin (Eds.), *Handbook of school psychology* (pp. 37-57). New York: Wiley.

Wilde, J. (1992). *Rational counseling with school-aged population: A practical guide*. Muncie, IN: Accelerated Development.

한국어로 발행한 인지정서행동치료 관련 서적 및 사이트

[단행본]

박경애(2018). 인지정서행동치료(REBT) 단회기 상담사례. 서울: 학지사.

박경애(2013). 아동 및 청소년을 위한 인지행동치료 상담사례. 서울: 학지사.

박경애(2013). 아동 및 청소년을 위한 인지행동치료. 서울: 학지사.

박경애, 오인숙(2012). 인지정서행동치료의 기독교적 적용. 서울: 학지사.

박경애(1999). 인지행동치료의 실제. 서울: 학지사.

박경애(1997). 인지 · 정서 · 행동치료. 서울: 학지사.

[역서]

박경애, 김희수(2015). 왜 나는 계속 남과 비교하는 걸까. 서울: 소울 메이트.

박경애, 김희수(2005). 우울증 스스로 극복하기. 서울: 사람과 사람.

홍경자, 김선남(2002). 화가 날 때 읽는 책. 서울: 학지사.

김남성, 조현수(2000). 스트레스 상담. 서울: 민지사.

[관련 사이트]

한국 REBT 인지행동치료 상담센터(www.rebt.kr)

차례

PART 02 초등학교 3 · 4학년

» 자기수용

» 감정

» 신념과 행동

» 문제해결/의사결정

» 인간관계

PART 03 초등학교 5 · 6학년

》 자기수용

》 감정

》 신념과 행동

》 문제해결/의사결정

》 인간관계

Rational Emotive Behavior Therapy

초등학생용 REBT를 활용한 정서교육 프로그램 1 **PART 01**

초등학교 1·2학년

Rational Emotive Behavior Therapy

[초등학교 1 · 2학년]

자기수용

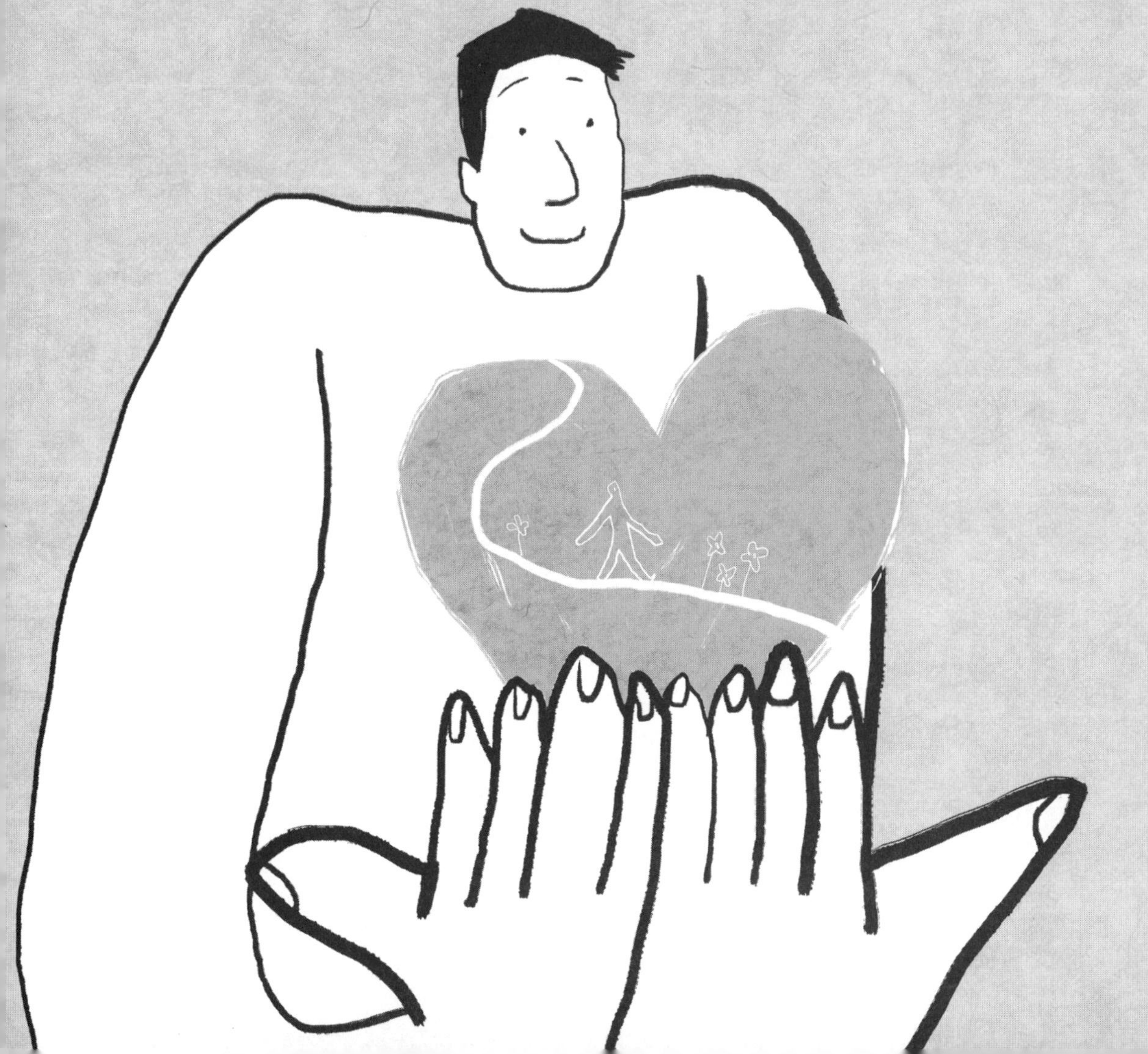

1. 이런 친구를 찾아볼까요

목표

모든 사람에게는 특별한 무언가가 있다는 것을 배운다.

준비물

〈친구 찾기〉 목록표

진행 절차

1. 학생들에게 집단원들의 특징을 찾는 〈친구 찾기〉 활동을 할 것이라고 소개한다.
2. 첫 줄의 네모 칸은 말 없이 관찰을 통해 찾아보게 하는 활동으로 진행한다. 지도자는 〈친구 찾기〉 목록표를 들고 첫 번째 항목을 읽어 준다. 학생들은 말을 하지 않고 일어서서 천천히 돌아다니며 친구들을 관찰하고 목록표의 첫 번째 줄에 있는 네 가지 항목에 묘사된 특징을 가진 친구를 찾는다.
3. 다 찾아보았으면 제자리에 모두 앉게 하고 집단적으로 첫 줄 네 가지 항목에 대해 다 함께 토론하게 한 후, 각 네모 칸마다 한두 명의 이름을 적도록 한다.
4. 두 번째 줄의 네 가지 항목은 지도자가 하나씩 읽어 주면 각 항목에 해당되는 학생이 손을 들도록 한다. 나머지 학생들은 그 친구들의 이름을 적는다.
5. 세 번째 줄에 있는 항목들을 읽어 준다. 이번에는 학생들 스스로 자신의 정보를 친구들과 함께 나누게 됨으로써 나와 유사한 친구를 찾는 활동임을 유의해서 진행한다. 각 항목을 지도자가 읽을 때, 또래 친구들이 보인 반응을 가지고 학생들은 목록을 채운다.

토론

내용에 대한 이해

1. 다른 친구에 대해 어떤 점들을 알게 되었나요? 예를 들어 이야기를 나누어 보세요.
2. 집단 친구들의 이름이 〈친구 찾기〉 목록표에 한 사람도 빠짐없이 다 들어가 있나요? 각 네

모 칸 안에 그 친구의 이름이 들어간 이유와 또 이름이 빠진 이유는 무엇인가요?

3. 이 활동은 집단 친구들에 관하여 우리에게 무엇을 말해 주나요?
4. 사람들이 각각 다른 것이 좋다고 생각하나요, 아니면 좋지 않다고 생각하나요? 좋다고 생각하는 이유는 무엇일까요? 또 좋지 않다고 생각하는 이유는 무엇일까요?

개인에게 적용하기

1. 여러분은 이 집단에서 다른 친구와 어떻게 비슷하거나 다른가요? 예를 들어 이야기를 나누어 보세요.
2. 여러분은 다른 친구와 비슷한 점이 있다거나 다른 점이 있다는 것에 대해 어떤 느낌이 드나요?

지도자 유의사항

토론을 할 때 모든 사람이 독특하며 비록 여러 가지 면에서 다른 사람과 같다고 하더라도 사람들 각각은 다르다는 것을 강조한다. 다른 사람과 다른 것이 더 좋다거나 더 나쁜 것이 아니라 단지 독특하다는 것을 학생들에게 이해시킨다.

〈친구 찾기〉 목록표

지시사항: 목록표에 여러 친구의 이름을 기록할 수 있도록 크게 만들어서 준비하세요.

갈색 눈을 가진 친구	얼굴에 조금이라도 주근깨가 있는 친구	이가 빠진 친구	반에서 여러분보다 키가 큰 친구
형제자매가 셋 이상인 친구	형제 중 막내인 친구	조부모님과 같은 동네에 사는 친구	집에서 강아지를 한 마리 이상 키우는 친구
나랑 같은 동네에 사는 친구	10분 동안 한 발로 서 있을 수 있는 친구	생일이 같은 달에 있는 친구	좋아하는 색깔이 나와 똑같은 친구

2. 사람 찾는 광고

목표

사람마다 다양한 재능과 특성을 가지고 있다는 것을 배운다.

준비물

사람 찾는 광고(유인물 1), 크레용 또는 마커펜 여러 개

진행 절차

1. 사람 찾는 광고(유인물 1)를 학생들에게 한 장씩 나누어 준다. 학생들에게 자신의 독특한 점을 설명할 수 있는 그림을 광고지에 그리게 한다. 그림 완성을 위해 약 15분을 준다.
2. 첫 번째 네모 칸의 내용을 읽어 주고, 지원자 몇 명에게 자신이 그린 그림을 친구들 앞에서 소개하게 한다. 칠판에 각각의 반응들을 확인하고 적는다. 각 네모 칸에 대해서도 동일한 절차를 거치면 네 가지 그림을 볼 수 있게 된다.

토론

내용에 대한 이해

1. 첫 번째 네모 칸에서 볼 때 집단의 다른 친구들과 닮은 그림을 그린 친구는 여러분 중에 몇 명이나 되나요? (다른 네모 칸에 대해서도 똑같은 질문을 한다.)
2. 여러분의 사람 찾는 광고를 보세요. 여러분은 한 개의 네모 칸만 보고도 여러분이 누구인지를 말할 수 있었나요, 아니면 네모 칸을 모두 보는 것이 내가 누구인지를 말하는데 더 나았나요?

개인에게 적용하기

1. 만약 "수정아, 너는 수영선수구나."라고 어떤 친구가 여러분에게 말한다면, 그것이 여러분에 대해서 말할 수 있는 전부인가요? 여러분에 대해 또 다른 특징을 말한다면 어떤 것이 있

을까요? 예를 들어 이야기를 나누어 보세요.

2. 여러분이 커 가면서 어떤 것들이 일어나리라고 상상할 수 있나요? 여러분의 특성이 변할 거라고 생각하나요?

지도자 유의사항

사람들은 모두 다른 면을 가지고 있고, 이러한 특성은 변하며, 우리가 단지 한 가지 방법으로 우리 자신을 특정지을 수 없음을 이해하도록 강조한다.

[유인물 1]

사람 찾는 광고

내가 하고 싶은 일	내가 하고 싶지 않은 일
나만 가지고 있다고 생각되는 특별한 것	내가 잘하는 것

3. 할 수 있는 것과 할 수 없는 것

목표

사람마다 장점과 약점을 가지고 있다는 것을 배운다.

준비물

〈할 수 있는 것과 할 수 없는 것〉 목록표

진행 절차

1. 학생들에게 〈할 수 있는 것과 할 수 없는 것〉에 대해 알아볼 것이라고 설명한다. 지도자는 〈할 수 있는 것과 할 수 없는 것〉 목록표의 항목을 읽어 줄 때, 학생이 할 수 있는 것이면 일어서라고 한다. 그리고 어떤 학생은 할 수 있지만 다른 학생들은 할 수 없는 일이 있을 것이라는 것을 주지시킨다. 이것은 모든 사람이 어떤 영역에서는 자신이 있고, 또 다른 영역에서는 그렇지 않을 수도 있기 때문이라는 것을 설명한다.
2. 각 항목을 읽을 때마다 그것을 할 수 있다고 서 있는 학생의 이름을 기록한다. 몇 개의 항목을 읽은 후, 내용에 대한 이해와 개인에게 적용하기의 질문들을 토론하도록 한다. 목록에 있는 다른 항목들을 계속 읽고 특별한 기술을 할 수 있는 학생의 이름을 적는다.

토론

내용에 대한 이해

1. 목록을 보았을 때, 여러분은 어떤 일에서 어떤 친구가 다른 친구들보다 더 잘할 수 있다는 것을 알 수 있었나요? 그것이 무엇인지 이야기를 나누어 보세요.
2. 모든 것을 다 잘할 수 있는 사람이 있나요?
3. 어떤 것도 할 수 없는 사람이 있나요?

개인에게 적용하기

1. 여러분이 할 수 있는 것들이 있다는 것에 대하여 어떻게 느끼나요?
2. 여러분이 할 수 없는 것들이 있다는 것에 대하여 어떻게 느끼나요?
3. 여러분은 모든 것을 다 잘할 수 있는 사람이 있다고 생각하나요?
4. 만약 지금 여러분이 어떤 것을 할 수 없다면, 언젠가 그것을 배우고 익힐 수 있다고 생각하나요?
5. 할 수 있는 것과 할 수 없는 것이 있다는 것을 통해 배운 점이 있다면 무엇인가요?

지도자 유의사항

모든 사람에게는 장점과 약점이 있고, 할 수 있는 일과 할 수 없는 일이 있는 것은 당연함을 강조한다.

〈할 수 있는 것과 할 수 없는 것〉 목록표

항목	이름					
그림 그리기						
한문으로 자기 이름 쓰기						
영어 노래 부르기						
자전거 타기						
말 타기						
영어로 25까지 숫자 세기						
피아노 치기						
다른 나라 말하기						
한 번에 1.6km 수영하기						

4. 우아, 많이 변화했구나

목표

사람은 성장하고 변화한다는 것을 배운다.

준비물

가정통신문(본 활동이 있기 한 주 전에 보낼 내용), 학생에게 중요했던 물건들

진행 절차

1. 출생 이후의 성장 · 변화한 면을 보여 주는 물건들을 가져오도록 본 활동이 있기 한 주 전에 과제를 낸다. 예를 들어, 아기 때 갖고 놀던 장난감, 우유병, 유아기나 걸음마 때 입었던 옷 등이 포함된다.
2. 학생들이 가지고 온 물건들을 내놓고 이야기를 나누어 보게 한 후 그것들이 어렸을 때와는 어떻게 다르게 느껴지는지를 설명하게 한다. (예를 들어, 아기 때 가지고 놀던 장난감을 이제는 더 이상 좋아하지 않을 것이다. 이제는 우유병을 사용하지 않을 것이고, 아기 때 입었던 옷을 입지 못하므로 커다란 옷을 입을 것이다.)

토론

내용에 대한 이해

1. 여러분에게 일어난 변화에는 어떤 것들이 있나요? (칠판에 적는다.)
2. 변화한 것이 여러 가지인가요, 아니면 단지 한 가지인가요?
3. 성장해 가면서 계속 변화할 것이라고 생각하나요?

개인에게 적용하기

1. 커감에 따라 일어나는 변화에 대하여 어떻게 느끼나요?
2. 그동안 일어났던 변화 중 좋은 것들은 무엇인가요?

3. 변화하지 않기를 바랐던 것들은 어떤 것이었나요?
4. 변화한 것 중에 특별히 여러분이 좋아하는 한 가지가 있다면 무엇일까요?

지도자 유의사항

우리 모두는 성장하고 여러 가지 면에서 변화한다는 사실은 스트레스가 되기도 하지만, 변화는 긍정적이기도 하다는 것, 즉 변화의 이중성을 인식하도록 강조한다.

가정통신문

____________ 부모님께

가정에 항상 행복과 건강이 넘치시기를 기원합니다.

본 프로그램의 과정에서는 사람들이 어떻게 성장하고 변화하는가를 가르치려고 합니다. 학생에게 효과적으로 지도하기 위해 부모님께 부탁 말씀을 드리려고 서신을 띄웁니다.

____________(이)가 태어나서 지금까지 자라면서 여러 가지 변화된 면에 대해 함께 대화를 나누어 주시고 변화된 면을 찾아보아 성장하고 변화된 것을 보여 줄 수 있는 물건을 지도교실로 보내주시기 바랍니다.

예를 들면, 자녀가 더 이상 작아서 못 입는 옷들, 자녀가 더 이상 흥미를 보이지 않는 동화책 등입니다. 번거로우시더라도 앞에서 말씀드린 것들을 (　　월　　일　　요일)까지 꼭 보내주셔서 학생지도에 협조해 주실 것을 부탁드립니다.

감사합니다.

5. 어이쿠

목표

누구든지 실수할 수 있고 이는 지극히 자연스럽다는 것을 배운다.

준비물

〈정환이의 실수〉 이야기

진행 절차

1. 실수를 한 정환이가 자신에 대해 무슨 생각을 하고, 어떻게 느낄지를 질문하면서 다음의 이야기를 들려주고, 토론하도록 한다.

정환이의 실수

정환이는 1학년이다. 어느 날, 담임선생님께서는 하실 말씀이 있다고 정환이를 쉬는 시간에 부르셨다. 교무실로 들어가면서 정환이는 속으로 '어이쿠, 내가 뭔가 잘못해서 선생님께서 부르시는 걸 거야.'라고 생각하였다.

담임선생님께서는 "정환아! 이리 와서 앉아 봐."라고 하셨다. 정환이는 너무 불안해서 의자에 앉는다는 것이 그만 실수로 마룻바닥에 주저앉아 버렸다. 정환이는 마룻바닥에서 일어나면서 맘속으로 '어이쿠, 난 왜 이렇게 칠칠맞지 못할까?'라고 생각했다.

담임선생님께서는 "정환아, 선생님이 널 부른 건 받아쓰기 시험 본 게 걱정되서야."라고 하셨다.

"아, 예……." 정환이가 말했다. "선생님, 제가 멍청해서…… 낱말 하나를 잘못 적었어요."

"정환아, 내 말은 그게 아니야. 선생님이 걱정하는 것은 정환이 네가 낱말 한 개를 실수한 거로 시험지에 온통 '돼지 같은 멍청이'라고 쓴 것 때문이야. 때때로 실수해서 못 쓸 수 있는 걸로 모든 게 다 끝장난 것처럼 생각하는 건 아니지?"

"선생님……." 정환이가 말했다. "그건 잘 모르겠는데, 저는 받아쓰기 공부를 열심히 했어요. 그전에는 절대 그런 적이 없었어요. 100점을 못 맞는다 생각하니까 미쳐 버릴 것 같았어요."

"선생님은 네 마음을 이해할 수 있어. 그렇지만 정환이가 항상 모든 일을 완벽하게 할 수는 없는 거야. 사람들은 누구나 많은 노력을 했어도 가끔은 실수할 수 있는 거야."

"그래요? 그런 얘긴 처음 들어요."

"받아쓰기 시험에서 100점을 맞지 못해도 '돼지 같은 멍청이'는 아니야. 노력하는 것이 중요하고, 최선을 다하는 것이 중요한 거야. 항상 모든 것을 잘할 수는 없어……. 그리고 실수를 한다고 정환이가 '돼지 같은 멍청이'라는 것은 말도 안 되는 소리야."

정환이는 안도의 한숨을 내쉬며 문 밖으로 달려 나가더니 다시 되돌아왔다. "어이쿠! 제 외투를 깜박 잊고 그냥 나갔어요. 또 실수했다는 생각에 '돼지 같은 멍청이'란 말이 목구멍까지 나왔는데, 선생님 말씀을 떠올리며 괜찮다고 스스로를 다독였어요."라고 말했다.

토론

내용에 대한 이해

1. 정환이가 저지른 실수는 무엇이었나요?
2. 정환이의 실수는 큰 것이었나요, 아니면 누구든지 할 수 있는 실수였나요?
3. 정환이는 자신의 실수에 대하여 담임선생님으로부터 무엇을 배웠나요?
4. 정환이는 자신의 실수에 대하여 어떻게 느꼈나요?

개인에게 적용하기

1. 여러분은 실수를 한 적이 있나요? 예를 들어 이야기를 나누어 보세요.
2. 여러분은 자신의 실수에 대해 어떻게 느꼈나요?
3. 여러분은 때때로 실수를 해도 괜찮다고 생각하나요?
4. 여러분은 실수를 한 경험을 통해 어떤 점을 배웠나요?

지도자 유의사항

일부러 실수를 하려 해서는 안 되지만, 실수를 했을 때 그것이 형편없거나 이상한 것이 아니라는 것을 강조한다.

6. 실수를 한다는 것은

목표

실수를 한다고 해서 나쁜 사람이 되거나 멍청한 사람이 되는 것이 아니라는 것을 배운다.

준비물

초등학교 1 · 2학년을 위한 자기수용: 활동 5(어이쿠)의 〈정환이의 실수〉 이야기

진행 절차

1. 〈정환이의 실수〉 이야기를 복습하면서 이 활동을 시작한다. 정환이가 낱말을 잘못 쓴 것을 알았을 때 시험지에 뭐라고 썼는지(돼지 같은 멍청이) 기억하느냐고 학생들에게 물어본다. 내용에 대한 이해의 질문들을 토론하도록 한다.
2. 학생들에게 실수했던 예를 들어 이야기를 나누게 한다. 그런 다음 개인에게 적용하기의 질문들을 토론하도록 한다.

토론

내용에 대한 이해

1. 단지 낱말 하나를 잘못 썼다는 이유로 정환이는 정말 돼지 같은 멍청이인가요?
2. 정환이가 실수했다는 것만으로 나쁜 사람이라고 할 수 있나요?
3. 자신을 돼지 같은 멍청이라고 한 것이 받아쓰기 점수가 올라가는 데 도움이 되었나요? 다시 말해, 멍청이라고 부른 것이 바람직한 행동을 할 수 있도록 해 주었다고 생각하나요?

개인에게 적용하기

1. 여러분이 실수를 했을 때, 말문이 막히고, 어리석고, 좋지 않다고 느껴 본 적이 있나요? 여러분이 실수를 했다면 여러분은 멍청한 것인가요?
2. 여러분이 실수를 하게 되었을 때 정환이를 통해 배운 것을 어떻게 활용할 수 있을까요?

지도자 유의사항

실수하는 것이 불완전하다거나, 나쁘거나 혹은 멍청하다는 것을 의미하지 않는다는 사실을 강조한다. 이 활동은 학생들이 실수를 할 수도 있고, 그래도 여전히 괜찮다는 것을 알 수 있도록 하는 데 있다.

7. 멋진 고양이

목표

자신이 어떠한 사람인지 스스로 수용하는 방법을 배운다.

준비물

〈멋진 고양이〉 이야기

진행 절차

1. 학생들에게 다음 〈멋진 고양이〉 이야기를 읽어 준다.

멋진 고양이

옛날에 깜보라는 이름을 가진 검은 고양이 한 마리가 있었어요. 깜보는 매우 불행한 고양이였고, 모든 고양이가 그것을 알고 있었어요. 깜보의 엄마가 깜보의 검은 털이 얼마나 아름다운지 깜보에게 그르렁거리며 기분 좋게 말하자, 깜보는 엄마에게 "나한테 깜보라고 부르지 마세요! 난 내 검은 털이 싫단 말이에요."라고 씩씩거리며 화난 소리로 말했어요. 그러자 깜보의 엄마는 깜보의 검은 털에 대해서 말하던 것을 멈추고는 대신 깜보가 얼마나 쥐를 잘 잡는지에 대해 칭찬했어요. 이번에도 깜보는 엄마에게 소리를 지르면서 "난 쥐를 잘 잡는 고양이가 아니란 말이에요! 거의 다 도망간다고요."라며 화를 냈어요. 그래서 깜보의 엄마는 쥐를 잘 잡는 고양이로서의 능력에 대해 말하던 것을 멈추고는 깜보가 높이 뛰어오르는 것을 보면 엄마가 얼마나 행복한지를 말했어요. 깜보는 그 말에 "그건 별거 아니잖아요. 모든 애들이 그 정도는 해요."라고 말했어요. 엄마는 그 말에 머리를 내저었어요. "아이구, 깜보야. 왜 깜보는 너 자신을 있는 그대로를 받아들이지 못하는 걸까? 너는 멋진 고양이야. 그리고 넌 많은 것을 할 수 있어. 물론, 네가 할 수 없는 것들도 있어. 하지만 다른 고양이들도 그래. 다 마찬가지야. 너 자신에 대해서 네가 좋아하는 것은 아무것도 없니?" 라고 엄마가 말했어요. 깜보는 부드럽게 '야옹' 소리를 내면서, "글쎄요, 난 내 꼬리 끝이 하얀 것이 좋아요. 발톱도 좀 하얗게 되었으면 좋겠어요."라고 말했어요.

"그래, 맞아! 네 꼬리는 매우 사랑스럽지만, 네 발톱이 하얗지 않다는 사실이 바뀔 수는 없어. 네 자신에 관하여 네가 바꿀 수 없는 것들에 대하여 생각하는 것이 너를 행복하게 할 수 있을까?"라고 엄마가 물었어요.

"행복하지 않을 거예요. 그렇지만 고양이 톰처럼 쥐를 잘 잡는 고양이였으면 좋겠고, 고양이 토피처럼 황갈색 털이었으면 좋겠어요."

"깜보야, 네가 지금과는 다른 고양이가 되고 싶어 한다는 것을 이해해. 그러나 너의 발톱 색깔을 바꿀 수 없는 것처럼, 너의 털 색깔도 바꿀 수 없어. 만약 네가 고양이 톰이 어떻게 하는지를 세심하게 관찰한다면, 쥐를 더 잘 잡는 고양이는 될 수 있을 거야. 그렇지만 네가 쥐를 잘 잡지 못한다고 너를 형편없는 고양이라고 할 수 있니?"라고 엄마가 말했어요.

"그건 아니에요."라고 깜보가 대답했어요. "맞아, 깜보야."라고 엄마가 말했어요. "그렇다고 형편없는 고양이가 되는 것은 아니야. 그것은 단지 다른 고양이들보다 뭔가를 더 잘할 수 있는 고양이라는 거야. 그리고 네가 할 수 없다고 생각하는 것이 너를 불행하게 만든다거나 네가 다른 고양이만큼 멋지다고 생각하지 않는다고 엄마한테 말했잖아. 그럼 다음에 네가 좋아하지 않는 것에 대한 생각이 날 때, 깜보는 무엇을 할 수 있을까?"

"글쎄요."라고 깜보가 말했고, "나는 할 수 있다, 내가 할 수 있는 것은 아마도……."

2. 깜보가 자신에 대해 좋아하지 않는 것을 생각하기 시작할 때마다 깜보는 무엇을 할 수 있을지에 대해 학생들의 반응을 이끌어 낸다.

토론

내용에 대한 이해

1. 깜보가 자신에 대해 좋아하는 것은 무엇인가요?
2. 깜보가 자신에 대해 좋아하지 않는 것은 무엇인가요?
3. 깜보의 엄마는 깜보가 자신을 수용하는 것에 관해 어떤 조언을 했나요?

개인에게 적용하기

1. 여러분 자신에 대해 좋아하는 것은 무엇인가요?
2. 여러분은 자신에 대해 바꾸고 싶은 것이 있나요? 서로 의견을 나누어 보세요.
3. 여러분 자신에 대해서 좋아하지 않는 것이 있다면, 그것은 여러분에게 좋은 점이 아무것도 없다는 것을 말하나요?

4. 여러분이 깜보 같이 행동하고 자신에 대해 좋아하지 않는 것들만 생각난다면, 여러분 자신에게 해 줄 수 있는 말은 무엇일까요?

지도자 유의사항

자기수용(부정적인 것뿐 아니라 긍정적인 특성을 가지고 있는 자기 자신을 수용하는 것)의 개념을 강조한다.

[초등학교 1 · 2학년]

감정

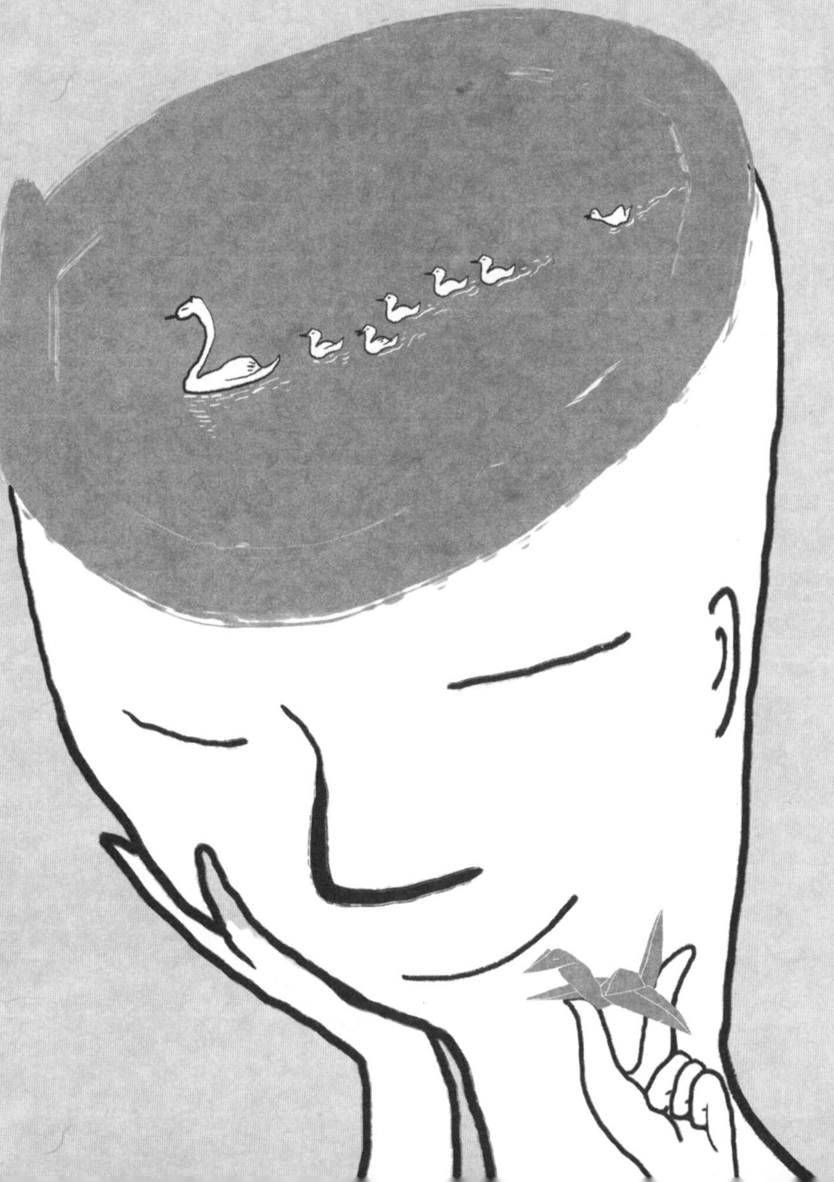

8. 감정의 수레바퀴

목표

감정에 대한 풍부한 어휘를 배운다.

준비물

감정의 수레바퀴

진행 절차

1. 다음과 같은 감정들을 느꼈던 적이 있는지 손들어 보라고 한다.

- 행복감을 느껴 본 사람은 손들어 보세요.
- 슬픔을 느껴 본 사람은 손들어 보세요.
- 실망감을 느껴 본 사람은 손들어 보세요.
- 걱정을 느껴 본 사람은 손들어 보세요.

이러한 감정을 느끼는 것은 지극히 자연스럽고, 누구든지 생활하면서 경험한다는 설명을 한다.

2. 학생들에게 감정의 수레바퀴를 보여 주고, 게임 요령을 설명한다. 한 학생이 감정의 수레바퀴 화살표를 빠르게 회전시킨다. 어느 한 칸의 감정에 화살표가 멈추었을 때, 해당 칸의 감정 어휘를 읽게 하고 그런 감정을 느꼈던 예를 이야기하게 한다. 그리고 다음 학생이 수레바퀴의 화살표를 돌렸을 때 똑같은 칸에서 화살표가 멈춘다면 다시 돌리게 하여 모든 단어에 대해 토론할 수 있도록 활동을 유도한다.

토론

내용에 대한 이해

1. 아직 느껴 보지 못했던 감정에는 어떤 것들이 있었나요?

2. 다른 친구들이 말했던 이야기 중에서 어떤 것들이 여러분이 어떤 특별한 감정을 느꼈을 때의 경험들과 비슷했나요?

개인에게 적용하기

1. 가장 많이 경험했던 감정은 어떤 것인가요?
2. 가장 적게 경험했던 감정은 어떤 것인가요?
3. 자신의 감정에 관하여 배운 것이나 다른 친구들의 감정에 관하여 배운 것이 있다면 무엇인지 말해 보세요.

지도자 유의사항

초등학교 1 · 2학년 학생들은 어떤 특별한 감정이 무엇을 의미하는지 명확히 표현할 수 없을 것이다. 학생들을 돕기 위하여 그 감정이 긍정적(좋은)인지 또는 부정적(나쁜)인지, 똑같은 감정에 대한 다른 어휘를 아는지, 학생들이 그것을 표현할 수 있는지 등을 물어볼 수 있을 것이다.

활동교구 ① 참조

감정의 수레바퀴

지시사항: 두꺼운 종이에 감정의 수레바퀴를 만들고 화살표가 잘 돌아갈 수 있도록 하세요.

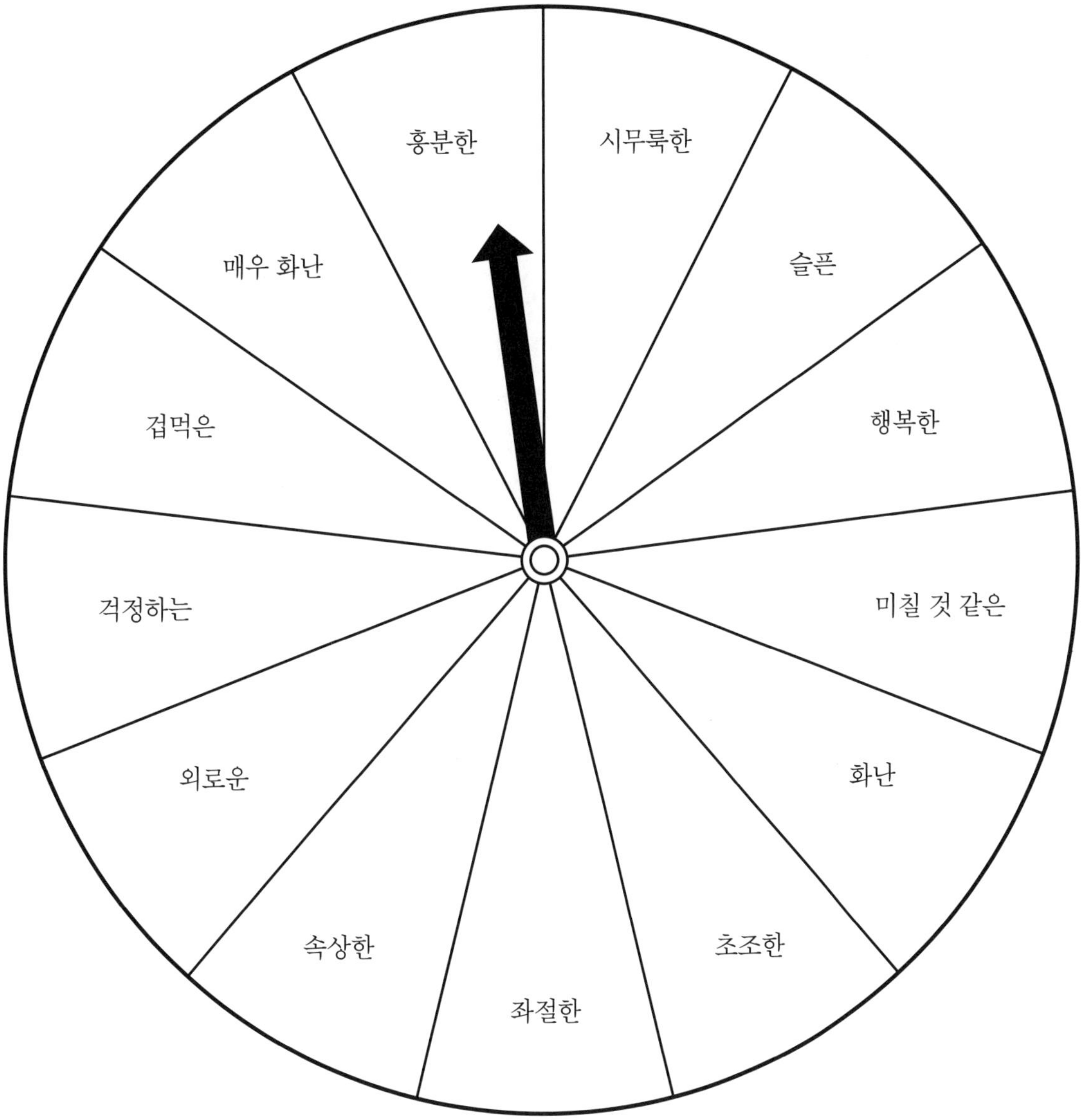

9. 우리는 모두 감정을 느껴요

목표

여러 가지 감정을 느끼는 것이 정상적이라는 것을 배운다.

준비물

헝겊으로 된 동물 인형, 〈상민이가 느낀 감정들〉 이야기

진행 절차

1. 헝겊 인형을 보여 주면서 헝겊 인형을 학생들의 친구인 상민이라고 소개한다. 상민이에 관한 이야기를 들려주려고 한다는 것과 상민이에게 어떤 일이 일어났을 때 상민이가 느낀 감정들을 말해 줄 것이라고 설명한다.
2. 다음의 이야기를 들려주고, 토론하도록 한다.

상민이가 느낀 감정들

상민이와 부모님은 백화점에 가는 중이었다. 그곳에 가는 도중, 부모님은 상민이가 길을 잃지 않도록 항상 부모님 가까이에 꼭 있어야 한다고 말씀하셨다. 백화점에 도착했을 때, 상민이 어머니는 상민이에게, 불평하지 않고 부모님을 따라다닌다면, 쇼핑이 끝난 후에 장난감을 사주겠다고 약속하셨다.

그러나 상민이는 이내 지루해져서 집에 가고 싶다고 보채기 시작했다. 하지만 부모님은 바쁘셔서 그가 보채는 것에 귀 기울일 틈이 없으셨다. 그래서 상민이는 장난감을 찾아 혼자 헤맸다. 상민이는 그가 지나온 길을 정확히 알고 있다고 생각했지만, 곧 길을 잃어버렸다는 것을 알아차렸다. 상민이는 어떻게 해야 할지 몰랐다. 그는 겁이 났고, '부모님의 말을 들었으면 좋았을 걸…….'이라고 하며 후회했다.

상민이는 계속 주변을 헤매고 있었다. 그런데 갑자기 엄마가 자신을 부르시는 소리를 들었다. 상민이는 안도감을 느꼈다. 그리고 그의 부모님 또한 안도감을 느꼈다. 그러나 상민이가 부모님 말씀을 안 듣고 헤맸기 때문에 부모님은 상민이가 원하는 장난감을 사줄 수 없

다고 말씀하셨다. 상민이는 화가 났다.

그날 이후, 상민이는 갖고 싶었던 장난감을 생각하면서 슬픔에 빠졌다. 장난감이 하나 더 생긴다는 것을 생각만 해도 신이 났었는데, 그렇게 되지 않아서 화가 났고 다음에 쇼핑을 간다면 부모님 말씀을 잘 들을 것이라고 결심했다.

토론

내용에 대한 이해

1. 상민이와 부모님이 느꼈던 감정들은 어떤 것들인가요? (학생들이 말하는 감정들을 칠판 위에 적는다.)
2. 상민이가 이러한 상황에서 느낄 수 있었던 또 다른 감정들을 생각해 보고 말해 보세요.
3. 상민이가 겪었던 경험을 들으면서 사람들은 매일 매일 여러 가지 감정을 느낀다고 생각하나요?

개인에게 적용하기

1. 앞에서 이야기한 감정들을 여러분이 느껴 본 적이 있나요? 이와 비슷한 감정을 경험한 적이 있었는지 몇 가지 예를 들어 이야기를 나누어 보세요.
2. 오늘은 어떠한 감정을 느꼈는지 이야기를 나누어 보세요.

지도자 유의사항

학생들이 모든 상황에서 감정을 느낀다는 것을 알도록 강조한다.

10. 어디에 상처가 났나요

목표

몸의 상처와 마음의 상처 간의 차이를 배운다.

준비물

반창고, 뒤에 양면테이프를 붙인 종이로 만든 마음(하트 모양을 그려서 사용한다.)

진행 절차

1. 반창고와 종이로 만든 마음을 나누어 주고 각 학생에게 그것들을 붙이게 한다. 학생들에게 두 가지 종류의 상처를 토론할 것이라고 말해 준다. 몸의 상처는 반창고를 사용하고, 마음의 상처는 감정이 상한 것을 말하는데 종이로 된 마음으로 표시한다. (왜냐하면 우리는 감정과 마음을 연관시키기 때문에 마음은 이런 차이를 더 쉽게 기억하게 한다.)
2. 다음의 상황들을 읽고 학생들에게 어떻게 느끼는지에 대해 이야기를 나누게 하고 몸의 상처로 느껴지는지 혹은 마음의 상처로 느껴지는지를 종이로 만든 마음과 반창고를 이용하여 확인하도록 한다.

- 자전거를 타다 넘어져서 무릎이 까졌다. (몸)
- 애완용 강아지가 죽었다. (마음/슬픈)
- 할아버지, 할머니가 편찮으시다. (마음/걱정하는)
- 피아노 연주회에서 발표를 한다. (마음/초조한)
- 운동장을 돌다가 팔을 다쳤다. (몸)
- 어린 여동생이 넘어져서 아주 많이 다쳤다.(몸–여동생이 다침, 마음–여러분은 걱정함)

토론

내용에 대한 이해

1. 몸의 상처와 마음의 상처 간의 차이는 무엇일까요?
2. 이 두 가지 종류의 상처를 구별하는 것이 어려웠나요? 두 종류의 상처가 있다는 것을 기억할 수 있게 해 준 이 활동에서 둘을 구별할 수 있었던 것은 무엇 때문이었나요?

개인에게 적용하기

1. 여러분은 몸의 상처를 더 자주 경험하나요, 아니면 마음의 상처를 더 자주 경험하나요?
2. 한꺼번에 두 종류의 상처를 경험했던 때가 있었나요?
3. 앞으로 여러분이 몸의 상처나 마음의 상처를 입는다면, 여러분의 기분이 좀 더 나아지기 위해 어떤 일을 할 수 있나요?

지도자 유의사항

앞의 개인에게 적용하기의 마지막 질문은 사람들이 상처를 입었을 때 무언가 할 수 있다는 중요한 아이디어를 제공함을 강조한다. 토론을 통해 학생들은 감정에 대해 다른 사람과 이야기를 나누거나 또 다른 활동에 열중하거나, 감정을 풀려고 그림을 그리거나, 동시를 짓거나, 이야기를 만들 수 있음을 알게 된다. 화가 나는 감정을 분출하기 위해 베개를 던지기도 한다는 것도 말해 준다.

11. 좋은 기분과 나쁜 기분

목표

유쾌한 감정과 불쾌한 감정 간의 차이를 배운다.

준비물

감정 상황 카드

진행 절차

1. 칠판에 갖고 싶어 하는 감정과 갖고 싶지 않은 감정을 적는다. 모든 학생에게 감정 상황 카드를 나누어 주고, 몇 명의 지원자들에게 카드를 읽고 그 상황에서 어떻게 할지 대답을 듣는다.
2. 학생들이 개인적으로 그 상황들을 읽으면서 그 상황에서 그들이 어떻게 느끼는지 확인해 본다. 그리고 그 감정이 갖고 싶은 것(유쾌한)이었는지 혹은 갖고 싶지 않은 것(불쾌한)이었는지를 말하게 한다. 우리가 갖고 싶어 하는 감정들은 대개 행복하고 좋은 것들과 연관되는 반면, 우리가 갖고 싶어 하지 않는 감정들은 행복하지 않은 상황들과 연관이 된다는 사실을 작은 예를 들어 자세하게 설명한다. 각각의 감정을 나누어 보고, 칠판에 갖고 싶어 하는 감정과 갖고 싶지 않은 감정 아래에 범주화하여 적는다.
3. 학생들이 부가적인 또 다른 상황과 감정들에 대해 생각할 수 있도록 활동을 이끈다. 그것들을 범주화하여 칠판에 적는다.

토론

내용에 대한 이해

1. 좋은 기분과 나쁜 기분 간의 구별이 어려웠나요?
2. 좋은 기분 쪽에 적혀 있으나 여러분이 나쁘다고 느끼는 상황이 있나요? 혹은 나쁜 기분 쪽에 적혀 있으나 좋다고 느끼는 상황이 있나요?

개인에게 적용하기

1. 여러분이 느끼고 싶은 감정은 좋은 기분인가요, 아니면 나쁜 기분인가요?
2. 좋은 기분을 더 많이 느끼기 위해서 여러분이 할 수 있는 생각은 무엇인가요?

지도자 유의사항

이 활동은 감정에 대한 어휘력을 풍부하게 해 주고 학생들로 하여금 유쾌한 감정과 불쾌한 감정을 모두 인식하도록 돕는다. 유쾌한 감정이 보다 더 바람직하다는 것을 강조하는 것이 중요하다. 또한 학생들이 지금 기분이 나쁘다고 해서 그 감정이 영원히 지속되는 것은 아니기 때문에, 학생들이 자기 자신에게 문제는 해결될 수 있다고 스스로 말함으로써 자신이 느끼는 감정을 스스로 바꿀 수 있다는 것을 알도록 강조한다.

활동교구 ② 참조

감정 상황 카드

지시사항: 각각의 색인 카드에 다음의 상황을 기록하세요.

이가 빠졌다.	읽는 방법을 배웠다.
친구가 때렸다.	책을 잃어버렸다.
거짓말을 해서 부모님께 벌을 받았다.	전학을 갔다.
할머니, 할아버지께서 내가 보고 싶다고 우리 집에 오셨다.	형제자매 중 한 명이 아프다.
웃옷을 잃어버렸다.	몸이 아파 집에서 쉬어야만 한다.
새로운 친구를 사귀었다.	영화를 보러 가지 못했다.

12. 표현을 하세요

목표

감정을 표현하는 것이 바람직하다는 것을 배운다.

준비물

개인당 작은 종이백 한 개와 길고 가느다란 종이조각 다섯 장, 크레용, 마커펜

진행 절차

1. 학생들에게 브레인스토밍(아이디어 쏟아 내기)으로 감정을 표현하는 단어를 말하게 하여 칠판에 모두 적는다. 모호한 단어의 의미는 명확히 한다.
2. 종이백과 종이조각을 나누어 준다. 사람들은 때때로 표현하지 않고 마음속에 담아 두는 어떤 상황에 대한 감정을 지니고 있다는 것을 학생들에게 설명해 준다. 이것은 감정을 숨기는 것으로서, 마치 우리가 종이백 안에 무언가를 숨기고는 아무도 그 안에 무엇이 있는지를 보지 못하게 하는 것과 같다고 설명해 준다. 학생들에게 앞과 같은 일이 있었던 때에 대해 생각해 보고, 종이조각에 그때의 감정을 써서 종이백에 넣게 한다. (칠판에 작성된 감정 단어들은 아이들이 감정을 확인하고 감정 단어들을 적는 데 도움이 될 것이다.)
3. 숨기지 않고 다른 사람들과 터놓고 나눌 수 있는 감정들이 있는지 학생들에게 질문한다. (대개 이러한 감정들은 행복한 느낌들이다.) 이러한 감정들을 자기 종이백의 바깥 면에 적도록 한다.
4. 마음속에 담아 두려 하는 감정들의 예와 쉽게 나누는 감정들의 예를 들어 이야기를 나누도록 한다.

토론

내용에 대한 이해

1. 다른 사람에게 말하지 않고 마음속에 담아 두었던 감정들이 더 많은가요, 아니면 다른 사람

에게 표현을 한 감정들이 더 많은가요?

2. 여러분이 감정을 마음속에 담아 두고 결코 표현하지 않는다면 어떤 일이 일어날 거라고 생각하나요? (다른 사람의 도움 없이 혼자서 모든 문제를 해결한다든가, 걱정하지 않아도 될 일을 걱정한다든가, 무엇인가가 학생들을 괴롭히고 학생이 그것을 떨쳐 버리지 못해서 복통이 생기는 것처럼, 감정을 마음속에 담아 둠으로 인해 생기는 부정적인 효과를 토론하게 한다.)

개인에게 적용하기

1. 여러분은 감정에 대해 다른 사람과 나눌 때, 대체로 더 좋다고 느끼나요, 아니면 더 나쁘다고 느끼나요?
2. 무엇인가가 여러분을 괴롭혔을 때 복통이 났다던가, 혹은 걱정거리를 서로 이야기 나누었다면 도움이 되었을 어떤 일에 대해 많이 걱정한다든가와 같이, 여러분의 감정을 표현하지 않았을 때 더 큰 문제가 되었던 경험이 있나요? 예를 들어 이야기를 나누어 보세요.
3. 여러분은 감정들을 표현하는 것이 더 좋다고 생각하나요, 아니면 마음속에 간직하는 게 더 좋다고 생각하나요?

지도자 유의사항

감정을 억눌렀을 때 일어나는 부정적인 영향들을 강조하는 것이 중요하다. 감정을 표현하는 것은 중요하며, 학생들은 그렇게 감정을 표현하는 것이 괜찮다는 것을 알 수 있도록 강조한다.

13. 무서워요

목표

현실적인 위험과 두려움 간의 차이를 인식하고 두려움을 다루는 방법에 대해서 배운다.

준비물

종이, 크레용, 마커펜

진행 절차

1. 지원자에게 두려움이 무엇인지 설명해 보도록 발표시킨다. 모든 사람이 때로 두려움을 느낀다는 것과 두려움을 느끼게 하는 것은 여러 가지가 있다는 것을 지적한다. 학생들이 두려워하고 있거나 두려움을 느꼈던 것들에 관하여 그림을 그리게 한다.
2. 학생들이 그림에 대해 이야기 나누기 전에 현실적인 위험과 두려움이 다르다는 것을 지적해 준다. 즉, 현실적인 위험은 불이 났을 때, 사고가 났을 때, 아플 때 등이고, 상상적인 두려움은 어둠 속에서 나타나는 괴물이나 도깨비 등이다.
3. 학생들은 서로의 그림에 대해 이야기를 나누고, 다른 친구들이 그린 그림에서 느껴지는 두려움이 현실로 일어날 수 있는 것들인지, 아니면 상상에 의해서 생겨나는 것들인지를 토론하도록 한다. 현실의 두려움 혹은 상상의 두려움이라는 제목하에 게시판에 그림을 붙이도록 한다.

토론

내용에 대한 이해

1. 여러분은 현실적인 두려움과 상상적인 두려움 간의 차이는 무엇이라고 생각하나요?
2. 여러분이 느꼈던 두려움과 같은 두려움을 느꼈던 친구가 있었나요? 예를 들어 이야기를 나누어 보세요.

개인에게 적용하기

1. 여러분이 느끼는 두려움은 대부분 현실적인 것인가요, 아니면 상상적인 것인가요?
2. 여러분이 두려움을 느낄 때, 여러분의 두려움을 줄이기 위해 할 수 있는 것들은 무엇이 있을까요?

지도자 유의사항

학생이 현실적인 두려움과 상상적인 두려움을 구분하는 것이 인식되면, 그 다음엔 상상적인 공포는 다만 상상일 뿐 현실에 대한 아무런 근거를 가지지 않는다는 것을 알도록 강조한다. 그것은 다른 사람들도 이런 감정을 가지고 있고, 이런 감정에 대해 대처하는 아이디어를 나누는 데 도움을 준다. 즉, 상상의 두려움을 물리치기 위해 실제로 조치를 취할 수 있다. 예를 들어, 학생들은 두려움에 대해 누군가에게 이야기할 수 있고, 끔찍한 괴물을 물리치기 위해 침실 방문 앞에 무시무시한 가면을 걸어 둔다거나, 높은 선반 위에 있는 상자 속에 두려움을 집어넣는 상상을 할 수 있다.

14. 감정을 찾아라

목표

감정에 대해 확인하고 감정 단어들을 만든다.

준비물

감정 단어(행복한, 슬픈, 미칠 것 같은, 겁먹은, 무서운, 기쁜)가 쓰인 다양한 색상의 두꺼운 종이로 된 감정 카드들(카드를 여러 장 복사하여 교실 곳곳에 놓고, 감정 단어들은 해당 학년에 적절한 단어들을 추가한다.), 4개의 '감정을 찾아라' 자루(명칭을 FF1, FF2, FF3, FF4로 한다.)

*감정 카드는 활동교구 ③ 을 참조한다.

진행 절차

1. 각각의 감정 단어들을 제시하고 학생들이 감정을 알 수 있도록 큰 소리로 읽어 준다. 학생들을 네 개의 집단으로 나눈다. 각 집단의 리더를 정한다.
2. 교실 곳곳에 감정 카드가 숨겨 있다는 것을 학생들에게 설명한다. 학생들의 임무는 5분 안에 가능한 한 많은 감정 카드를 발견하는 것이다. 학생들은 감정 카드를 찾는 동안 말하거나 뛸 수 없다. 학생들이 감정 카드를 발견했을 때, 학생들은 리더가 와서 감정 카드를 집어서 자기 집단의 '감정을 찾아라' 자루에 그것을 넣을 때까지 말로 하지 않고 표정이나 몸짓으로 감정을 표현해야 한다.
3. 이 과정은 5분간 지속된다. (많은 수의 감정 카드가 모아질 때까지, 혹은 더 길어질 수도 있다.) 학생들을 각자의 집단으로 돌아오게 한다. 각 집단의 리더들이 자루에 들어 있는 감정 카드의 수를 세어 모두 몇 개인지 말하도록 한다. 네 집단 모두 보고하게 하고, 학생들 모두에게 '감정을 발견'할 수 있는 능력을 칭찬해 준다.
4. 내용에 대한 이해와 개인에게 적용하기의 질문들을 토론하기 전에 단어들을 검토하고, 감정들을 정의하는 데 학생들이 참여하게 한다.

토론

내용에 대한 이해

1. 감정 카드를 발견했을 때, 여러분은 어떤 기분이 들었나요?
2. 여러분이 발견한 감정을 리더에게 알려주기 위해서 어떤 표정을 지을지 어떻게 결정을 했나요?
3. 여러분은 오늘 새로운 감정 단어를 배웠나요? 만약 그렇다면, 어떤 감정이었나요?

개인에게 적용하기

1. 여러분이 발견한 감정들 중 어떤 것을 느껴본 적이 있나요? 토론해 보세요.
2. 가장 느끼고 싶은 감정은 어떤 것이었나요? 적어도 갖고 싶지 않은 감정은 무엇이었나요?

지도자 유의사항

이 활동은 실외에서도 할 수 있다. 그러나 학생들이 감정 카드를 발견했을 때 말로 하는 대신 표정으로 감정을 표현하고 목소리를 낮추도록 해야 하므로 실외보다 실내에서 하는 것이 더 적합하다.

[초등학교 1 · 2학년]

신념과 행동

15. 사실인가 혹은 상상인가

목표

사실과 상상을 구별하는 것을 배운다.

준비물

동화 '신데렐라' 이야기

진행 절차

1. 학생들에게 '신데렐라' 이야기를 읽어 준다.
2. 학생들에게 '신데렐라' 이야기 중에 현실로 일어날 수 있는 것들이 무엇인지 토론하도록 한다. 신데렐라가 계모와 함께 산다는 것과 좋은 옷을 입지 못한다는 것 등은 현실로 일어날 수 있는 사실들이다. 이렇게 현실로 일어날 수 있는 것들을 칠판에 '사실'이라는 제목 하에 적는다.

   그런 다음 상상이란 실제 일어날 것처럼 보이는, 그러나 현실로는 일어나지 않는 것이라는 것을 설명한다. 이야기 속에 있는 상상은 무엇인지 학생들에게 말하게 한다. 호박이 마차로 변한다든가, 쥐들이 말로 변하는 것과 같이 이야기 속에 있는 상상을 학생들로부터 이끌어 낸다. '상상'이라는 제목 하에 칠판에 이들의 목록을 적는다.

토론

내용에 대한 이해

1. '신데렐라' 이야기 속에서 현실과 상상 사이의 차이점을 말하는 것이 어려웠나요? 사실과 상상의 차이는 무엇인가요?
2. 여러분은 상상을 하는 것이 좋다고 생각하나요?

개인에게 적용하기

1. 여러분의 삶 속에서 현실과 현실이 아닌 것을 구별할 필요가 있는 문제가 있었던 적이 있나요? 예를 들어, 여러분이 현실에 있다고 여기는 상상의 친구를 가져본 적이 있나요?
2. 사실은 아니지만 사실이기를 바랐던 일에 관한 이야기를 만들어 본 적이 있나요? 예를 들어, 실제로는 형제자매가 없지만 단지 여러분이 형제나 자매가 있기를 바라는 마음으로 여러분이 형제나 자매가 있다고 누군가에게 이야기를 꾸며 말을 한 적이 있나요? 이렇게 행동하는 것이 문제가 된다는 생각을 해 본 적이 있나요?
3. 여러분은 사실과 상상에 관하여 무엇을 배웠나요?

지도자 유의사항

이 나이 또래의 학생들은 사실과 상상을 종종 혼동한다. 혼동을 한다는 것이 모두 나쁜 것은 아니라 해도, 사실이 무엇인지 알고 사실을 있는 그대로 다루는 것이 훨씬 바람직한 자세라고 할 수 있다. 이 활동의 핵심은 상상하는 것을 전적으로 낙담시키려는 것이 아니라, 상상이 사실과 어떻게 다른지를 확인하도록 강조한다.

16. 행동을 선택하기

목표

행동을 하는 데에는 다양한 방식이 있고, 행동은 선택이라는 것을 배운다.

준비물

없음

진행 절차

1. 학생들에게 로봇이 무엇인지를 물어본다. 로봇은 프로그램 된 대로 행동하고 스스로 생각하지 못한다는 사실을 학생들이 토론하는 중에 확인하도록 활동을 이끈다. 누가 로봇처럼 행동해 보겠는지 손을 들어 보라고 하고, 5명 정도를 앞으로 나오게 한 후 다음과 같이 명령한다. 또 다른 5명은 로봇 학생들이 똑같이 행동하는지를 관찰하도록 한다.

- 일어나라.
- 천천히 걸어라.
- 서툴게 운동하는 척 해라.
- 앉아서 광대 짓을 해라.

2. 관찰한 것들에 대해 토론하도록 하고, 또 다른 5명의 지원자들에게 다음과 같이 하도록 한다.

- '모범생'의 행동을 보여 주어라.
- 관찰자에게 예의 바르고 친절하게 행동하라.
- 발작을 일으켜라.
- 화를 내라.

토론

내용에 대한 이해

1. 이 로봇들은 자신의 행동에 대하여 많은 선택권을 가지고 있나요? 왜 그런가요, 아니라면 왜 그렇지 않은가요?
2. 사람들은 그들의 행동에 대하여 선택권을 가진다고 생각하나요, 아니면 누군가가 그들에게 말한 대로 행동한다고 생각하나요?
3. 어떤 행동을 하라고 요구했을 때 모든 로봇은 똑같은 방식으로 행동했나요? 로봇이 보여 준 일부 다른 행동은 무엇이었나요?

개인에게 적용하기

1. 누군가가 일러 준 대로 여러분이 행동하지 않았던 때를 생각해 볼 수 있나요? 이는 여러분이 어떻게 해야 할 지에 대하여 선택권이 있다는 것을 의미하나요?
2. 만약 여러분이 어떻게 행동할지 선택할 수 있다면, 자신과 다른 사람들을 위해 더 나은 행동은 어떤 것들이 있을까요?

지도자 유의사항

학생 자신이 행동을 선택할 수 있다는 사실의 중요성을 강조한다. 어른들이 그 규칙을 정할지라도, 학생은 어른들을 따를지, 아닐지를 선택할 수 있다. 학생들에게 그들 자신과 다른 사람들을 위해 더 나은 행동들이 무엇인가를 평가해 보도록 격려함으로써 궁극적으로 적절한 행동을 선택하도록 돕는다.

17. 분별력이 있나, 없나

목표

분별력 없는 행동과 분별력 있는 행동을 구별하는 것을 배운다.

준비물

〈분별력이 있나, 없나〉 이야기

진행 절차

1. 다음의 이야기를 들려주고, 토론하도록 한다.

분별력이 있나, 없나

6살인 영희와 7살인 영진이는 아빠와 함께 마트에 갔다. 아빠는 상품코너를 지나가면서 음식을 집거나 선반에 있는 것들을 두드리지 않고 조용히 걸어가야 한다고 주의를 주셨다. 아빠는 만약에 말을 잘 듣는다면, 그 대가로 상을 주겠노라고 말씀하셨다. 세 명이서 첫 번째 코너로 걸어 내려가고 있을 때, 영희는 점원이 피자조각을 나누어 주는 것을 보았다. "오빠야, 너무 맛있겠다!"하면서 영희는 영진이를 밀고 길을 비켜 가더니 피자조각을 먹고 있는 여자가 서 있는 줄 앞으로 살짝 새치기를 했다. 영진이 또한 피자가 먹고 싶었지만 영진이는 그 줄에 서서 차례를 기다렸다. 아빠는 영희를 꾸짖으며 그와 같은 행동에 대해 주의를 주었다.

그들은 두 번째 코너로 내려갔다. 영희와 영진이는 지루해지기 시작했다. 영진이는 그가 원했던 시리얼을 카트에 넣기 위해 카트로 달려갔다. 그러자 아빠는 영희와 영진이에게 시리얼은 필요 없으니 카트를 제자리에 갖다 놓으라고 말씀하셨고, 이에 영진이는 "아빠는 우리가 좋아하는 건 뭐든지 먹지 못하게 해." 하면서 징징대고 울기 시작했다.

영진이가 불평을 하고 있는 동안, 영희는 앞으로 달려가더니 장난감이 있는 곳으로 사라졌다. 아빠는 아이들이 헤매고 다니는 것을 원하지 않았기 때문에 영진이에게 영희를 찾으라고 하셨다. 영진이는 통로를 따라 달려가다가 어떤 할머니의 카트와 부딪힐 뻔하였다. 통로를 반쯤 내려갔을 때, 영진이는 영희를 큰 소리로 불렀다. 영희는 뛰어와서 아빠에게 집에 가고 싶다고 졸라 댔다. 또다시 아빠는 아빠 말을 따르라고 엄하게 말씀하셨다.

다음 코너에서 아빠는 영희와 영진이에게 포테이토칩과 다른 과자를 사고 싶냐고 물었다. 그들은 바베큐칩을 사고 싶다고 재빠르게 말했고, 영희는 그것을 카트에 담았다. 영희는 영진이에게 다른 과자를 선택할 수 있다고 말했다. 영희와 영진이는 아빠를 도와 다른 물건들을 챙겼다.

마침내, 그들은 계산대 앞에 다다랐다. 영진이는 스틱사탕 두 개를 먹고 싶었는데 아빠가 한 개만 먹을 수 있다고 말하자 뾰로통해졌다. 영희가 껌을 먹고 싶다고 하자 아빠는 허락을 하셨고, 영희는 고맙다고 말하는 것을 잊지 않았다. 집으로 가는 길에 그들은 서로 앞자리에 앉겠다고 다투었다. 마트 주차장을 떠나려고 할 때 영진이와 영희는 아빠에게 둘 다 뒷좌석에 앉으라는 말을 들었다.

토론

내용에 대한 이해

1. 영희와 영진이는 어떻게 행동했나요? 그들이 보여 준 행동들을 적어 보세요.
2. 그들의 행동 중에서 어떤 것이 분별력 있는(적합한, 바람직한) 행동이라고 생각하나요? 목록을 작성해 보세요.
3. 그들의 행동 중에서 어떤 것이 분별력 없는(부적합한, 바람직하지 않은) 행동이라고 생각하나요? 목록을 작성해 보세요.

개인에게 적용하기

1. 여러분은 대개 분별력 있는 행동을 하나요, 아니면 분별력 없는 행동을 하나요?
2. 자신이 하는 행동을 자랑스러워하나요?
3. 자신의 행동이 자랑스럽지 않다면, 어떤 행동으로 바꿀 수 있을까요?
4. 대부분 분별력 있게 행동하기를 바라나요, 아니면 분별력 없이 행동하기를 바라나요? 여러분이 분별력 없이 행동한다면 누구에게 상처가 되나요?

지도자 유의사항

만약 학생이 분별력이 있는 행동인지, 분별력이 없는 행동인지를 구분할 수 있다면 자신들의 이익에 부합하는 행동을 선택할 수 있다는 것을 알게 하는 것이 중요하다.

18. 난, 내 식대로만 해야 해

목표

다른 사람에게 자기가 하고 싶은 대로만 요구하는 행동이 부정적인 영향을 미친다는 것을 배운다.

준비물

〈효석이와 야구게임〉 이야기

진행 절차

1. 다음의 이야기를 들려주고, 토론하도록 한다.

효석이와 야구게임

효석이는 야구를 하려는 아이들을 기다리며 모퉁이에 앉아 있었다. 민선이가 와서 자신이 일 번 타자를 하겠다고 나섰다. 효석이는 타석에 발을 부비고 서서는 "내가 첫 번째로 치지 않는다면 나는 야구게임을 안 할 거야."라며 궁시렁거렸다. 그래서 아이들은 효석이를 첫 번째로 치게 해 주었다.

효석이가 처음 친 공은 파울이었고, 두 번째 친 공도 역시 파울이었다. 효석이는 심판원이 속임수를 쓰고 있고, 그가 1루에 간 것으로 그의 파울공을 인정해 주지 않는다면 게임을 그만둘 것이라고 고함을 쳤다. 그러나 다른 아이들은 모두 "좋아, 그만둬."라고 말했다.

그러자 효석이는 걸어 나가면서, "너희는 후회하게 될 거야. 나는 속임수를 쓰는 너희하고 다시는 게임을 하지 않을 거야!"라고 고함쳤다. 다른 아이들은 모두 그 말에 대꾸도 않고 무시해 버렸다. 아이들은 효석이 같은 아이가 없다는 것이 좋았고, 효석이 없이도 신나게 야구게임을 했다.

토론

내용에 대한 이해

1. 효석이의 행동에 대하여 어떻게 생각하나요? (효석이는 아이들에게 자신이 하고 싶은 대로만 요구하고 있다는 것에 대해서 토론해 보세요.)
2. '요구한다'라는 단어의 의미는 무엇인가요?
3. 효석이가 친구들에게 요구한 것은 무엇이었나요?
4. 효석이의 요구는 어떻게 되었나요? 그 결과는 효석이를 행복하게 했나요? 다른 사람들은 어떻게 반응했나요?

개인에게 적용하기

1. 여러분은 효석이처럼 행동한 적이 있나요? 여러분이 다른 사람에게 강제로 요구만 했던 몇 가지 행동의 예를 들어 이야기를 나누어 보세요. 여러분은 다른 사람에게 그렇게 요구만 하는 것처럼 행동하나요?
2. 사람들은 매번 자신이 하고 싶은 대로만 행동해야 한다고 생각하나요? 만약 여러분이 지금 다른 사람에게 강제로 요구하고 있는 중이라면, 여러분은 아마도 자신의 방식대로 되어야만 한다고 생각하고 있는 것입니다. 그것이 가능한가요?
3. 앞으로 여러분이 다른 사람에게 강제로 요구하려 한다는 것을 알게 되었을 때, 여러분은 대신에 무엇을 할 수 있을까요?

지도자 유의사항

다른 사람에게 강제로 요구를 하는 것은 부정적인 대가를 가져오며, 학생들은 자신이 요구만 해서는 안 된다는 것을 깨달아야 한다. 비록 어린 학생들에게는 어려운 일이지만, '항상 내 방식대로만 하는 것이 가능할까?' '내가 원하는 것을 얻지 못한다면 그것이 그렇게 끔찍한 일일까?' '나는 친구들이 하는 것을 그냥 수용할 수는 없나?' 등을 스스로에게 물어볼 수 있다. 학생들이 생각을 바꾸는 것은 그들의 요구적 행동을 대체하는 하나의 방법이다.

19. 과장하기

목표

과장된 사고의 예와 그 영향을 배운다.

준비물

없음

진행 절차

1. 과장한다는 것의 의미가 무엇인지 학생들과 토론하고, 과장의 예들을 제시한다. 예를 들어, "나는 아침에 학교 가는 길에 싸우는 것을 보았어."라는 것은 과장이 아니다. 그러나 "나는 학교 가는 길에 여태 본 적이 없는 최악의 싸움을 보았어. 사람들이 서로 죽일 것처럼 싸웠어."라는 것은 아마도 과장일 것이다. 과장하기의 또 다른 예로 "나의 부모님은 세상에서 가장 마음이 좁은 사람들이야. 내가 즐거워하는 것은 하게 한 적이 없어."를 들 수 있다. 때때로 과장은 우리 자신이 스스로 생각해 낸 것일 뿐이며, 우리가 다른 사람들과 대화를 나눌 때 가끔씩 쓰고 있다는 사실에 대해 토론하도록 한다.
2. 학생들에게 과장에 해당하는 예들을 이야기 나누게 한다.

토론

내용에 대한 이해

1. 과장한다는 것은 무엇을 의미하나요?
2. 과장해서 말하는 의도는 무엇인가요? 왜 사람들은 과장해서 말한다고 생각하나요?

개인에게 적용하기

1. 만약 여러분이 과장했던 적이 있다면, 왜 그렇게 했나요?
2. 과장된 생각은 여러분에게 도움이 된다고 생각하나요? 과장된 생각이 해로웠던 적이 있었나

요? (과장해서 말을 하면 사람들이 믿지 않는 것과 같은 부정적인 영향들에 대하여 토론하게 한다.)

3. 과장된 생각 혹은 과장해서 말하는 것을 멈출 수 있는 방법은 무엇일까요?

지도자 유의사항

사람들은 다른 사람들에게 때때로 더 중요하다고 느끼게 만들거나 주의를 끌기 위해서 과장을 한다. 만약 학생이 과장이 무엇을 뜻하는지 알게 된다면, 그들은 과장을 적절히 삼갈 수 있을 것이다.

20. 원인과 결과

목표

행동에 따르는 원인과 결과를 배운다.

준비물

일직선의 핀, 부풀린 풍선, 퍼펫인형(손가락을 집어넣을 수 있는 헝겊으로 된) 두 개, 〈원인과 결과〉 카드, 대봉투

진행 절차

1. 학생들에게 어떤 상황을 관찰할 것이라고 설명한다. 누군가가 무엇을 하면, 이것 때문에 다른 어떤 일이 일어나게 되는데 이것을 원인과 결과라고 부른다고 설명한다. 학생들에게 핀과 풍선을 보여 주고 풍선을 핀으로 찌른다면 어떤 일이 일어날 것이라고 생각하는지 물어본다. 지원자에게 풍선을 찌르도록 한다. 그 결과에 대해서 토론하도록 한다.
2. 두 명의 지원자에게 퍼펫인형을 사용하도록 한다. 한 학생에게 봉투에서 〈원인과 결과〉 카드 한 개를 꺼내어 거기에 적힌 지시를 따르도록 한다. 또 다른 두 명의 지원자들에게도 동일한 절차를 따르게 한다. 모든 상황 카드가 사용될 때까지 반복한다.

토론

내용에 대한 이해

1. 각각의 상황에서 두 번째 인형은 첫 번째 인형이 행동한 후에 무엇을 했나요? 첫 번째 인형이 취한 행동에서 비롯된 두 번째 인형의 행동의 예들은 무엇이 있을까요?
2. 만약에 첫 번째 인형이 그처럼 행동하지 않았다면 두 번째 인형은 그렇게 행동했을 것이라고 생각하나요? (이러한 과정을 원인과 결과라고 부른다는 것과 간단히 말해서, 누군가가 어떤 방식으로 행동한다면 그 행동의 결과로서 어떤 일이 일어난다는 것을 다시 설명한다.)

개인에게 적용하기

1. 인형을 이용하여 설명한 것과 유사한 경험을 한 적이 있나요?
2. 원인과 결과라는 단어가 여러분에게 어떤 것을 가르쳐 주나요?

지도자 유의사항

원인과 결과 간의 관계가 복잡한 개념이라 할지라도, 학생들은 행동이 심사숙고할 필요가 있는 결과를 가져온다는 것을 알기 시작하는 것이 중요하다.

활동교구 ④ 참조

<원인과 결과> 카드

지시사항: 각각의 색인 카드에 다음의 상황을 기록하세요.

퍼펫인형 1: 여러분은 학생이에요. 선생님 앞에서 혀를 낼름 내미는 행동을 합니다.
퍼펫인형 2: 여러분은 선생님이에요. 퍼펫인형 1의 행동에 대해 어떠한 반응을 보일 건가요?

퍼펫인형 1: 여러분은 사납게 구는 개의 입에 손을 내미는 행동을 합니다.
퍼펫인형 2: 여러분은 개예요. 어떻게 할 건가요?

퍼펫인형 1: 여러분은 길을 가로질러서 걸어갈 때 양 옆을 보지 않는 행동을 합니다.
퍼펫인형 2: 여러분은 자동차예요. 무엇을 하나요?

퍼펫인형 1: 저녁을 먹으라고 여러분을 부르는 소리를 세 번이나 들었어요.
그런 후에야 여러분은 마침내 늑장을 부리며 식탁으로 옵니다.
퍼펫인형 2: 여러분은 부모님이에요. 어떻게 할 건가요?

퍼펫인형 1: 낯선 사람에게는 문을 열어 주지 말라고 했는데, 문을 열어 주는 행동을 했습니다.
퍼펫인형 2: 여러분은 수상한 사람입니다. 어떻게 할 것 같나요?

21. 사실인가 혹은 추측인가

목표

사실과 추측 간의 차이점을 배운다.

준비물

'사실'이라고 라벨지가 붙어 있는 포스터 용지 1장, '추측'이라고 라벨지가 붙어 있는 포스터 용지 1장, 큰 공, 겨울 코트, 책 또는 색칠공부책 등과 같은 여러 가지 물건

진행 절차

1. 칠판에 포스터 용지 2장을 붙이고, 다음과 같이 각각의 용어에 대해 간단히 설명한다. '사실'이란 우리가 진실이라고 알고 있는 것이고, '추측'은 비록 증명할 수 없을지라도 우리가 진실이라고 생각하는 것이다. 학생들에게 예를 들어보도록 유도한다.
2. 물건들 중의 하나를 제시하고 사실(예를 들어, 공이 둥글다, 크다, 빨간색이다.)에 대해서 학생들이 토론에 참여하도록 한다. 학생들이 사실이라고 언급할 때, '사실'이라고 이름을 붙인 포스터 용지에 적는다.
3. 학생들이 여러 가지 사실을 확인한 후, 그 물건들을 보았을 때 가지고 있는 추측(예를 들어, 공이 높이 튀어 오를 것 같다, 공이 미끄러울 것 같다, 공은 무겁지 않을 것이다.)이 무엇인지 질문한다. '추측'이라고 이름을 붙인 포스터 용지에 이것들을 적는다.
4. 이 절차를 여러 개의 다른 물건들을 가지고 계속한다.
5. 학생들에게 추측들을 확인하고, 그렇게 함으로써 사실들을 더 잘 배울 수 있다고 설명한다(예를 들어, 그 책은 두껍고 쪽수가 많다는 것은 사실이다.). 그 책은 좋은 책이라는 것은 추측이다. 그러나 학생들이 실제로 그 책을 읽기 전까지는 좋은 책인지, 아닌지 알 수 없다. 사실들을 어떻게 확인하는지에 대한 다른 예들을 질문한다.

토론

내용에 대한 이해

1. 사실과 추측 간의 차이는 무엇인가요?
2. 만약 추측이 사실인지 아닌지를 알고자 하려면, 여러분은 무엇을 할 수 있을까요?
3. 사실을 확인하는 것이 어렵다고 생각되나요, 아니면 쉽다고 생각되나요? 그것을 어떻게 확인할 수 있나요?
4. 추측을 확인하는 것이 어렵다고 생각되나요, 아니면 쉽다고 생각되나요? 그것을 어떻게 확인할 수 있나요?
5. 사실과 추측의 차이를 말하는 것이 어렵다고 생각되나요, 아니면 쉽다고 생각되나요? 여러분은 그 차이를 구별할 수 있나요?

개인에게 적용하기

1. 사실과 추측 간의 차이를 잘 안다고 생각하나요? 만약 그렇다면, 그것을 어떻게 구별할 수 있나요?
2. 사실인지 아닌지 알고자 추측을 확인하려면 여러분이 할 수 있는 것은 무엇인가요? 학생들이 확인하고 싶어 하는 것들에 대한 구체적인 예를 들어 이야기를 나누어 보세요.

지도자 유의사항

추측이라는 개념이 이 시기의 학생들에게 다소 추상적이라 할지라도, 사실과 추측을 구분하는 것을 배우는 것은 자기수용, 대인관계, 그리고 의사결정에 영향을 미치는 중요한 기초가 됨을 강조한다.

[초등학교 1 · 2학년]

문제해결/의사결정

22. 원인이 결과를 낳는다

목표

우리가 내리는 결정들에는 늘 결과가 따른다는 것을 배운다.

준비물

계란 한 개, 그릇, 물 한 잔, 생일 양초, 원인 카드, 종이, 크레용 또는 마커펜

진행 절차

1. 그릇에 계란을 떨어뜨려 깨뜨리고, 컵 안의 물이 엎질러지게 하고, 생일 양초의 촛불을 불어서 꺼뜨리는 행동을 보여 주면서 원인-결과의 관계를 살펴볼 수 있게 한다.
2. 내용에 대한 이해의 질문들을 이용하여 원인과 결과에 대한 원리를 토론하도록 한다.
3. 다음의 원인들에 가능한 결과들을 이끌어 낸다.

- 누군가가 여러분에게 친절하게 대한다.
- 누군가가 무지하게 웃긴 농담을 한다.
- 누군가가 여러분의 이름을 부른다.

4. 계란, 물, 그리고 양초를 통해 본 것처럼 사람들의 행동에는 원인과 결과가 있다는 것을 설명한다.
5. 선택할 수 있는 원인이 있는가 하면, 선택할 수 없는 원인이 있음을 입증하는 다음의 예들을 비교하도록 지도한다.

- 선택할 수 없는 원인: 누군가가 발을 걸어서(원인)–넘어진다(결과).
- 선택할 수 있는 원인: 누군가가 공부를 열심히 하여(원인)–좋은 성적의 통지표를 받는다(결과).

6. 좋은 결과를 가져오는 선택할 수 있는 원인의 예를 학생에게 제시한다. 여기에는 친구들과 이야기를 나누고, 감정을 표현하고, 과제를 완성하는 활동 등이 포함될 수 있다. 각각의 긍정적

인 예를 나쁜 결과를 가져올 원인과 교대로 비교하도록 한다. 원인과 결과의 관계를 강조한다.

7. 학생들에게 종이를 나누어 주고 반으로 접게 한다. 한 쪽 면에는 원인, 다른 쪽 면에는 결과라는 제목을 붙이게 한다. 그런 다음 학생들에게 원인 카드를 뽑도록 한다. 학생들에게 자신이 뽑은 카드에 해당하는 그림을 원인이라고 적혀 있는 면에 그리고 설명하게 한다. 그리고 결과라고 적혀 있는 면에 그 원인에 의해서 생길 수 있는 결과를 그리고 설명하게 한다.
8. 원인-결과 그림을 완성하여 이야기 나누어 보고 개인에게 적용하기의 질문들을 토론하도록 한다.

토론

내용에 대한 이해

1. 그러한 행동이 무엇을 초래하나요? (다른 무언가를 일으키는 원인)
2. 사람들의 행동이 무엇을 일으키나요? (다른 무언가가 발생하는 원인이 되는 것, 다른 사람이 반응하게 하는 원인이 되는 것)
3. 여러분에게는 어떻게 행동해야 할지에 대한 선택권이 있나요?
4. 나쁜 결과 대신 좋은 결과를 가져올 원인 행동을 여러분이 과연 선택할 수 있을까요?

개인에게 적용하기

1. 여러분은 좋은 일이 일어나도록 하는 행동을 한 적이 있나요? 또는 나쁜 일이 일어나도록 하는 행동을 한 적이 있나요?
2. 오늘 여러분이 한 행동 중에서 좋은 일이 일어나게 할 만한 원인 행동이 있었는지 생각해 낼 수 있나요? 그 계획을 세워 보세요. 그렇게 해 보고 무슨 일이 일어나는지 살펴보세요.(학생의 경험에 대해 추수지도를 한다.)

지도자 유의사항

원인과 결과의 관계는 매일 학생의 주변에서 볼 수 있는 것들이다. 이 활동에서 배울 내용은 매일 교실에서 일어나는 또래 친구들과의 상호작용, 또한 선생님과 학생 자신의 상호작용에 좀 더 관심을 기울임으로써 쉽게 강화될 수 있다. 원인과 결과의 원리는 특히 학생 자신의 행동이 주변 사람들에게 어떤 영향을 주는지를 잘 알지 못하는 학생들에게 갈등상황에서 자신의 행동이 주는 영향을 기억하고 주의하게 해 주는 것을 강조한다.

활동교구 ⑤ 참조

원인 카드

누군가가 여러분을 해코지한다.	여러분이 선생님의 말을 따르지 않는다.
누군가가 나와 어떤 것을 나누어 가지려고 한다.	여러분이 누군가에게 친절하게 한다.
어떤 사람이 사탕을 너무 많이 먹는다.	여러분이 너무 늦게 잠자리에 든다.
친구가 여러분의 책상에 마커로 낙서를 한다.	동생이 성냥개비로 장난을 한다.
여러분이 엄마가 식사준비를 하는 것을 돕는다.	방을 치우라는 이야기를 듣기 전에 여러분이 방을 깨끗이 청소한다.
여러분이 강아지에게 먹이를 주는 것을 깜박 잊어 버린다.	여러분이 추운 날씨에 코트도 입지 않고 밖으로 나간다.
여러분이 늦게 일어난다.	여러분이 숙제하는 것을 깜박 잊어 버린다.
여러분이 시계를 차지 않고 친구네 집에서 놀다가 집에 늦게 도착했다.	누가 여러분의 이름을 부른다.
누군가가 학교의 화장실 벽에 낙서를 한다.	여러분이 도시락 가방을 잃어 버린다.
여러분이 집안일을 돕지 않는다.	여러분이 어린 동생을 괴롭힌다.

23. 노력하면 할 수 있어요

목표

협동적인 의사결정과 비협동적인 의사결정에 대한 이익과 불이익을 평가하는 것을 배운다.

준비물

튼튼한 중간 정도 크기의 나무상자, 콩주머니, 금색 종이로 만든 큰 별 2개

진행 절차

1. 학생들을 세 집단으로 나눈다. (각 집단마다 5~6명을 초과하지 않는다.)
2. 각 집단에 다음과 같은 과제를 낸다.

집단 1: 준비한 나무상자 위에 집단원이 모두 올라가서 균형을 잡는다. 최소한 한 발은 나무상자 위에 있어야 한다. 다른 쪽 발은 마룻바닥에 닿아 있어도 되지만, 다른 신체 부위가 마룻바닥에 닿아서는 안 된다. 집단은 최소한 10초 동안 그 자세를 유지하면서 균형을 잡고 있어야 한다.
집단 2: 손을 사용하지 않고 콩주머니를 릴레이 형태로 교실의 한 쪽 끝에서 다른 쪽으로 옮겨야 한다.
집단 3: 마룻바닥에 금색별 2개를 거리를 두고 놓고서 두 별을 잇는 인간사슬을 만든다. 두 별 사이의 거리는 학생들이 팔을 벌려 손을 붙잡고 도달할 수 있는 거리보다 다소 길어야 한다.

3. 각 활동을 차례대로 마친 후, 각 집단이 문제를 어떻게 해결했는지 토론하도록 한다.

토론

내용에 대한 이해

1. 여러분의 집단은 문제해결을 위해 어떻게 했나요? (각각의 집단에서 내놓은 성공적인 전략과 성공적이지 않은 전략을 유도해 낸다.)

2. 여러분의 집단이 주어진 문제를 해결하면서 가장 훌륭했던 점은 무엇이라고 생각하나요?
3. 문제를 해결하면서 어떤 점이 어려웠나요? (예를 들어, 모든 사람이 동시에 이야기하기 하는 것, 사람들이 참여하지 않으려는 것, 논쟁하는 것)

개인에게 적용하기

1. 여러분의 아이디어가 집단의 문제해결에 활용되었을 때 기분이 어땠나요? 여러분이 말한 의견이 활용되지 않았을 때 기분이 어땠나요?
2. 문제를 해결하기 위하여 나의 아이디어가 사용되지 않고 수용되지 않았을 때, 여러분은 어떻게 해야 했을까요?
3. 이 활동을 하면서 배운 것으로, 다음에 이런 작업을 할 때 도움이 될 만한 점은 어떤 것이었나요?

지도자 유의사항

이 활동은 교실에서 집단의 문제해결과 의사결정을 하는 데(예를 들어, 교실 활동의 계획, 학습과 행동에서 일어나는 특정한 문제들을 설명하는 것, 교실 목표 수립) 학생들을 참여시키기 위해 강력하게 추천할 만하다.

24. 중요한 선택과 사소한 선택

목표

중요한 문제와 사소한 문제를 구별하고, 이들에 대한 지각이 달라질 수 있다는 것을 배운다.

준비물

다양한 상황에 처해 있는 사람들을 찍은 잡지사진, 커다란 게시판(두 사람당 한 개), 크레용 혹은 마커펜 여러 개

진행 절차

1. 잡지사진의 다양한 장면(식료품점을 쇼핑하는 장면, 신문의 안내광고를 읽는 장면, 새 집을 사려고 살펴보는 장면, 새 신발을 신어보는 장면)을 전시한다.
2. 각각의 사진에 대해 토론하고, 사진의 장면과 관련이 되는 결정들(먹을 음식, 새로운 직업, 새로 지은 집, 새 신발을 선택함)을 확인한다.
3. 각각의 결정을 두 가지, 즉 중요한(큰) 결정과 사소한(작은) 결정으로 범주화하고 결정의 결과를 고려함으로써 중요한 결정인지, 혹은 사소한 결정인지를 정한다는 것을 설명한다(장기간의 영향이 무엇인지, 결정이 개인의 인생에서 큰 변화를 가져올 것인지 등등).
4. 결정이 중요한 것인지, 사소한 것인지에 상관없이 의사결정의 과정은 '정보 수집 → 대안에 대한 확인 → 그 결과에 대한 이해'의 단계를 따른다고 설명한다. 예를 들어, 사야 할 구두를 결정하는 데 있어서(사소한 결정), 먼저 어디서 구두를 살 수 있을지를 알아야 한다. 그런 다음 스타일, 컬러, 가격을 알아볼 필요가 있다. 만약에 갈색이 아니라 검은색을 선택한다면 어떤 일이 일어날까? 굽이 낮은 것 대신에 굽이 높은 구두를 선택한다면 어떻게 될까? 새로 지은 집을 살 것인지 아닌지를 결정하는 데 있어서(중요한 결정), 부모님은 집의 가격이 얼마나 하며, 새로 지은 집에서 살림을 할 경우 드는 비용이 얼마인지를 알아야 할 뿐 아니라 집이 유용한지 또 어디에 있는지를 알아야 할 것이다. 이웃은 어떤 사람들인가? 이사를 한다면 가족에게 어떤 영향을 줄 것인가? 이사 가는 것을 가족이 진정으로 원하는 것인가? 등이다.
5. 학생들에게 짝을 선택하게 하고 다른 잡지사진을 이용하여 중요한 결정과 사소한 결정에

대한 차트를 함께 만든다.

6. 완성된 차트를 보며 이야기를 나누도록 지시한다.

토론

내용에 대한 이해

1. 큰(중요한) 결정과 작은(사소한) 결정 간의 차이는 무엇인가요?
2. 똑같은 결정이 한 사람에게는 큰 것이지만 또 다른 사람에게는 작은 것이 될 수 있나요? (예를 들어, 학교를 졸업한 후 새로운 직업을 선택하는 10대와 가족 부양을 위하여 새로운 직업을 선택하는 부모님)
3. 어떤 점이 결정을 중요하거나 사소하게 만드나요?

개인에게 적용하기

1. 가족 중의 한 사람이 중요한 결정을 내렸던 것을 생각해 낼 수 있나요? 그것은 무엇이었나요? 여러분의 가족에게 어떤 영향을 주었나요?
2. 여러분이 내리는 대부분의 결정들은 중요한 결정과 사소한 결정 중 어디에 해당되나요?
3. 사소한 결정을 잘 내리는 것이 여러분에게 왜 중요한 연습이 되나요?

지도자 유의사항

학생들은 의사결정의 중요성을 잘 모르는데, 그것은 결정이 대부분 사소한 것들이라고 알고 있기 때문이다. 의사결정은 학생이 자신도 '힘'이 있다는 것을 알게 하고 자부심을 발달시킬 수 있게 해 준다. 그러므로 의사결정의 중요성에 대해 거듭 강조해야 하며, 이를 아는 것은 학생에게 필수불가결한 것이다. 게다가 매일매일 일어나는 작은 결정들을 잘 해낼 수 있도록 훈련함으로써 효과적인 의사결정 기술이 학습되는 것이라는 것을 상기시켜 주어야 한다.

25. 다양한 해결책

목표

대부분의 문제들은 한 가지 이상의 해결책을 가지고 있다는 것을 배운다.

준비물

여러 가지 야영 음식물 항목에 대한 영사물(유인물 2), OHP기계, 종이, 크레용 또는 마커펜 여러 개

진행 절차

1. 여러 가지의 야영 음식물 항목에 대한 영사물(유인물 2)을 보여 준다. 학생들에게 짐을 꾸리기 위해 어떤 것이든 4개의 음식물을 골라 그림으로 그리거나 품목을 적도록 한다. 1만 원을 가지고 있다고 가정하고, 그 한도 내에서 음식물을 선택할 수 있음을 알려 준다.
2. 자신이 선택한 것을 다른 학생들에게 보여 주게 한다. 모든 사람이 똑같은 항목을 선택하는 것이 아니라는 것, 그리고 문제를 해결하기 위한 다양한 방법이 있다는 것을 강조한다.
3. 학생들을 4~6명씩 한 집단으로 나눈다.
4. 각각의 집단에게 칠판에 쓰인 다음과 같은 문제들을 해결하게 한다.

- 학교에서 내 옆에 있는 짝궁이 내 시험지를 훔쳐 보려 한다.
- 아침밥 대신 시리얼을 먹고 싶은데 우유가 없다.
- 여러분이 집에 없을 때 어린 동생이 내 스티커북에 있는 스티커를 떼 내려 한다.

5. 학생들이 문제에 대한 해결책을 나누도록 한다.

토론

내용에 대한 이해

1. 어떤 문제에 대하여 한 가지 해결책만 있나요, 아니면 여러 가지 해결책이 있나요?

2. 모든 해결책이 문제를 해결하는 데 도움이 되나요? 그렇지 않다면 거기에는 왜 차이가 날까요?
3. 문제를 해결할 때 왜 다른 사람들의 아이디어에 귀를 기울이는 것이 때때로 도움이 될까요?

개인에게 적용하기

1. 여러분이 해결해야 하는 문제들은 어떤 것인가요?
2. 여러분의 해결책이 부모님과 달랐던 적이 있나요? 형제자매들과 달랐던 적이 있나요? 친구들과는 어땠나요?
3. 문제를 해결하는 것에 관하여 여러분이 배운 점은 무엇인가요?

지도자 유의사항

학생들이 매일매일 일어나는 문제들에 대한 해결책을 찾기 위해 열린 마음을 갖도록 강조한다.

[유인물 2]

여러 가지 야영 음식물 항목에 대한 영사물

4,000원

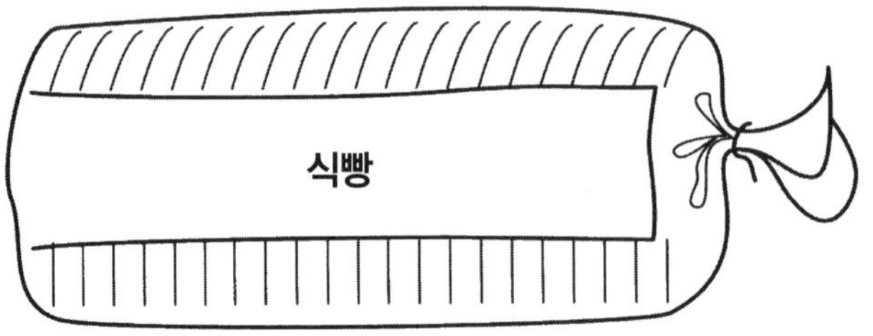

4,000원

4,000원

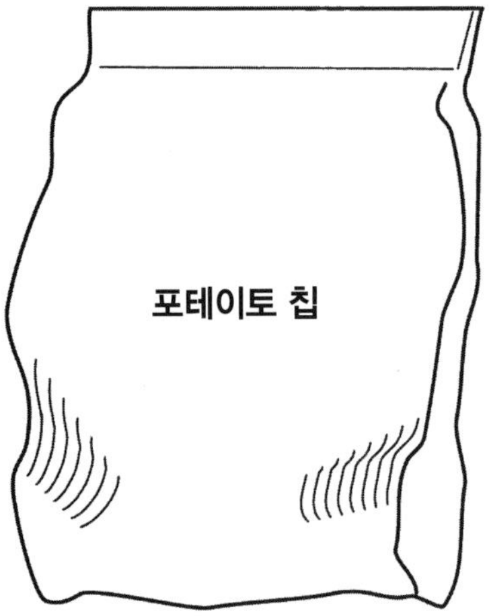

2,500원

1개 1,000원

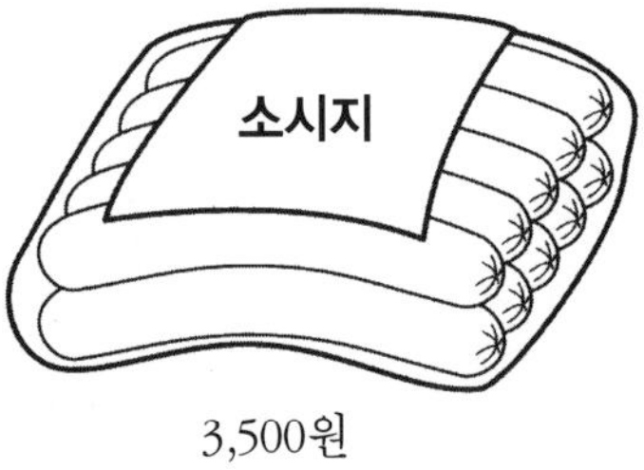

3,500원

1개 500원

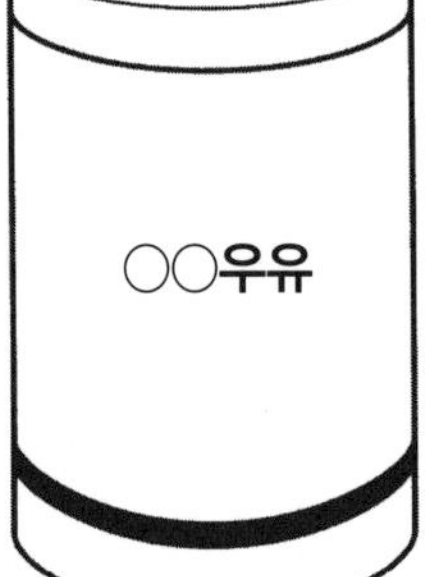

5,000원

26. 지금 무엇을 해야 하나요

목표

어떤 문제들에는 좋은 해결책이 없다는 것을 배운다.

준비물

〈지금 무엇을 해야 하나요〉 게임판, 문제 카드

진행 절차

1. 학생들에게 좋은 해결책이 없는 문제가 있었던 적이 있는지 손을 들어보라고 한다. 예를 들어, 셋이서 놀고 싶은데, 한 친구는 놀이터에서 놀자고 하고 한 친구는 컴퓨터 게임을 하자고 한다면 어떻게 해야 할지 이야기를 나눈다.
2. 아주 이상적인 해결책이 없더라도, 대개는 해결책을 만들어 내는 방법이 있음을 암시한다.
3. 학생들을 4~6명씩 한 집단으로 나눈 후, 각각의 집단을 〈지금 무엇을 해야 하나요〉 게임판 주위에 모이도록 한다. 첫 번째 집단이 게임판의 화살표를 돌려서 문제 카드를 뽑는다. 카드를 뽑은 학생은 문제 카드 상황을 마치 자신이 그 상황에 있는 것처럼 생각하고 큰 소리로 읽는다. 카드를 읽은 후, 집단원과 함께 해결책을 토론하도록 한다.
4. 그런 다음, 또 다른 집단이 게임판의 화살표를 돌려서 문제 카드를 뽑는다. 친구들과 해결책에 대해 토론하도록 지도한다. (만약 문제가 이미 토론된 것이라면, 집단은 카드를 다시 뽑는다.)

토론

내용에 대한 이해

1. 무엇이 각각의 문제 상황들을 그렇게도 어렵게 만들었나요?
2. 사람들이 필요로 하는 것들과 바라는 것들은 때때로 친구들과 가족이 채우기에는 불가능한 것인가요?
3. 좋은 해결책이 없는 문제가 있다는 것은 누구의 잘못으로 인한 것인가요?

개인에게 적용하기

1. 좋은 해결책이 없었던 문제가 있었나요?
2. 무엇을 선택하든지 여러분의 선택이 어떤 사람의 감정을 해치게 된다면 어떤 기분이 들까요?
3. 좋은 해결책이 없을 때 무엇을 할 수 있나요?
4. 좋은 해결책이 없는 상황에서 여러분이 수용할 수 있는 가장 좋은 행동이 있나요?

지도자 유의사항

이 활동의 내용은 학생들에게 설명뿐만 아니라 부드러운 설득을 요구한다. 공정과 불공정에 대해 예민한 학생들은 이긴 사람이 아무도 없다는 상황과 같은 현실을 수용하기가 어렵다. 학생들은 때때로 자신이 할 수 있는 최선을 다하는 것만으로도 많은 것을 배운다는 것을 쉽게 납득하지 못할 것이다. 학생이 그러한 문제의 함정에 빠지게 되었을 때, 자신이 할 수 있는 최선을 다하는 것은 진정 바람직한 태도라는 사실을 지도자는 명확하고 일관성 있게 확신에 찬 태도로 강조한다.

활동교구 ⑥ 참조

〈지금 무엇을 해야 하나요〉 게임판

지시사항: 게시판이나 다른 두꺼운 종이에 게임판을 구성하세요. 가운데에 분할 핀을 끼워 화살표가 잘 돌아갈 수 있도록 만드세요.

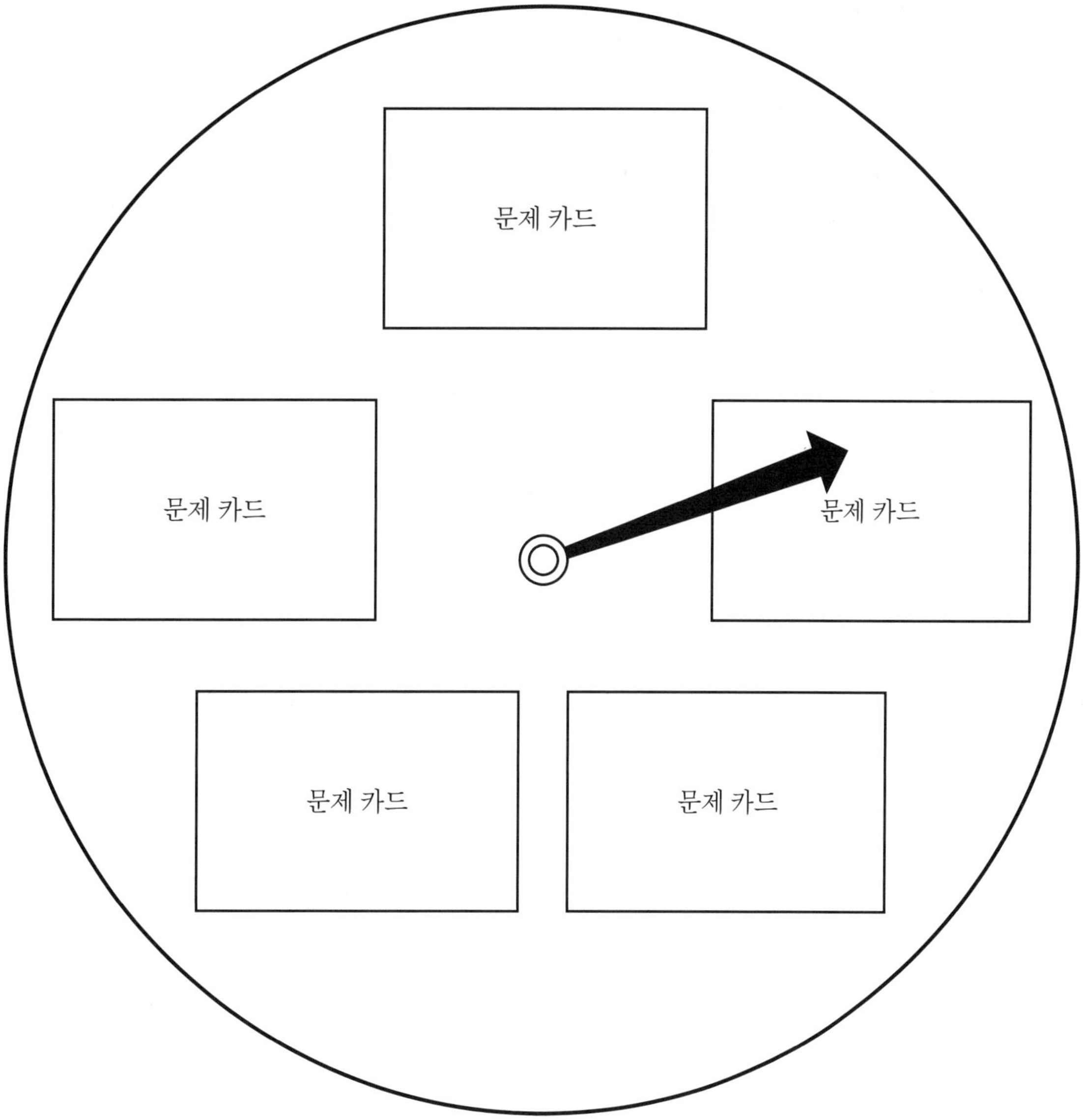

활동교구 ⑦ 참조

〈지금 무엇을 해야 하나요〉 문제 카드

지시사항: 각각의 색인 카드에 다음의 상황을 기록하세요. 게임판의 각 공간에 카드를 두 장씩 나누어 놓으세요.

나는 옆자리에 앉은 가장 친한 친구와 시험 문제의 답이 똑같아서 친구의 시험지를 훔쳐 보았다고 혼이 났어요. 실제로는 그 친구가 내 답안지를 몰래 베껴 쓴 것이었어요.	우리 엄마와 아빠는 요즈음 많이 싸워요. 두 분은 정말 행복이란 걸 느끼지 못하고 사시는 것 같아요. 할머니께서는 걱정을 많이 하시지만 무슨 일이 일어났는지는 알지 못하시고, 누군가가 아프거나 무슨 일이 있다고 생각하고 계세요. 할머니께서 이것저것을 물어 보시는데 나는 이러한 상황을 말씀드려서는 안 된다고 생각해요.
엄마, 아빠가 떨어져 지내셔서 이혼을 할까 봐 나는 두려워요. 나는 정말로 화가 나지만, 내가 화난 것을 부모님이 알게 될까 봐 겁이 나요. 왜냐하면 부모님을 더욱 화나게 만들 거라고 생각하기 때문이에요. 그러나 누군가와 이런 이야기를 하고 싶어요.	우리 아빠는 집을 떠나서 계시는 경우가 많고, 집에 오실 때에는 대개 술을 많이 드시고 오세요. 우리 아빠는 때때로 고함을 지르고, 때리고, 위협하기도 해요, 그럴 때 나는 겁이 나요.
나는 배가 아픈 경우가 많아요. 때때로 내가 집에 전화를 하면, 엄마나 아빠가 내게 오셔서 의사선생님께 날 데려 가세요. 그렇지만 이제 걱정이 돼요. 왜냐하면 내가 영화를 보러 가고 싶다고 말하고 싶은데 엄마는 분명 돈이 없다고 하실 것 같아요. 병원에 가느라 치료비가 들어서 아픈 것에 대해서 나는 엄마, 아빠한테 너무 미안해요.	나는 생일파티에 단지 6명의 친구만을 초대할 수 있어요. 내가 초대하고 싶은 친구는 9명이에요. 어떠한 방법으로 6명을 선택하면 좋을지 모르겠어요.
친구가 자기 집에서 하룻밤을 자면서 함께 놀자고 했어요. 그런데 나는 거기에서 자는 것이 걱정돼요. 왜냐하면 때때로 밤에 이불에 오줌을 싸거든요. 만약에 내가 친구 집에서 오줌을 싼다면 분명 놀랄 거예요.	우리 집에서 키우던 강아지가 죽었어요. 나는 매우 슬펐어요. 그 강아지가 보고 싶고, 다시 살아났으면 하는 마음으로 하루 온종일을 다 보내고 있어요.
가장 친한 친구는 엄마, 아빠가 일자리를 잃어서 이사를 가요. 나는 친구와 헤어지게 되는 것에 막 화가 나요. 왜냐하면 떠난 친구와 놀고 싶고, 보고 싶다는 생각에 공부도 안 되고 성적은 더 나빠질 거예요.	나는 평소에 진실을 말해야 한다는 것을 알고 있어요. 그런데 난 지금 어떻게 해야 할지 모르겠어요. 나는 오빠(형)가 엄마 지갑에서 돈을 훔쳐가는 것을 보았고, 내가 이 사실을 엄마에게 말한다면, 오빠(형)는 대단히 화를 낼 거예요. 그러나 나는 도둑질이 나쁘다는 것을 알기 때문에 어찌해야 할지 모르겠어요.

27. 터놓고 얘기해 봐요

목표

다른 사람과 문제를 나누는 것이 가치롭다는 것을 배운다.

준비물

카세트 녹음기, 테이프(각각 5개씩), 종이, 연필

진행 절차

1. 활동에 앞서, 학생들에게 자신이 경험하고 있는 문제를 종이에 적도록 한다.(만약, 학생들이 기록할 수 없다면 지도자에게 자신의 문제를 말하게 한다.) 각각의 테이프에는 몇 개의 문제들을 녹음할 수 있다. 학생들이 각각의 문제에 대한 해결책을 녹음할 수 있도록 각각의 문제 사이에 간격을 두고 녹음을 한다.
2. 학생들을 다섯 집단으로 나누고, 그들과 같은 또래의 고민에 귀를 기울여야 됨을 설명한다. 첫 번째 문제에 귀를 기울인 후, 집단의 한 학생이 가능한 해결책을 녹음한다. (필요하다면, 어떻게 녹음기를 사용하는지를 보여 준다.)
3. 일단 해결책이 녹음되면, 집단원은 문제에 대한 또 다른 해결책들을 토론한다. 집단의 또 다른 학생이 테이프에 녹음된 다음 문제의 해결책을 녹음한다. 모든 집단원이 해결책을 찾을 때까지 계속하여 같은 절차를 밟는다.
4. 전체 집단이 함께 내용에 대한 이해와 개인에게 적용하기의 질문들을 토론하도록 한다.

토론

내용에 대한 이해

1. 여러분이 들은 문제 중 여러분이 경험했던 문제와 비슷한 것이 있나요?
2. 여러분은 해결책이 훌륭했다고 생각하나요?
3. 비슷한 문제들에 대하여 여러분은 이전에 이런 해결책들을 시도해 본 적이 있나요?

4. 여러분의 문제를 다른 누군가에게 이야기하고 또 친구가 그 문제를 해결하도록 돕는 것이 더 좋다고 생각하나요, 아니면 모든 문제를 혼자 힘으로 해결하는 것이 더 좋다고 생각하나요?

개인에게 적용하기

1. 여러분에게 문제가 있을 때 대개는 이야기를 하나요, 아니면 맘속에 그냥 담아 두나요? 어떤 것이 더 훌륭한 방법이라고 생각하나요?
2. 이 활동을 통해서 여러분은 무엇을 배웠나요?

지도자 유의사항

만약에 원한다면, 학생들이 녹음해 놓은 해결책들을 일반적인 토론을 위해 더 큰 집단에서 다시 돌려서 들어볼 수 있다.

28. 문제해결사가 되어요

목표

문제에 대한 다양한 해결책을 만들어 내는 방법을 배운다.

준비물

다음과 같은 학생기의 전형적인 문제 목록들

- 여러분은 친구와 함께 게임을 하고 있는 중이에요. 여러분은 정말로 게임을 좋아하는데, 친구는 뭔가 다른 것을 하고 싶어 해요. 여러분은 이 문제를 어떻게 해결할 수 있을까요?
- 선생님이 책상에 있는 재료를 서로 나누어 사용하라고 여러분에게 말씀하셨는데, 짝꿍이 그것을 나누어 사용하는 것을 거부해요. 여러분은 이 문제를 어떻게 해결할 수 있을까요?
- 부모님께서 낯선 사람이 말을 걸어오면 이야기하지 말라고 하셨는데, 학교가 끝나고 집에 가는 길에 동생이 낯선 사람과 이야기하고 있어요. 여러분은 이 문제를 어떻게 해결할 수 있을까요?
- 수학문제를 어떻게 풀어야 할지 이해를 못하고 있어요. 여러분은 이 문제를 어떻게 해결할 수 있을까요?
- 쇼핑몰에 갔는데, 엄마와 멀어져 길을 잃었어요. 여러분은 이 문제를 어떻게 해결할 수 있을까요?
- 선생님은 교실을 떠나기 몇 분 전에 반 아이들에게 선생님이 없는 동안 떠들거나 자리에서 벗어나지 말라고 말씀하셨어요. 여러분은 화장실에 가고 싶어졌어요. 이 문제를 어떻게 해결할 수 있을까요?
- 여러분 반은 음악회에서 세 개의 노래를 부르기로 했어요. 여러분은 그중 한 개의 노래 가사를 잊어 버렸어요. 이 문제를 어떻게 해결할 수 있을까요?
- 여러분은 생일파티에 초대를 받았어요. 그런데 가고 싶지 않아요. 여러분은 이 문제를 어떻게 해결할 수 있을까요?
- 여러분과 여동생은 침대를 같이 쓰고 있어요. 밤에 여러분은 자고 싶은데 여동생은 계속 말하고 싶어 해요. 여러분은 이 문제를 어떻게 해결할 수 있을까요?

- 휴식시간에 나보다 나이 많은 형(언니)이 나에게 욕을 하기 시작해요. 여러분은 이 문제를 어떻게 해결할 수 있을까요?
- 점심시간에 나의 단짝 친구가 자기가 앉은 테이블에 나를 앉지 못하게 해요. 여러분은 이 문제를 어떻게 해결할 수 있을까요?
- 여러분이 등교하는 길에 점심값을 잃어 버렸어요. 여러분은 이 문제를 어떻게 해결할 수 있을까요?

색깔이 칠해진 점: 빨간색 점, 파란색 점, 녹색 점(예를 들어, 한 학급이 24명일 때 각 색깔별로 8개의 점이 필요하다), 3개의 훌라후프(중앙에 두꺼운 종이로 된 커다란 빨간색 점 1개, 파란색 점 1개, 녹색 점 1개)

진행 절차

1. 다음을 읽으면서 활동을 시작한다.

> 등교 둘째 날, 소영이 아버지는 소영이에게 학교에서 집까지 걸어와야 된다고 말씀하셨으나 소영이는 첫 번째 코너 사거리 길 모퉁이에 왔을 때, 어느 방향으로 돌아야 하는지를 잊었어요.

2. 학생들에게 소영이가 이 문제를 어떻게 해결할 수 있는지 질문하고, 여러 가지 아이디어를 나눈 후에 하나의 문제에 대해서 대개는 여러 가지 해결책이 있다는 것을 강조한다.
3. 이 활동은 학생들에게 문제해결사가 되도록 연습할 기회를 주는 것이라고 설명한다. 학생들을 세 집단, 즉 빨간색, 파란색, 녹색으로 나눈다. 그리고 각 집단을 상징하는 색상의 점을 주고 셔츠에 붙이도록 한다. 각 색상마다 훌라후프가 하나씩 있다는 것을 강조한다.
4. 빨간색 집단이 먼저 시작한다. 목록에 있는 첫 번째 문제를 읽고 빨간색 집단에게 서로 다른 해결책을 생각하게 한다. 한 집단원에게서 아이디어가 떠오르면, 훌라후프를 돌리고 해결책을 나눈다. 잠시 동안 기다린 후, 다른 집단원에게서 아이디어가 떠오르면 훌라후프를 돌리고 해결책을 나눌 수 있다. 칠판에 해결책의 개수를 적는다.
5. 파란색 집단과 녹색 집단도 동일한 절차로 문제 목록을 읽는 것을 계속한다. 모든 문제를 읽고 각 집단의 해결책이 기록될 때까지 이 절차를 계속한다.

토론

내용에 대한 이해

1. 문제들에 대해서 어떤 팀이 가장 좋은 해결책을 찾아냈나요?
2. 여러분은 해결책을 어떻게 찾아냈나요?
3. 여러분은 문제들에 대해서 많은 해결책이 있다는 것을 알고 놀랍지 않았나요?

개인에게 적용하기

1. 해결할 문제가 있을 때, 대체로 여러 가지 다른 해결책을 찾아낼 수 있나요? 만약 그렇지 않다면, 여러 가지 다른 해결책을 찾아보는 것에 대해 어떻게 생각하나요?
2. 여기서 토론된 문제들과 비슷한 문제들을 경험해 본 적이 있나요? 만약 그렇다면, 여러분은 같은 해결책을 가지고 있었나요?
3. 여러분이 문제들을 해결하도록 도울 수 있는 방법으로 이 활동에서 무엇을 배웠나요?

지도자 유의사항

바람직한 추수활동으로는 학생들에게 그들이 겪었던 문제와 그것을 해결하기 위해서 시도했던 다양한 방법을 모두 기술하고 설명하는 책을 만들도록 과제를 주는 것이다.

[초등학교 1 · 2학년]

인간관계

29. 사람들을 구분해 보세요

목표

사람들은 비슷한 점과 다른 점이 있다는 것을 배운다.

준비물

오래된 잡지, 벽에 거는 큰 종이, 가위, 풀

진행 절차

1. 학생들에게 잡지에서 6~8가지 종류의 다양한 장면의 인물사진을 오려서 모아 두도록 한다.
2. 학생들에게 모은 사진들을 분석한 후, 다음에 나오는 질문에 대응하는 적당한 사진들을 들어보라고 한다. 예를 들어, 갈색 머리카락을 가진 사람, 까만색 눈동자를 가진 사람, 행복해 보이는 사람, 어린 사람, 나이가 든 사람, 일하고 있는 사람, 놀고 있는 사람 등을 질문할 수 있다.
3. 칠판에 4개의 범주로 다음과 같은 목록을 각각 작성한다. 외모, 나이, 감정, 그리고 행동의 4개의 범주에 따라 사람들의 비슷한 점과 다른 점을 토론하도록 한다.
4. 큰 종이에 범주들을 기록한 후, 학생들이 적당한 범주에 자신들이 모아 둔 잡지사진을 붙이도록 한다. 그런 다음 그림이 붙어 있는 범주에 일치하는 한두 개의 묘사적인 단어들(예를 들어, 짧은, 어린, 행복한)을 그 밑에 적는다.

토론

내용에 대한 이해

1. 사진에 있는 모든 사람이 비슷한가요? 그들은 어떤 점에서 다른가요?
2. 어떤 면에서는 다른 사람과 비슷한 사람이 또 다른 면에서는 다를 수 있을까요? 예를 들어, 닮은 두 사람이 마음속으로는 다른 감정을 가질 수 있을까요?
3. 여러분이 함께 작성한 네 가지 목록보다 더 여러 면에서 사람들이 비슷하거나 다르다는 점

을 생각해 볼 수 있나요?

개인에게 적용하기

1. 여러분은 자신이 알고 있는 사람과 여러 면에서 비슷한가요? 얼마나 그러한가요?
2. 여러분은 자신이 알고 있는 사람과 여러 면에서 다른가요? 얼마나 그러한가요?
3. 여러분 자신과 다른 사람이 다르다는 것은 잘못된 것인가요?
4. 어떤 면에서 비슷하다는 점은 얼마나 사람들을 행복하게 하나요?
5. 어떤 면에서 다르다는 것은 얼마나 사람들을 행복하게 하나요?

지도자 유의사항

비슷한 사람끼리도 다른 사람과 어떤 면에서는 한 가지 이상 다르다는 개념을 발달시키는 것을 강조한다. 학생은 흔히 신체적인 외형에서 비슷하다거나 다르다는 점에만 초점을 두는데, 사람의 신체적인 것 이외의 측면도 고려할 필요를 알아가도록 활동을 진행한다.

30. 안에 무엇이 있나요

목표

사람들에게 붙이는 별명의 영향에 대해 배운다.

준비물

상표가 벗겨진 6~8개의 빈 깡통, 학생의 마음에 들고 그들의 관심을 끌 수 있는 집에서 만든 재미있는 이름의 라벨(예를 들어, 콩콩 튀는 콩, 팡팡 튀긴 팝콘, 톡톡 쏘는 콜라, 둘둘 말린 둘둘이 쥐포), 종이, 필기도구

진행 절차

1. 집에서 만들어 온 라벨을 붙인 같은 크기의 깡통 6~8개를 진열해 놓는다. 그 라벨들은 갖고 싶은 마음이 들 정도로 매력적인 내용으로 만들고 또한 다양해야 한다. 예를 들어, 콩콩 튀는 콩, 꼴딱 넘어가는 꿀떡 등의 내용일 수 있다.
2. 학생들에게 각각을 보여 주고 명칭을 크게 읽도록 한다.
3. 학생들이 각각에 대해 얼마를 지불할지 깡통을 경매하게 한다. 작은 가격표 위에 각각 가장 높게 입찰된 가격을 적어 깡통에 붙이도록 한다.
4. 첫 번째로 붙인 모든 라벨 세트를 떼고, 두 번째 라벨 세트에는 반대로 혐오감을 주는 것들로 바꾸어 붙이도록 한다. 각각의 라벨을 큰 소리로 읽는다. (깡통 밑바닥에 원래의 라벨을 붙인다.)
5. 두 번째 입찰을 하고 다른 색 필기도구로 또 다른 가격표를 적어 붙이도록 한다. (깡통 밑바닥에 붙인 이전의 라벨과 두 번째 라벨을 비교하여 본다.)

토론

내용에 대한 이해

1. 여러분은 왜 맛있는 음식물 깡통의 라벨에 더 높은 가격을 입찰했나요?
2. 깡통의 명칭을 바꾼 것이 정말로 깡통 안의 내용물을 바꿀 수 있나요?

3. 여러분은 정말로 이 깡통들 속에 무엇이 있는지 아나요?
4. 명칭을 붙인 것이 우리들의 마음을 어떻게 변화시켰나요?

개인에게 적용하기

1. 때때로 우리는 깡통에 명칭을 붙이는 것처럼 사람들에게 별명을 붙입니다. 우리는 사람들에게 바보, 상냥한 사람 또는 깜찍이라고 부르겠지요. 어떤 사람이 여러분에게 별명을 붙인 적은 없나요? 그 별명이 진짜 여러분을 의미한다고 생각하나요?
2. 그 별명에 대하여 어떻게 느끼나요? 여러분에게 영향을 주나요? 다른 사람은 여러분을 어떻게 대했나요?
3. 여러분이 부르는 명칭이나 이름이 그 안에 무엇이 있는지를 정말로 말해 준다고 생각하나요?
4. 그러한 종류의 명칭들이 사람들에게 도움이 됩니까, 아니면 상처를 줍니까? 도움이 된다면 어떻게 도움을 주고, 상처를 준다면 상처 주는 이유를 생각해 보세요.

지도자 유의사항

사람에게 별명을 붙일 때와 깡통에 라벨을 붙이는 것을 자연스럽게 연관시킬 수 있도록 학생을 지도하는 것이 필요하다. 친구들에게 제멋대로 별명을 붙이는 것이 바람직하지 않다는 것에 주목할 수 있도록 돕는다. 별명을 붙이는 것은 종종 사람들에 대해 많은 것을 이야기하지 않고, 사람의 내면에 있는 것에 대해 가치를 매길 때 잘못된 의견을 갖게 하기도 하며, 종종 해롭기도 하다는 것을 학생들이 명확히 알 때까지 토론하도록 지도한다.

31. 왜 판단을 해야 하나요

목표

우리가 좋아하지 않는 방식의 행동을 하는 사람들에 대한 인내심을 기른다.

준비물

없음

진행 절차

1. 초등학교 1 · 2학년을 위한 인간관계: 활동 1(사람들을 구분해 보세요)에서 배운 것처럼, 사람들이 비슷하거나 다를 수 있는 네 가지 범주, 즉 외모, 나이, 감정, 행동을 검토한다.
2. 어떤 사람들의 행동방식은 다른 사람과 다를 수 있다는 것을 토론한다. (예를 들어, 옷 입는 취향, 좋아하는 음식, 재미있어 하는 것)
3. 집단의 리더는 변호사 역할을 하고 나머지 학생들은 재판관, 배심원, 피고인의 역할을 맡아 모의재판을 행한다. (피고인 역할을 할 학생은 자신감이 넘치고 말을 잘하는 학생으로 뽑는다.)
4. 다음에 기술된 범죄 시나리오에 대해 재판을 하고, 재판 후에 토론하도록 한다.

- 어떤 사람이 아주 지저분한 밝은 오렌지색의 양말을 신고 있다고 고소당했다.
- 어떤 사람이 이른 아침부터 말이 많고, 친절하지도 않고, 행복해하지도 않는다고 고소당했다.
- 어떤 친구가 같은 반 아이들이 다 좋아하는 음식(떡볶이)을 좋아하지 않는다고 고소당했다.

토론

내용에 대한 이해

1. 어겼다고 고소 당한 앞과 같은 법은 왜 행사하기에 어이없는 법이 될까요?
2. 다른 사람이 자신이 좋아하는 방식과 다르게 행동한다면, 그 사람은 자신과 다른 행동을 하는 사람에게서 마음의 상처를 받나요?
3. 화를 내면 벌을 받는 법 대신에 우리 자신의 내면에 지녀야 할 것이 있습니다. 이는 법을 대

신하여 우리를 도와줄 수 있습니다. 그것은 무엇일까요? (학생 스스로의 언어로 인내에 대한 정의를 내리도록 이끌어 낸다.)

개인에게 적용하기

1. 여러분은 어떤 사람에게 상처를 주지는 않았지만 다른 사람들이 틀림없이 좋아하지 않았을 만한 방법으로 놀리거나 비난을 했던 행동을 한 적이 있나요? 예를 들어 이야기를 나누어 보세요.
2. 모든 사람이 항상 똑같은 방식으로 행동하도록 만드는 법이 있다면 어떤 느낌이 들까요?
3. 만약 여러분이 가장 행복한 방법으로 행동하기를 바라는데 마침 여러분의 친구들도 그와 똑같은 바람을 가지고 있습니다. 그렇다면 그때에 여러분은 어떻게 행동하겠습니까?

지도자 유의사항

자신과 달라서 개인적으로 좋아하지 않는 행동과 다른 사람에게 해롭고 부적절한 행동, 이 두 가지를 세심하게 구별하는 것이 필요하다. 만약 어떤 행동이 정말로 다른 사람에게 상처를 준다면, 예시한 시나리오들의 불합리성을 강조한다.

32. 나에게 행복을 주세요

목표

칭찬하는 말을 주고받는 능력을 배운다.

준비물

두꺼운 색지, 연필, 가위, 펀치, 목걸이용 끈

진행 절차

1. 칭찬이 무엇인지와 학생들이 칭찬을 할 때와 칭찬을 받을 때 어떤 기분이 드는지에 대해 생각해 보고 토론하게 한다.
2. 브레인스토밍(아이디어 쏟아 놓기)을 하여 사람들이 외모 이외의 다른 것에 관하여 서로서로 칭찬을 해 줄 수 있는 것들이 무엇이 있는지 이야기를 나누어 보도록 한다. 칠판에 그 목록을 적는다. (다른 친구를 칭찬할 수 있는 예가 될 것이다.)
3. 각 학생들에게 A4 용지에 가득 찰 만한 크기의 손 모양을 두꺼운 색지에 그려 오리도록 한다. 지도자는 각 학생의 손 모양에 펀치로 구멍을 뚫어 목걸이처럼 걸 수 있도록 끈을 나누어 준다.
4. 둥그렇게 둘러앉게 하고 칭찬을 해 줄 5명의 학생을 뽑는다. 칭찬을 받을 때마다 학생은 손가락 하나에 칭찬 받은 내용 한 가지씩을 적는다.
5. 학생들은 이 활동을 마칠 때까지 자신에 대한 칭찬이 기록된 손모형 목걸이를 목에 걸고 있는다.

토론

내용에 대한 이해

1. 여러분이 다른 사람을 칭찬할 때 자신의 기분은 어떠했나요?
2. 누군가가 여러분에게 칭찬을 해 줄 때 기분이 어떠했나요?

3. 칭찬은 여러분의 행동에 어떤 영향을 미칠 수 있나요?

개인에게 적용하기

1. 오늘 여러분이 받았던 칭찬은 사실이라고 생각하나요?
2. 여러분 자신과 여러분의 행동에 만족감을 느낍니까? 뽐내는 것과는 다른 이러한 방식을 어떻게 느끼나요?

지도자 유의사항

이 활동은 지도자가 학생들이 진실한 마음으로 칭찬을 주고받는 것과 한 학생도 빠짐없이 모든 학생들이 칭찬을 받도록 잘 살펴야 한다. 또한 학생들이 사람의 외모 외에도 사람에 관해 했던 여러 가지 종류의 칭찬을 기억하도록 강조한다.

33. 실수를 해도 괜찮아요

목표

다른 사람들의 실수를 받아들일 수 있는 태도를 배운다.

준비물

'찰리 브라운' 만화에 나오는 피넛츠 그림(OHP 자료), OHP, 오케이 키드 배지(유인물 3)

진행 절차

1. 두 개의 고전적 딜레마가 있는 '찰리 브라운' 만화를 선택한다. 축구공을 차다가 펑크가 나고, 루시와 찰리가 스케이트를 타다가 루시가 찰리 밑에 깔린다. OHP로 그림들을 보여 준다.
2. 내용에 대한 이해의 질문들을 이용하여 찰리 브라운이 저지른 실수에 대해 토론하게 한다.
3. 학생끼리 짝을 지어 주고 짝과 함께 각자 실수를 했던 때에 관한 개인적인 경험을 이야기 나누도록 한다.
4. 다른 사람들의 실수에 대한 이야기를 경청한 후, 각각의 학생들은 지도자에게 와서 오케이 키드 배지를 받아 실수를 수용한다는 의미로 자신의 실수 이야기를 들려준 짝꿍에게 달아 준다.
5. 이 활동이 있은 후 그 날의 나머지 시간 동안 오케이 키드 배지를 달고 있도록 한다.

토론

내용에 대한 이해

1. 만화에서 실수를 한 찰리 브라운은 나쁜 사람이었나요?
2. 루시는 찰리 브라운이 실수를 했을 때 어떻게 대했나요? 여러분은 그렇게 반응을 하는 것이 최선이었다고 생각을 하나요? 왜 최선이라고 생각하나요? 아니라면 왜 최선이 아니라고 생각하나요?

개인에게 적용하기

1. 여러분의 짝이 자신의 실수를 여러분에게 이야기했을 때 여러분도 저지를 수 있는 실수라고 느꼈나요?
2. 여러분의 짝꿍이 실수를 해도 괜찮다는 것을 보여 주는 배지를 여러분에게 주었을 때 기분이 어땠나요?

지도자 유의사항

이 활동의 효과를 위해서 수용과 인정의 표시로 배지를 주는 상징성을 충분히 강조한다. 학생들은 친구에게 배지를 달아 줄 때 진지한 마음이 있어야 하고, 또한 자신들이 지금 하고 있는 행동에 대한 그 의미를 자각하고 기억해야 한다.

[유인물 3]

오케이 키드 배지

지시사항: 지도자는 두꺼운 색지에 배지를 복사한 후 오려 두세요. (학생들이 각자 배지를 스스로 오리고 색칠하게 하여도 좋다.)

34. 행복을 느끼는 행동(+)과 행복을 느끼지 못하는 행동(-)

목표

인간관계에서 긍정적인 행동과 부정적인 행동을 구별하는 것을 배운다.

준비물

〈+행동과 -행동〉 게임 카드(유인물 4), 크레용 또는 컬러 마커펜 여러 개

진행 절차

1. +사인과 -사인의 의미가 무엇인지 토론하도록 한다.
2. 브레인스토밍(아이디어 쏟아 놓기)을 통해 다른 사람들과 함께 행복을 더할 수 있는 +행동(긍정적인 행동) 목록의 예와 다른 사람과 함께 행복할 수 있는 것에서 멀어지게 하는 -행동(부정적인 행동) 목록의 예를 작성하고 이야기 나누도록 한다. (예를 들어, +행동은 미소, 칭찬을 하는 것, 친절함 등이 포함되고, -행동은 험담하기, 따지기 등이 포함된다.)
3. 학생들에게 〈+행동과 -행동〉 게임 카드(유인물 4) 중 한 장씩과 크레용이나 컬러 마커펜을 나누어 준다.
4. 다음과 같은 게임의 규칙을 설명한다. 먼저, 게임 카드에 쓰인 행동을 무작위로 부른다. (지도자는 각각의 카드 복사본을 하나씩 가지고 있어야 한다. 그래서 네 장의 카드에서 무작위로 부른다.) 지도자가 말한 행동이 적힌 카드를 가진 학생은 그 행동 위에 +행동인지, -행동인지 표시를 한다. 학생이 그 어떤 줄이든지 3개의 +행동 또는 -행동을 연속으로 표시해서 다 채웠다면, 자신의 손을 들고 '+행동' 혹은 '-행동'이라고 큰 소리로 말하도록 한다. (네 장의 카드 중 한 개씩만 집단원에게 주기 때문에 동일한 내용의 카드를 받은 학생들이 연속해서 +행동, -행동 3개를 동일하게 찾는다면 게임을 하면서 동시에 여러 명의 승자가 생길 수 있을 것이다.)

토론

내용에 대한 이해

1. +행동과 −행동 간의 주된 차이는 무엇인가요?
2. 여러분이 더 자주 하고 싶은 행동의 종류는 무엇인가요? 그 이유는 무엇인가요?

개인에게 적용하기

1. 오늘 누군가가 여러분에게 +행동을 했다면 그것을 생각해 보세요. 그 일이 일어났을 때 여러분의 기분은 어땠나요? 여러분은 어떤 반응을 보였나요?
2. 오늘 누군가가 여러분에게 −행동을 했다면 그것을 생각해 보세요. 그 일이 일어났을 때 여러분의 기분은 어땠나요? 여러분은 어떤 반응을 보였나요?
3. 여러분이 최근에 누군가에게 한 +행동 혹은 −행동에 대해 서로 이야기를 나누어 보세요.

지도자 유의사항

유인물 4는 네 장의 서로 다른 게임 카드를 제공하고 있다. 집단의 크기에 따라서 너무 많은 중복된 승자가 나오지 않도록 구성될 필요가 있다.

[유인물 4]

활동교구 ⑧ 참조

〈+행동과 −행동〉 게임 카드

여러분에게 미소를 짓는다.	여러분을 놀린다.	여러분을 무시한다.
여러분에 대해 험담한다.	여러분을 방해한다.	여러분을 포옹해 준다.
여러분을 비웃는다.	여러분에게 이야기한다.	여러분에 대해 이야기한다.

여러분을 포옹해 준다.	여러분에게 무언가를 강요한다.	여러분을 돕는다.
여러분과 함께 무언가를 나눈다.	여러분에게 미소 짓는다.	여러분에 대해 고자질한다.
여러분에게 농담을 해 온다.	여러분 앞에서 끼어든다.	여러분과 함께 놀이를 한다.

[유인물 4]

〈+행동과 −행동〉 게임 카드

여러분을 포옹한다.	여러분에게 미소를 짓는다.	여러분과 함께 놀이를 한다.
여러분을 얕보는 농담을 한다.	여러분을 놀린다.	여러분의 이야기를 잘 들어준다.
여러분에게 선물을 준다.	여러분을 보고 찡그린 얼굴을 한다.	여러분에게 거짓말을 한다.

여러분에게 미소를 짓는다.	여러분에게 혀를 낼름거리며 '메롱'이라고 한다.	여러분을 놀린다.
여러분에게 비밀을 말한다.	여러분을 꼬집는다.	여러분을 꼬집고 달아난다.
여러분에게 선물을 준다.	여러분을 보고 찡그린 얼굴을 한다.	여러분에게 거짓말을 한다.

35. 친해질 수 있는 행동

목표

친해질 수 있는 행동과 친해질 수 없는 행동을 구별하는 것을 배운다.

준비물

빨간색과 녹색의 공작용 판지(빨간색 판지에는 '친해질 수 없는 사실들'이라고 라벨을 붙이고, 녹색 판지에는 '친해질 수 있는 사실들'이라고 붙인다.), 테이프, 마커펜, 반응들을 기록하기 위해 리더에게 필요한 빨간색과 녹색 종이들, 각 집단별로 다음과 같은 단어와 구문들(가늘게 잘라서 봉투에 넣는다.)

- 무언가를 함께 나눈다.
- 비밀을 폭로 한다.
- 욕을 한다.
- 문제해결을 돕는다.
- 다른 친구의 장난감을 빼앗는다.
- 놀이에 끼워 주지 않는다.
- 파티에 초대한다.
- 대답을 따라한다.
- "네 셔츠가 멋지다."와 같은 좋은 말들을 해 준다.
- 거세게 밀친다.
- 때린다.
- 게임에 초대한다.

진행 절차

1. 학생들을 4명씩 한 집단으로 나눈다. 각 집단에 목록이 들어 있는 봉투와 빨간색과 녹색의 공작용 판지를 나누어 준다.
2. 전체 집단에게 길게 자른 종이에 씌어진 것이 무엇인지 큰 소리로 읽도록 한다. 각각의 목록을 읽은 후에 각 집단원은 이것이 친해질 수 있는 사실(행동)인지, 친해질 수 없는 사실(행

동)인지를 토론하게 한다. 길게 자른 종이를 빨간색(친해질 수 없는) 판지나 녹색(친해질 수 있는) 판지에 테이프로 붙이도록 한다.

3. 길게 자른 모든 종이를 빨간색 판지나 녹색 판지에 다 붙인 후, 학생들이 '친해질 수 있는 행동'에 붙인 것은 무엇인지 이야기 나누도록 한다. 토론을 통해 모든 집단이 동의하도록 하고, 이 행동들을 다른 녹색 판지에 써서 교실에 붙인다. 빨간색 판지와 친해질 수 없는 행동들을 가지고 동일한 활동을 한다.

토론

내용에 대한 이해

1. 여러분은 친해질 수 있는 행동인지, 친해질 수 없는 행동인지를 어떻게 결정했나요?
2. 여러분은 행동들 중 어떤 것이 친해질 수 있기도 하고, 친해질 수 없기도 하다고 생각하나요? 왜 그런가요, 또는 왜 그렇지 않나요?

개인에게 적용하기

1. 여러분은 친해질 수 없는 행동을 더 하나요, 아니면 친해질 수 있는 행동을 더 하나요?
2. 다른 친구들이 여러분에게 친해질 수 있는 행동을 할 때가 더 많은가요, 아니면 친해질 수 없는 행동할 때가 더 많은가요?
3. 다른 사람들이 여러분에게 친해질 수 없게 행동한다면, 여러분은 어떤 기분이 드나요?
4. 만약 여러분이 친구들에게 친해질 수 없는 행동을 한다면, 그것에 대해서 여러분은 어떤 기분이 드나요?
5. 여러분이 더 많이 하고 싶은 행동에는 어떤 것들이 있나요? 토론해 보세요.

지도자 유의사항

이 활동에 대한 바람직한 추수활동은 학생들에게 구체적인 행동을 선택하게 하고, 그런 다음 이것이 어떻게 작동을 하는지 매일 연습하고 이에 대해 토론하게 하는 것이 될 것이다.

Rational Emotive

Behavior Therapy

초등학생용 REBT를 활용한 정서교육 프로그램 1 **PART 02**

초등학교 3·4학년

Rational Emotive Behavior Therapy

[초등학교 3 · 4학년]

자기수용

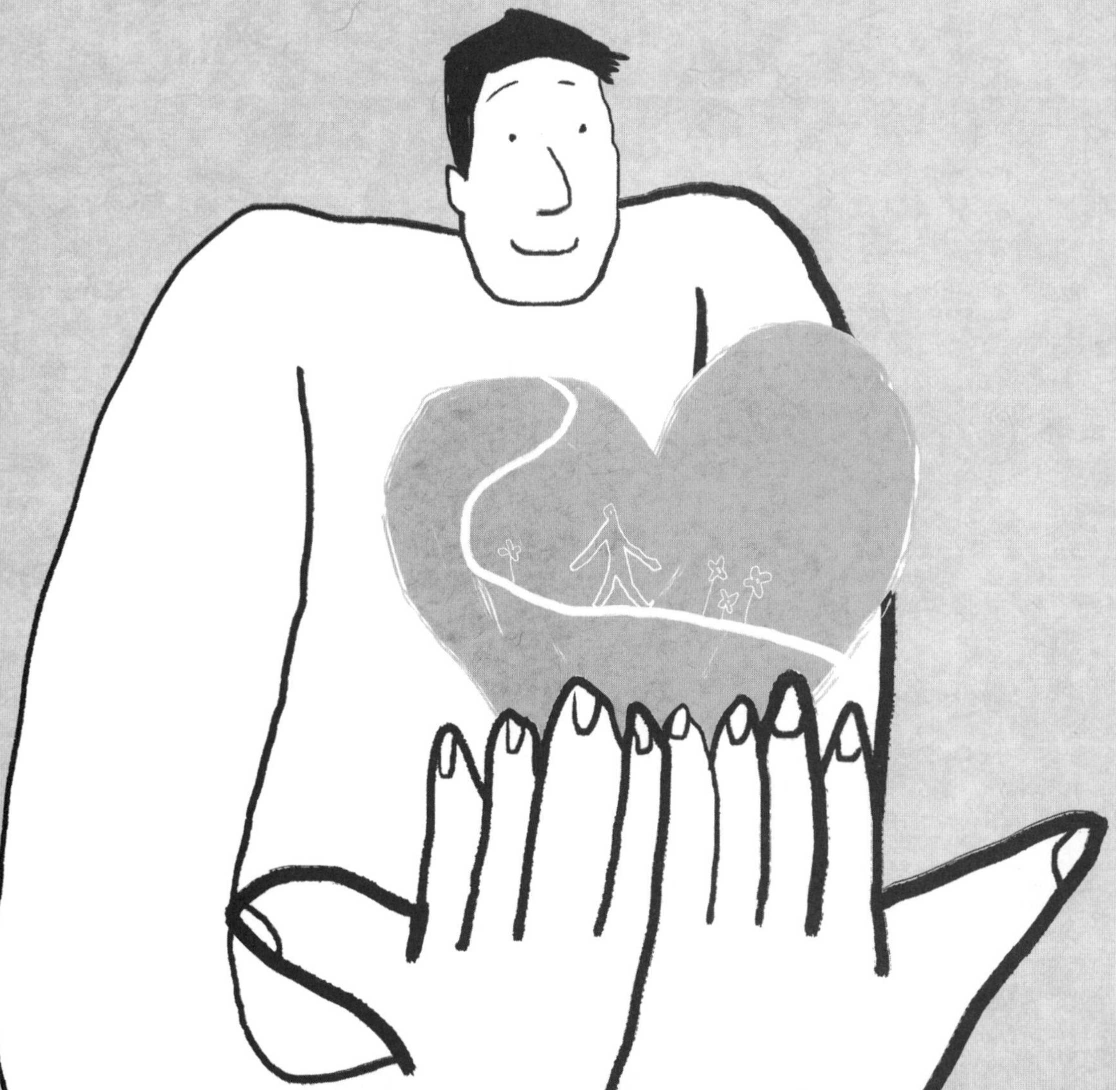

36. 단지 다를 뿐이야

목표

사람들이 단지 서로 다르다고 해서 다른 사람보다 더 좋다거나 나쁘다는 것이 아니라는 것을 배운다.

준비물

연필, 연필통

진행 절차

1. 학생들에게 자신의 연필을 가지고 교실 앞으로 나오도록 한다. 학생들에게 다르다는 것에 대해서 토론할 것이고, 경험하기 위해서 자신의 연필을 사용할 것이라고 설명한다.
2. 학생들에게 자신의 연필을 주의 깊게 살펴보고, 특성들을 찾아보게 한다. 그런 다음에 자신의 연필을 연필통에 꽂아 놓도록 한다.
3. 연필통에 꽂은 연필들을 섞은 후, 한 사람씩 자신의 연필을 찾도록 한다.

토론

내용에 대한 이해

1. 여러분 중 몇 명이 자신의 연필을 쉽게 찾을 수 있었나요? 어떻게 자신의 연필을 찾을 수 있었나요?
2. 자신의 연필과 다른 친구들의 연필을 어떤 특징으로 구별했나요?
3. 연필통에 연필 대신 친구들이 있다고 생각해 보세요. 각각의 친구들이 다른 친구들과 구별되는 특징들이 있을까요?
4. 단지 여러분(연필)이 다른 친구들(연필들)과 다르다는 것이 다른 친구들(연필들)보다 더 좋다거나 나쁘다고 할 수 있을까요?
5. 모든 사람이나 모든 것이 똑같다면 어떤 문제가 생길까요?

개인에게 적용하기

1. 여러분은 어떤 점들 때문에 다른 사람들과 다른가요?
2. 여러분은 다르다는 것을 어떻게 생각하나요? 다르다는 것에 대해서 좋다고 느끼나요?

지도자 유의사항

다르다는 것은 좋은 것이며, 다른 사람들과 자신을 비교해서 단지 다르다고 해서 더 좋다거나 나쁘다고 생각해서는 안 된다는 점을 강조한다.

37. 아무도 나를 좋아하지 않아

목표

모든 사람이 나를 좋아하거나 사랑하는 것이 가능하지 않다는 것을 배운다.

준비물

〈아무도 나를 좋아하지 않아〉 이야기

진행 절차

1. 학생들에게 아무도 자신을 좋아하지 않는다고 생각해 본 적이 있는지 손을 들어 보라고 한다. 누가 자신을 좋아하지 않는다고 생각하는지 예를 들어 이야기를 나누도록 한다(예를 들어, 부모님, 형제들, 친구들, 선생님).
2. 학생들에게 다음의 이야기를 들려주고, 이야기 속 등장인물이라면 어떨지에 대해 토론하도록 한다.

아무도 나를 좋아하지 않아

소영이는 구석진 곳에서 걸어 나와 말없이 앉았다. 소영이는 유경이의 생일에 초대를 받지 못했는데, 은정이와 유라가 생일에 초대를 받았다는 이야기를 듣고는 기분이 너무 나빴다. 왜 유경이가 나를 초대하지 않았을까? 소영이와 유경이는 친구인데, '내가 어떻게 했길래? 왜 지금은 유경이가 나를 좋아하지 않는 것일까?' 하는 이러한 의문들이 오후 내내 소영이의 마음 속에 맴돌았다. 선생님조차도 관심을 기울여 주지 않아 소영이는 더욱 화가 났다.

소영이는 방과 후에 집에 돌아와 곧장 자기 방으로 올라갔다. 소영이는 숙제를 하려 해도 혼란스러워 집중이 안 되었다. 그러다가 소영이는 간식을 먹으러 아래층으로 내려갔다. 소영이가 부엌에서 왔다 갔다 하자, 오빠가 "너 왜 그래?" 하고 물었다.

"응, 아무것도 아니야. 재수 없는 날이야."라고 소영이가 말했다.

"자, 이리 와 봐. 말을 하면 기분이 나아질 거야. 무슨 일인데?" 하고 오빠가 물었다.

소영이는 오빠에게 유경이의 생일에 자신을 초대하지 않았으며, 모두 친구인데 자신만 초대하지 않은 이유를 모르겠다고 이야기했다. 오빠는 "봐, 단지 유경이가 너를 초대하지 않은 것이 유경이가 너를 좋아하지 않는다는 것을 뜻하지는 않아. 유경이가 단지 두세 명만 초대했을 수도 있잖아?"

"좋아, 오빠의 말이 맞다고 해. 그래도 나는 기분이 나쁘단 말이야."

"기분이 나쁜 것이 당연하지만, 단지 유경이가 너를 초대하지 않은 것 때문에 네가 좋은 점이 전혀 없다라든가 혹은 네가 잘못을 했다라고 생각하는 것은 옳지 않아. 게다가, 너를 좋아하는 사람이 아무도 없다는 것은 있을 수 없는 일이야."라고 오빠가 말했다.

소영이는 오빠가 말한 것을 생각해 보니 여전히 초대를 받았더라면 하는 생각이 있기는 하지만, 기분이 좀 나아졌다. '최소한 나에게 잘못은 없어.'라고 소영이는 자신에게 말했다.

토론

내용에 대한 이해

1. 소영이는 유경이가 왜 자신을 좋아하지 않는다고 생각했나요?
2. 유경이가 소영이를 생일에 초대하지 않은 진짜 이유는 무엇인가요?
3. 소영이가 정말로 유경이를 좋아하지 않는다고 생각해 보세요. 그것은 유경이가 잘못을 저질렀다거나 유경이가 좋은 사람이 아니라는 것을 뜻하는 것인가요?

개인에게 적용하기

1. 누군가가 여러분을 좋아하지 않는다고 생각했는데 실제로는 그렇지 않았던 적이 있나요? 예를 들어 이야기를 나누어 보세요.
2. 단지 누군가가 여러분에게 항상 관심을 기울이지 않거나, 혹은 여러분을 초대하지 않거나, 혹은 여러분이 하는 일에 관심을 보이지 않는다는 것이 그 사람이 여러분을 좋아하지 않는다는 것을 뜻하나요? 그것은 무엇을 뜻하나요?
3. 누군가가 여러분을 정말로 좋아하지 않는다고 가정해 보세요. 여러분은 모든 사람이 여러분을 좋아하지 않을 것이라고 생각하나요?
4. 만약에 누군가가 여러분을 좋아하지 않는다면, 여러분은 좋은 사람이 아닌가요?

지도자 유의사항

사람들은 구체적인 증거도 없이 다른 사람들이 자신을 좋아하지 않는다고 흔히들 생각한다는 것을 알게 하는 것이 필요하다. 그리고 비록 누군가가 자신을 싫어한다고 해도 자신은 그것과 상관없이 실제로는 좋은 사람이라는 것을 알도록 강조한다.

38. 자신을 비난하는 것은

목표

자신을 비난한다는 것과 그 영향에 대해서 배운다.

준비물

크고 '슬픈 모습'으로 꾸민 큰 종이 가방, 가방 바깥쪽에는 부정적인 표현들(욕심쟁이, 바보, 쓸모 없는, 게으른뱅이, 못생긴, 미친)이 적힌 단어 카드들, 가방 안쪽에는 또 다른 부정적인 표현들(게으른, 멍청이, 쓸모 없는, 땡땡이 치는, 바보, 못생긴, 살찐, 못된, 미치광이, 괴물, 무식한, 비굴한)이 적힌 단어 카드들

진행 절차

1. 학생들에게 돌아 가며 가방 바깥쪽에 있는 단어들을 차례대로 읽도록 한다. 그 단어들은 비난하는 것들이다. 다른 사람들이 자신을 비난할 수도 있고, 자신이 스스로를 비난할 수도 있다는 것을 설명한다. 자신을 비난해 보는 것이 이 활동에서 중요하다.
2. 몇 명의 지원자에게 가방 바깥쪽에 있는 단어 카드 하나를 뽑도록 한다. 그들에게 돌아가면서 자신이 뽑은 단어를 자신에게 말하는 것처럼 큰 소리로 읽게 한다.
3. 더 많은 단어 카드가 있다면, 더 많은 지원자에게 똑같이 진행한다.

토론

내용에 대한 이해

1. 여러분은 자신을 비난했을 때 어떻게 느꼈나요?
2. 여러분은 전에도 이와 같이 자신을 비난해 본 적이 있나요? 예를 들어 이야기를 나누어 보세요.

개인에게 적용하기

1. 여러분이 자신을 비난해서 얻을 수 있는 것은 무엇이었나요?
2. 비록 여러분이 약간의 실수를 한다고 하더라도, 자신을 비난하는 것이 그 상황에서 도움이 되나요?
3. 여러분이 자신을 비난하는 것을 멈출 수 있는 방법이 있나요?

지도자 유의사항

사람들이 실수를 하거나 어떤 불행한 일이 생겼을 때, 자신을 비난하는 것은 오히려 상황을 더욱 나쁘게 만든다는 점을 강조한다.

39. 친구들이 뭐라고 말해도

목표

다른 사람들이 나에 대해 말하는 것과 실제의 나를 구별하는 것을 배운다.

준비물

〈친구들이 뭐라고 말해도〉 대본(유인물 5)

진행 절차

1. 놀림을 당했던 학생이 있는지 손을 들어 보라고 한다. 비록 누군가가 놀리는 것을 항상 막을 수는 없지만, 놀리는 것이 실제의 자신과 같은지를 판단하는 것이 중요하다는 것을 토론한다.
2. 네 명의 지원자에게 〈친구들이 뭐라고 말해도〉 대본(유인물 5)으로 연기를 하게 한다. 각각의 지원자에게 대본을 나누어 주고 등장인물의 특징을 설명한다.
3. 내용에 대한 이해의 질문들을 토론한다.
4. 자신을 놀렸던 사람을 밝히지 않고 그 사람에게 들어왔던 욕심쟁이, 바보, 괴물 등의 욕설을 생각나는 대로 말하도록 한다.

토론

내용에 대한 이해

1. 학생 1(놀림을 당한 학생)에게: 그 욕설을 어떻게 느꼈나요?
2. 학생 1은 치아교정기를 한 것 때문에 버스에서 놀림을 당했을 때 어떻게 대처해야 자신을 보호할 수 있을까요?
3. 학생 1이 그 상황을 극복하기 위해서 대처한 방법에 대해서 여러분은 어떻게 생각하나요?

개인에게 적용하기

1. 여러분은 어떤 욕설을 들어 보았나요?
2. 다른 사람들이 여러분을 놀리는 것이 실제로 무엇을 뜻한다고 생각하나요? 괴롭히는 사람이 말하는 것이 실제의 여러분과 같나요? 그렇게 말한 것 때문에 여러분은 가치가 없는 사람인가요?
3. 여러분은 무엇을 배웠나요?

지도자 유의사항

비록 학생들이 다른 사람들이 자신에게 하는 행동을 통제할 수는 없지만, 자기 자신은 그들이 말한 그대로가 아니라는 것을 깨닫고, 타인의 행동에 대해 자신이 어떻게 반응을 보일 것인가는 통제할 수 있다는 사실을 강조한다.

[유인물 5]

〈친구들이 뭐라고 말해도〉 대본

장면: 학교로 가는 버스 안에서 학생 1은 치아교정기를 하고 있었다.

학생 2: 버스에 올라탄 후, 얼마 지나지 않아 학생 1의 치아교정기에 관심을 두더니 친구들인 학생 3과 학생 4에게 치아교정기를 가리켜 보인다.

학생 1: 같이 앉아 있는 친구들에게 이야기하기 시작한다.

학생 2: 크게 빈정거리는 웃음을 지으며 학생 1의 입을 가리킨다.

학생 3: 비웃으며 학생 1에게 말하기를, "이 봐, 철사 얼굴! 뭐해?"

학생 1: 똑바로 앉아 아무 말도 하지 않는다.

학생 4: 일어서서 큰 소리로 떠벌이기를, "얘들아! 버스에 새로운 철사 얼굴이 있다. 누구든지 철사가 필요하다면, 철사를구할 수 있는 곳을 알 거야."

학생 1: 같이 앉아 있는 친구들에게 다시 말하기 시작한다.

학생 2: 친구들에게 크게 말하기를, "이 봐, 너무 많이 말하지 않는 게 좋아. 그러다가 혀가 철사에 걸릴지도 몰라."

학생 1: 짜증이 난 건 사실이지만 친구들에게 말하기를, "내가 왜 철사 얼굴이냐? 치아교정기라는 걸 니네들이 알기나 하냐? 아무리 그래 봤자 끄떡도 안 해."

40. 나는 노력할 거야

목표

결과에 개의치 않고 노력하거나 최선을 다하는 것이 중요하다는 것을 배운다.

준비물

책상 속에 있는 책

진행 절차

1. 학생들에게 노력해야 한다고 생각했던 것이나 결코 할 수 없다고 생각했던 것들을 하려고 애썼던 예에 대해 이야기를 나누도록 한다. 노력한 결과와 노력한 과정에 대해서 어떻게 느끼는지에 대해서 토론하도록 한다.
2. 학생들에게 다음과 같은 몇 가지 간단한 활동을 하도록 한다.

- 오른발을 들고 30초 동안 왼발로만 서 보세요(버팀목 없이).
- 왼발을 들고 30초 동안 오른발로만 서 보세요(버팀목 없이).
- 머리 위에 책을 얹고 30초 동안 떨어뜨리지 말고 교실 안을 걸어 보세요.

토론

내용에 대한 이해

1. 각각의 활동을 하기 전에 여러분은 그 활동을 할 수 있다고 생각했나요?
2. 활동을 할 수 없다고 생각한다면, 여러분은 노력하지 않을 건가요?
3. 여러분은 할 수 없다고 생각하는 것들을 하기 위해서 노력하는 것이 좋다고 생각하나요?

개인에게 적용하기

1. 여러분이 노력을 했는데 할 수 없었던 일이 있었나요? 예를 들어 의견을 나누어 보세요.

2. 여러분이 정말 노력을 했는데도 이루어지지 않았다면 그것은 무엇을 의미할까요?
3. 여러분은 실패하더라도 노력하는 것이 더 좋다고 생각하나요, 아니면 전혀 노력하지 않는 것이 더 좋다고 생각하나요?
4. 여러분은 노력하지 않은 결과로 일어난 일들과 후에 노력했으면 좋았을 텐데 하며 후회했던 경험들이 있나요?

지도자 유의사항

학생들이 무엇인가를 하려고 노력하고 시도하는 것이 손해가 되는 것이 아니라 도움이 된다는 생각을 강화시키는 것이 중요하다. 시행착오를 겪는 과정에서 실패를 경험하는 것이 능력이 없다거나 특정한 과제를 결코 배울 수 없다는 것을 의미하지는 않음을 강조한다.

41. 완벽하게, 완벽하게

목표

모든 일을 완벽하게 하는 것은 불가능하고, 완벽하지 않다는 것이 자신에게 능력이 없다는 것을 의미하는 것이 아님을 배운다.

준비물

테니스 공 9개

진행 절차

1. 무슨 일이든지 완벽하게 해낸 적이 있는 학생이 있는지 물어본다. 세 명의 지원자에게 3개의 테니스 공으로 요술을 부리도록 한다. 다른 학생들은 지원자들이 그 과제를 완벽하게 해내는지를 관찰하도록 한다. 몇 분 후에 활동을 멈추도록 한다.

토론

내용에 대한 이해

1. 관찰자들에게: 아무도 그 과제를 완벽하게 해낼 수 없었지요?
2. 지원자들에게: 여러분은 그 과제를 완벽하게 해내지 못한 것에 대해서 어떻게 느꼈나요?
3. 이 세상에 완벽하게 요술을 부릴 수 있는 사람이 있나요? 그 사람은 시도할 때마다 언제나 완벽하게 성공했나요?
4. 여러분 중 몇 명이나 완벽하게 요술을 부리지 못한 사람들은 어리석고 무능한 사람이라고 생각하나요?

개인에게 적용하기

1. 여러분은 어떤 일을 완벽하게 하려고 했으나 그렇지 못했던 적이 있나요?
2. 여러분이 모든 일을 완벽하게 하지 못한다는 것은 무엇을 의미하나요? 그것은 여러분에게

능력이 없거나 어떤 일도 잘하지 못한다는 것을 의미하나요?

3. 일을 완벽하게 하는 것에 대하여 여러분은 무엇을 배웠나요?

지도자 유의사항

모든 일을 완벽하게 해내는 것은 불가능하다는 것을 인식하고, 일을 얼마나 잘 해내는지에 따라 자신의 가치가 달라지는 것이 아니라는 것을 강조한다.

42. 생김새

목표

사람들의 생김새가 다양하다는 것을 배운다.

준비물

각 집단별 비눗방울 1통, 개인별 종이, 크레용, 전지 여러 장, 마커펜 1개

진행 절차

1. 학생들을 3명씩 한 집단으로 나누고, 각 집단에 비눗방울 1통을 나누어 준다.
2. 각 집단별로 학생들에게 1번, 2번, 3번을 정하도록 한다. 각 집단별로 1번 학생에게 비눗방울 3개를 불어 보도록 한다. 각 집단의 다른 학생들은 주의 깊게 관찰하도록 한다.
3. 각 집단의 관찰자들은 비눗방울의 모양과 크기에 대해 관찰한 것을 토론하도록 한다. 지도자는 관찰한 것들을 교실 앞에 게시된 전지에 적는다.
4. 나머지 두 명의 학생도 이 절차를 반복하고 반응들을 적는다.
5. 내용에 대한 이해의 질문들을 토론하도록 한다.
6. 학생 모두에게 종이와 크레용을 나누어 주고, 각 집단에서 다른 2명의 학생들과 다른 점을 그려 보도록 한다.

토론

내용에 대한 이해

1. 모든 친구가 비눗방울을 정확하게 똑같이 불었나요? 그렇지 않다면, 여러분은 어떤 차이점을 관찰했나요?
2. 여러분은 비눗방울의 모양과 크기가 여러 가지로 다른 것이 좋다고 생각하나요, 아니면 나쁘다고 생각하나요?
3. 여러분은 비눗방울이 어떤 면에서 사람과 같다고 생각하나요? (비눗방울처럼 사람들도 생김

새가 다양하다는 생각을 이끌어 낸다.)

4. 여러분은 모든 사람이 다르지 않고 똑같다면 어떨 것이라고 생각하나요?

개인에게 적용하기

1. 여러분 집단에서 다른 두 친구와 다른 점은 무엇인가요? (그림을 참고하며 서로 이야기를 나눈다.)
2. 이러한 차이가 다른 친구들보다 여러분을 더 좋게 만드나요, 아니면 단지 다를 뿐인가요?
3. 여러분은 다른 친구들과 다르다는 것에서 가장 좋은 점은 무엇이라고 생각하나요?

지도자 유의사항

차이를 인식하도록 하고, 다르다는 것이 다른 사람들보다 더 좋거나 나쁘지 않다는 점을 강조한다.

[초등학교 3 · 4학년]

감정

43. 어떤 느낌인가요

목표

똑같은 사건에 대해서 사람들마다 다르게 느낄 수 있다는 것을 배운다.

준비물

개인별 종이 접시 4개, 크레용 또는 마커펜

진행 절차

1. 학생들에게 종이 접시 4개의 앞면에 '즐거운, 슬픈, 화난, 걱정하는' 감정들을 각각 표현하여 그리도록 한다.
2. 학생들에게 몇 가지 상황을 읽어 주고, 그런 상황을 경험한다면 어떻게 느끼게 될 지를 생각해 볼 것이라고 설명한다.
3. 다음의 상황들을 한 가지씩 읽어 주고, 비슷한 감정이라고 생각되는 접시의 앞면을 들도록 하여 학생들의 감정을 확인한다. 그리고 학생들에게 다른 사람들이 어떻게 느꼈는지를 비교해 보게 한다. 만약 모든 학생이 똑같이 느끼지 않는다면, 왜 똑같은 상황에서 다르게 느끼는지를 물어본다(예를 들어, 어떤 사람은 스키 타는 것을 좋아하기 때문에 눈이 내리는 것이 즐겁게 느껴지고, 반면에 다른 사람은 눈을 쓸어야 하기 때문에 눈이 내리는 것이 화가 난다.). 반응들을 토론하도록 하고, 다른 상황들에 대해서도 이와 같이 계속한다.

- 밤에 눈이 내릴 것이다.
- 사촌들이 올 것이다.
- 방과 후에 쇼핑을 하게 될 것이다.
- 선생님께 벌을 받았다.
- 배구 팀에 뽑히지 않았다.
- 다른 지방으로 이사갈 것 같다.
- 책 읽는 모임에 들어가게 될 것이다.

- 부모님이 새로운 직장을 구했다.
- 친구가 이사할 것이다.
- 아파서 체육 수업에 참석할 수 없었다.

토론

내용에 대한 이해

1. 모든 친구가 주어진 상황에 대해서 똑같은 감정을 느꼈나요? 그렇지 않다면, 왜 다르게 느꼈다고 생각하나요?
2. 여러분은 모든 친구가 똑같은 감정을 느끼는 상황이 있다고 생각하나요?
3. 여러분은 왜 두 사람이 똑같은 상황에 대해서 다르게 느낄 수 있다고 생각하나요?

개인에게 적용하기

1. 여러분은 사람들이 어떤 것에 대해서 다르게 느끼는 것이 좋다고 생각하나요? 그런 상황이 있었나요? 예를 들어 이야기를 나누어 보세요.
2. 여러분은 이 활동을 통해서 무엇을 배웠나요?

지도자 유의사항

감정이라는 것은 정말로 지극히 개인적이라는 사실을 강조한다. 덧붙여서, 사람들은 다르게 생각하기 때문에 느끼는 감정도 다르다는 것을 알도록 강조한다.

44. 나는 생각하고 느껴요

목표

감정은 생각으로부터 비롯된다는 것을 배운다.

준비물

종이, 연필

진행 절차

1. 다음 상황을 읽고, 감정이라고 쓰인 곳에 내가 느끼는 감정을 적도록 지도한다.

내가 자전거를 타고 도로를 달리는데, "야, 너 왜 내 자전거 훔쳐 가냐! 내 자전거 내 놔!" 하고 한 아이가 소리쳤다.

감정 ______________________________

그리하여 내가 멈춰서서 내 자전거라고 말하자 그 아이가 자전거를 자세하게 보더니 "아, 미안해! 난 내 건 줄 알았어. 내가 그 자전거를 어떻게 산 건데, 2년 동안이나 돈을 모아서 샀거든."이라고 말했다.

감정 ______________________________

가게에 막 들어서는데 어떤 아주머니가 황급히 문을 열고 나가는 바람에 나는 넘어졌다.

감정 ______________________________

불과 몇 분 전에 사촌 동생이 앰뷸런스에 실려서 병원으로 갔다는 말을 들었다.

감정 ______________________________

교실로 가다가 잘못해서 5학년 누나와 부딪혔다. 그 누나가 나를 보며 "바보 같은 놈!"이라고 소리를 버럭 질렀다.

감정 ______________________________

그다음 날, 그 누나가 사회 시험 공부를 열심히 했는데 성적이 나빠서 기분이 좋지 않은 상태였다고 말하면서 나에게 사과했다.

감정 ______________________________

2. 각각의 상황에 대해서 느끼는 감정들을 서로 확인해 보도록 한다.

토론

내용에 대한 이해

1. 여러분은 각각의 상황에 따라서 감정이 바뀌었나요? 여러분은 왜 감정이 바뀌었다고 생각하나요?
2. 모든 사람이 각각의 상황에 대해서 똑같이 느꼈나요? 여러분은 왜 사람들이 다르게 느꼈다고 생각하나요?
3. 여러분은 감정이 어떻게 해서 바뀌었다고 생각하나요?

개인에게 적용하기

1. 여러분은 어떤 상황에서 감정이 바뀌었던 경험이 있나요? 예를 들어 이야기를 나누어 보세요.
2. 여러분은 어떤 상황에서 감정이 바뀔 수 있는 것은 무엇 때문이라고 생각하나요?

지도자 유의사항

이 활동을 통해서 학생들은 생각이 바뀌거나 새로운 정보가 덧붙여지면, 감정이 바뀔 수 있다는 것을 알게 된다. 학생들이 어떤 사건에 대해서 생각하는 바를 바꿈으로써 그 사건에 대해서 느끼는 바를 바꿀 수 있다는 것을 강조한다.

45. 얼마나 강하게 느끼나요

목표

감정을 느끼는 강도가 다르다는 것을 배운다.

준비물

'강한' '중간' '약한'이라고 적혀 있는 깡통 3개, 〈얼마나 강하게 느끼나요〉 목록표(유인물 6), 가위

진행 절차

1. 감정을 느끼는 강도가 어떻게 다른가에 대해서 토론한다(예를 들어, 어떤 때에는 매우 화가 나고, 또 다른 때에는 약간 화가 나거나 전혀 화가 나지 않는다.). 감정을 느끼는 강도가 다르다는 것을 말해 주는 몇 가지 예를 들어 이야기를 나눈다.
2. 〈얼마나 강하게 느끼나요〉 목록표(유인물 6)를 학생들에게 나누어 준 후, 각각의 상황을 읽고 학생들이 생각하는 감정을 적고, 감정을 느끼는 강도를 표시하게 한다.
3. 학생들에게 감정과 감정의 강도를 완성하게 하고 나서, 각각의 상황에 대해 적은 것을 하나씩 자르게 한다.
4. 첫 번째 상황을 읽고 다섯 명의 지원자에게 그 상황에 대해서 느낀 감정과 감정의 강도를 발표하게 한다. 그러고 나서 지원자들에게 자신이 말한 감정의 강도와 일치하는 깡통 안에 첫 번째 상황이 적힌 조각을 집어넣게 한다. 나머지 학생들은 어느 깡통에 그 조각들이 들어가는지를 지켜보게 한다. 나머지 상황에 대해서도 다른 지원자들을 뽑아 첫 상황과 똑같은 진행 절차로 진행한다.

토론

내용에 대한 이해

1. 여러분은 주어진 상황에서 느끼는 감정이 똑같다고 답했나요?
2. 여러분은 주어진 상황에서 감정을 느끼는 강도가 똑같다고 답했나요?

3. 여러분은 감정이 다르거나 감정을 느끼는 강도가 다른 이유를 무엇이라고 생각하나요?

개인에게 적용하기

1. 여러분은 어떤 일에 대해서 감정을 아주 강하게 느꼈었는데 나중에 그렇게 강하게 느끼지 않았던 경험이 있나요? 예를 들어 이야기를 나누어 보세요.
2. 여러분은 감정을 느끼는 강도가 변했던 경험이 있나요? 어떻게 감정을 느끼는 강도가 변하게 되었나요?

지도자 유의사항

학생들이 감정을 느끼는 강도가 다르다는 것을 알게 되면 사람들이 어떤 상황에서 항상 감정을 강하게 느끼지 않으며, 시간이 지나면서 감정의 강도가 약하게 된다는 것을 인식하게 된다. 생각이 바뀔 때 감정은 좀 더 쉽게 조절될 수 있다는 것을 강조한다.

[유인물 6]

〈얼마나 강하게 느끼나요〉 목록표

지시사항: 각각의 상황을 읽으세요. 그 상황에서 나는 어떻게 느끼고, 얼마나 강하게 느끼는가를 적어 보세요.

1. 누군가가 내 자전거를 훔친다.

감정 ____________________ 강함 ________ 중간 ________ 약함 ________

2. 벌로 주말에 외출을 못하게 되었다.

감정 ____________________ 강함 ________ 중간 ________ 약함 ________

3. 나의 가장 친한 친구가 멀리 이사를 간다.

감정 ____________________ 강함 ________ 중간 ________ 약함 ________

4. 내일 수학 시험을 볼 것이다.

감정 ____________________ 강함 ________ 중간 ________ 약함 ________

5. 새 옷을 사러 쇼핑을 갈 것이다.

감정 ____________________ 강함 ________ 중간 ________ 약함 ________

6. 반장이 되었다.

감정 ____________________ 강함 ________ 중간 ________ 약함 ________

7. 나를 바보라고 놀린다.

감정 ____________________ 강함 ________ 중간 ________ 약함 ________

8. 최우수상을 받았다.

감정 ____________________ 강함 ________ 중간 ________ 약함 ________

9. 늦게까지 자지 않고 좋아하는 TV 프로를 볼 수 있다.

감정 ____________________ 강함 ________ 중간 ________ 약함 ________

10. 버스가 오고 있는데 겉옷을 찾을 수 없다.

감정 ____________________ 강함 ________ 중간 ________ 약함 ________

46. 감정 온도계

목표

감정이 변할 수 있다는 것을 배운다.

준비물

감정 온도계, 상황 카드, 펜 또는 연필

진행 절차

1. 학생들에게 중요한 시험 혹은 연주회 바로 전과 같이 떨렸던 때를 생각해 보도록 한다. 학생들에게 그와 같은 경험을 예를 들어 이야기를 나누게 하고, 그 상황이 끝나고 난 뒤에 어떻게 느꼈는지를 물어본다. 상황이 변하고, 상황에 대한 생각이 변하기 때문에 감정이 변한다는 사실을 강조한다.
2. 학생들을 네 집단으로 나눈다. 각 집단에 똑같은 수의 상황 카드와 감정 온도계를 나누어 준다.
3. 네 집단이 각각의 상황에 대한 감정을 토론하고, 각각의 상황에서 가질 수 있는 감정에 대해 의견의 일치를 보도록 한다. 각각의 상황 카드에 감정을 적고, 그 감정의 강도를 1~10의 점수로 나타내게 한다. 그런 다음 빨강 종이막대로 온도계에 적절한 '온도'를 표시하게 한다.
4. 네 집단은 각각의 상황에 대해서 일치를 본 감정과 감정의 강도에 대해서 토론하게 한다.
5. 게시판에 상황 카드들을 붙이고 감정 온도계를 각각의 상황 카드에 맞게 배열한다.

토론

내용에 대한 이해

1. 여러 가지 상황에 대한 감정과 감정의 강도에 대해서 의견의 일치를 보는 것이 어려웠나요? 어떤 상황이 다른 상황들보다 더 어려웠나요?
2. 여러분은 왜 여러 가지 상황 중에서 어떤 상황에 대해서는 강한 감정을 느꼈으며, 어떤 상황

에 대해서는 강한 감정을 느끼지 않았나요?

3. 여러분은 왜 다른 상황들보다 몇몇 상황에 대해서 감정을 더 강하거나 혹은 더 약하게 느꼈다고 생각하나요?
4. 여러 가지 상황이 있고 난 후 이틀이 지났다고 상상해 보세요. 여러분이 느끼는 감정이 변할 것이라고 생각하나요? 두 달 혹은 이 년이 지난다면 어떨까요? 여러분이 느끼는 감정은 다시 변할 것 같은가요? 왜 그런가요?

개인에게 적용하기

1. 어떤 사건 또는 어떤 사람에 대해서 여러분이 느꼈던 감정이 변했던 때가 있나요? 왜 여러분의 감정이 변했나요? 예를 들어 이야기를 나누어 보세요.
2. 여러분이 느끼는 감정이 단지 시간 때문에 변한다고 생각하나요? 혹은 여러분이 느끼는 감정을 변화시키기 위해서 무엇인가를 할 수 있다고 생각하나요? 무엇 때문에 여러분이 느끼는 감정이 변하게 되나요?

지도자 유의사항

학생들은 시간이 흐르거나 자라면서 의미를 두는 것이 달라지고, 생각이 변하거나 다른 대처 전략들이 발달하기 때문에 감정이 변한다는 것을 이해하도록 강조한다.

활동교구 ⑨ 참조

감정 온도계

지시사항: 두꺼운 종이로 온도계를 만들고, 다음과 같이 수직으로 움직이는 긴 구멍을 낸다. 빨강 종이막대를 긴 구멍 밑으로 끼워 넣는다. 빨강 종이막대의 끝이 감정의 강도를 나타낸다. (다음의 감정 온도계는 축구경기에서 진 것에 대해 실망하고 있는 감정의 강도가 중간 정도임을 나타내고 있다.)

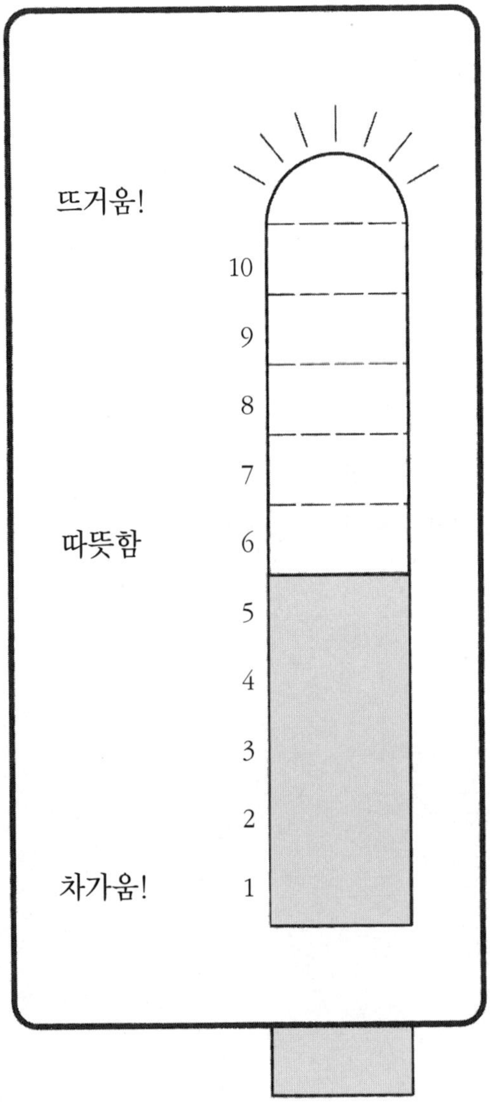

활동교구 ⑩ 참조

상황 카드

지시사항: 각각의 상황 카드에 감정과 감정의 강도를 기록하세요.

나는 스케이트를 타러 가지 못했다. 감정 ______ 감정의 강도 ______	영미는 나에게 더 놀다 가라고 하지 않았다. 감정 ______ 감정의 강도 ______
친구가 내게 바보라고 놀렸다. 감정 ______ 감정의 강도 ______	나는 장기게임에서 졌다. 감정 ______ 감정의 강도 ______
친구와 장난을 치다가 선생님께 걸렸다. 감정 ______ 감정의 강도 ______	새 셔츠를 입고 학교에 갔는데 친구가 놀렸다. 감정 ______ 감정의 강도 ______
나는 시험을 못봤다. 감정 ______ 감정의 강도 ______	나는 교장실에 불려 갔다. 감정 ______ 감정의 강도 ______
나는 버스를 놓쳤다. 감정 ______ 감정의 강도 ______	버스 안에서 아이들이 나를 괴롭혔다. 감정 ______ 감정의 강도 ______
나에게 친구들이 뚱보라고 놀렸다. 감정 ______ 감정의 강도 ______	엄마가 아프셔서 병원에 가셨다. 감정 ______ 감정의 강도 ______
할머니가 돌아가셨다. 감정 ______ 감정의 강도 ______	우리 팀이 축구경기에서 졌다. 감정 ______ 감정의 강도 ______
나는 생일파티에 초대받지 못했다. 감정 ______ 감정의 강도 ______	나는 어떻게 수학공부를 해야 할지 모르겠다. 감정 ______ 감정의 강도 ______
나는 돈을 잃어버렸다. 감정 ______ 감정의 강도 ______	부모님이 나에게 소리를 질렀다. 감정 ______ 감정의 강도 ______
우리 집 개가 아프다. 감정 ______ 감정의 강도 ______	나는 미술대회에서 입상했다. 감정 ______ 감정의 강도 ______

47. 난 느껴요, 그리고 행동해요

목표

감정과 행동 간의 차이를 배운다.

준비물

〈난 느껴요, 그리고 행동해요〉 활동지(유인물 7), 펜 또는 연필, 큰 봉투, 감정 단어(무서운, 무기력한, 끔찍한, 울적한, 미운, 혼란스러운, 겁먹은, 화난, 상처받은, 어색한, 시기하는, 부끄러운, 혼동하는, 죄책감이 드는, 의욕이 꺾인, 좌절한, 걱정하는, 슬픈, 흥분한, 행복한)가 쓰인 감정 카드들

*감정 카드는 **활동교구 ③** 을 참조한다.

진행 절차

1. 감정 카드들을 큰 봉투 안에 넣는다. 학생들을 네 집단으로 나누고 각각의 학생에게 감정 카드 하나를 뽑도록 한다(학생들이 20명 이상이라면, 더 많은 단어를 준비한다.).
2. 일반적으로 사람들은 어떤 감정을 경험할 때, 특정한 방식으로 표현한다는 것을 설명한다(예를 들어, 화가 날 때, 어떤 사람은 무엇인가를 던지고, 어떤 사람은 욕을 하거나, 자기 자신에게 중얼거린다.).
3. 학생들에게 감정과 행동 간의 차이점을 알게 한 다음에 〈난 느껴요, 그리고 행동해요〉 활동 기록지(유인물 7)를 각 집단마다 나누어 준다. 각 집단원에게 자신이 가지고 있는 감정 카드를 큰 소리로 읽도록 하고, **감정들**이라고 쓰인 활동지에 감정 단어를 적게 한다. 그런 다음 학생들에게 그런 감정을 느꼈을 때 자신이 행동하는 모든 방식에 대하여 브레인스토밍(아이디어 쏟아 놓기)을 하게 하여 **행동들**이라고 쓰인 곳에 적도록 한다.
4. 각 집단이 활동을 마치면, 감정들과 행동들에 대한 예를 들어 이야기를 나누게 한다.

토론

내용에 대한 이해

1. 여러분은 모든 감정에 대해서 그에 따라 나타나는 행동들을 알 수 있었나요?
2. 여러분은 긍정적인 감정들에 대한 행동들을 더 많이 하나요, 아니면 부정적인 감정들에 대한 행동들을 더 많이 하나요?
3. 여러분은 왜 감정들과 행동들에 대해서 이해하는 것이 중요하다고 생각하나요?

개인에게 적용하기

1. 여러분은 한 가지 감정에 대해서 한 가지 방식으로만 행동해야 한다고 생각하나요? 여러분은 어떤 특정한 감정을 느꼈을 때, 어떤 특정한 방식으로만 행동한 적이 있었나요? 예를 들어 이야기를 나누어 보세요.
2. 특정한 감정을 느낄 때, 여러분이 하게 되는 행동들 중에 바꾸고 싶은 행동들이 있나요? 예를 들어 이야기를 나누어 보세요.

지도자 유의사항

학생들에게 자신의 어떤 감정을 느낄 때 행동을 자신이 선택할 수 있다는 것을 알게 해 준다. 이는 학생들로 하여금 그들 자신의 삶을 더욱더 조절하게 한다는 것을 강조한다.

[유인물 7]

〈난 느껴요, 그리고 행동해요〉 활동지

지시사항: 감정들에는 감정 단어들을 기록하세요. 그리고 행동들에는 여러분이 기록한 감정을 느낄 때 행동하는 다양한 방식을 기록하세요.

감정들	행동들
1. ________________	________________
	________________
	________________
2. ________________	________________
	________________
	________________
3. ________________	________________
	________________
	________________
4. ________________	________________
	________________
	________________

48. 어떻게 느끼나요

목표

감정을 표현하는 여러 다른 방식이 있다는 것을 배운다.

준비물

〈어떻게 느끼나요〉 상황 카드

진행 절차

1. 학생들을 세 집단으로 나누고, 각 집단의 리더를 정한다. 각 집단에게 〈어떻게 느끼나요〉 상황 카드 중 하나를 나누어 준다.
2. 각 집단의 리더는 집단원에게 그 상황 카드를 읽어준다. 집단마다 그 상황에서 느끼게 될 감정 단어를 찾도록 한다.
3. 첫 번째 집단의 리더가 그 상황을 큰 소리로 읽고, 그들이 고른 감정 단어를 말하도록 한다. 그런 다음 첫 번째 집단의 집단원은 어떻게 그 감정을 표현할 것인지를 행동으로 표현하도록 한다. 나머지 집단의 집단원은 첫 번째 집단의 집단원이 감정을 표현할 때 유사점과 차이점을 찾는다.
4. 활동을 멈추고 내용에 대한 이해의 질문들을 토론하도록 한다.
5. 나머지 집단들도 이러한 진행 절차로 계속하고, 그러고 나서 개인에게 적용하기의 질문들을 토론하도록 한다.

토론

내용에 대한 이해

1. 각 집단의 모든 집단원은 똑같은 방식으로 같은 감정을 표현했나요? 유사점과 차이점은 무엇이었나요?
2. 여러분은 하나의 감정을 표현하는 데 하나의 방식만 있다고 생각하나요?

3. 다른 사람이 하는 것과 똑같은 방식으로 여러분의 감정을 표현해야 한다고 생각하나요? 다른 사람이 하는 대로 여러분 자신을 표현하거나 혹은 표현하지 않는 것이 왜 좋은 생각인가요?

개인에게 적용하기

1. 여러분은 어떤 감정을 느꼈을 때, 그 감정을 표현하는 것이 어려운가요? 어떤 감정이 다른 감정들보다 표현하는 것이 더 어려운가요?
2. 여러분과 다른 사람이 똑같은 상황에서 다른 방식으로 감정을 표현했던 적이 있나요? 예를 들어 이야기를 나누어 보세요.

지도자 유의사항

세 집단에게 충분한 상황들을 제공한다. 필요하다면 상황을 더 많이 만들 수도 있다.

활동교구 ⑪ 참조

〈어떻게 느끼나요〉 상황 카드

내가 저지른 일이 아닌데도 나는 혼났다.	친구가 나에게 나쁜 짓을 하자고 한다.
나는 착한 어린이 상을 받았다.	우리 가족은 놀이공원 자유 이용권을 상품으로 받았다.
나는 공부를 하고 있었는데 TV를 봤다고 여동생이 부모님에게 고자질을 했다.	나는 새 책가방을 잃어버렸다.
나는 체육시간이 끝나서 옷을 입으려고 하는 순간, 속옷이 없어진 걸 알았다.	나는 방과 후에 과자를 한 개만 먹기로 했는데 다섯 개를 먹었다.

49. 감정을 나눠요

목표

감정에 대한 어휘를 확장하고, 부정적인 감정을 다루는 방법을 배운다.

준비물

둥글게 배열한 개인별 의자, 감정 단어(행복한, 슬픈, 자랑스러운, 걱정하는, 겁먹은, 흥분한, 화난, 미칠 것 같은, 상처받은, 초조한, 부끄러운, 기쁜, 실망스러운, 시기하는, 어색한, 좌절한)가 쓰인 감정 카드들(학급이나 집단의 학생 수에 따라 같은 단어를 여러 개 만들거나 추가 단어를 찾아야 할 수도 있다. 감정을 식별할 수 있는 학생의 능력에 따라 적절하게 수정한다.), 카드를 담아 둘 상자나 모자, 여러 개의 어린이 CD 및 CD 플레이어, 전지와 마커펜 또는 화이트보드와 마커펜

*감정 카드는 **활동교구 ③**을 참조한다.

진행 절차

1. 학생들에게 의자에 먼저 앉기 놀이와 비슷한 게임을 할 것이라고 설명한다. 음악이 멈추면 의자를 차지해 앉아야 한다고 활동을 소개한다. (매 회마다 의자 하나를 치운다.)
2. 서있게 된 학생이 상자에서 감정 카드를 뽑은 후에 그 감정을 느꼈던 때를 간단히 설명하고 (예를 들어, "내 동생이 태어났을 때 자랑스러웠어."), 그 감정이 긍정적인지 부정적인지(좋은지 나쁜지)를 친구들에게 말하도록 한다. 그 감정이 부정적이라면, 부정적인 감정을 어떻게 다루었는지를 말하도록 한다. 전지에 부정적인 감정을 어떻게 다루었는지를 적은 다음에 그 학생은 원 밖으로 나가서 치워 놓은 의자에 앉도록 한다.
3. 모든 의자가 원 밖으로 나갈 때까지 이 절차를 계속 진행한다.

토론

내용에 대한 질문

1. 친구들이 말한 감정들을 대부분 느꼈던 사람은 손을 들어 보세요.

2. 여러분이 느끼지 못했던 감정들은 무엇인가요? 이야기를 나누어 보세요.
3. 여러분은 이러한 감정들을 느끼고 싶은가요, 아니면 느끼고 싶지 않은가요?
4. 여러분은 어떤 감정을 자주 느끼나요?

개인에게 적용하기

1. 부정적인 감정을 다루기 위해서 여러분이 사용한 방법은 어떤 것이었나요? 그 방법을 사용해서 어떻게 되었나요?
2. 부정적인 감정을 다루는 데 도움이 될 만한 것으로 오늘 여러분이 배운 것이 있다면, 어떤 아이디어가 있나요?

지도자 유의사항

감정에 대해서 많은 것을 이야기 나누어 보게 하는 것이 감정을 더 빨리 다루게 한다.

[초등학교 3 · 4학년]

신념과 행동

50. 사실과 신념

목표

사실과 신념 간의 차이를 배운다.

준비물

〈사실과 신념〉 게임판(유인물 8), 펜 또는 연필

진행 절차

1. 학생들에게 사실이 무엇이고('오늘도 태양은 뜬다.'와 같은 진술처럼, 참이라고 증명될 수 있는 것), 신념이 무엇인지('햇빛이 너무 뜨겁다.'와 같은 진술처럼, 어떤 것에 대한 생각이나 견해)를 묻는다.
2. 학생들을 두 명씩 짝 지어 한 사람은 사실을 맡고, 다른 한 사람은 신념을 맡도록 한다. 〈사실과 신념〉 게임판(유인물 8)을 각각의 쌍에게 나누어 주고, 빙고게임을 할 것이라고 설명한다. 지도자가 하나의 진술문을 읽어 주면, 학생들은 그 진술문이 사실인지 신념인지를 토론한다. 그 진술문이 사실이라면, 사실을 맡고 있는 사람이 게임판에 '사실'이라는 카드를 올려놓는다. 그 진술문이 신념이라면, 신념을 맡고 있는 사람이 게임판에 '신념'이라는 카드를 올려놓는다. 3개의 '사실' 카드 혹은 3개의 '신념' 카드를 먼저 모은 사람이 게임에서 이기게 된다.
3. 다음의 진술문을 읽고, 3개의 '사실' 카드 혹은 3개의 '신념' 카드를 모을 때까지 게임을 계속한다.

- 옥수수는 채소다.(사실)
- 우리 학교 학생들은 굉장히 멋지다.(신념)
- 눈썰매를 타는 것은 신나는 일이다.(신념)
- 황금빛이 나는 사냥개들은 아주 영리하다.(신념)
- 축구는 하나의 게임이다.(사실)
- 여름은 일 년 중에서 가장 좋은 계절이다.(신념)

- 우유는 젖소에서 나온다.(사실)
- 야구는 하나의 운동이다.(사실)
- 남학생들이 여학생들보다 똑똑하다.(신념)

토론

내용에 대한 이해

1. 어떤 진술문이 사실이고, 어떤 진술문이 신념인지를 판단하는 것이 어려웠나요? 여러분이 사실과 신념의 차이를 구분하는 데 도움이 된 것은 무엇이었나요?
2. 모든 사람은 어떤 사실에 대해서 똑같은 신념을 갖나요? 예를 들어, 모든 사람이 우리나라의 국가대표 축구선수단에 대해서 똑같이 생각하나요? 어떤 사람들은 축구선수단이 훌륭하다고 믿을 것이고, 어떤 사람들은 축구선수단이 훌륭하지 않다고 믿을 수도 있습니다. (학생들에게 사실에 대해서 가지고 있는 신념의 또 다른 예를 들어 이야기를 나누게 한다.)

개인에게 적용하기

1. 여러분 자신에 대해서 한 가지 사실을 생각해 보세요. 그 사실에 대해서 가지고 있는 한 가지 신념은 무엇인가요? (예를 들어, '나는 야구를 할 수 있다.'가 한 가지 사실이고, 그 사실에 대해 가지고 있는 신념은 '나는 야구를 잘한다.'는 것이다.)

지도자 유의사항

학생들에게 사실은 증명될 수 있는 것이고, 사람들 간에 문제를 일으키는 것은 사실에 대해 가지고 있는 신념 때문이라는 것을 알도록 강조한다.

[유인물 8]

〈사실과 신념〉 게임판

지시사항: 빙고게임을 해 보세요. 여러분이 들은 문장이 사실이라면, 사실을 맡고 있는 사람이 게임판에 '사실' 카드 하나를 올려 놓으세요. '사실' 카드 3개나 '신념' 카드 3개를 일직선(가로, 세로, 대각선)으로 먼저 모은 사람이 이기는 것입니다.

51. 신념, 감정, 그리고 행동

목표

신념, 감정, 그리고 행동 간의 관계를 배운다.

준비물

종이 테이프

진행 절차

1. 바닥에 종이 테이프를 붙여서 길게 일직선을 만든다. 한쪽 끝은 가장 긍정적이고, 다른 한쪽 끝은 가장 부정적이라고 설명한다. 학생들에게 진술문을 읽어 주면 지원자들이 나와서 그 진술문에 대한 반응으로 선 위의 해당되는 지점에 서 있도록 할 것이라고 설명한다.
2. 다섯 명의 지원자에게 다음의 진술문을 듣고 각각의 진술문에 대한 반응으로 선 위의 해당되는 지점에 서 있게 한다. 다른 학생들은 관찰하게 한다.

- 나는 다음 주부터 새로 오신 선생님과 수업을 하게 될 것이다.
- 나는 점심 식사로 스파게티를 먹을 것이다.
- 나는 다른 지방으로 이사할 것이다.

3. 활동을 멈추고, 내용에 대한 이해의 질문 1과 2를 토론하도록 한다.
4. 또 다른 지원자 다섯 명에게 다음의 진술문에 대한 반응으로 선 위의 해당되는 지점에 서도록 한다.

- 나는 방학 동안에 집에만 있어야 한다.
- 부모님이 나가고 나면, 파출부 아주머니가 올 것이다.
- 할머니가 나에게 새 옷을 사주셨다.

5. 활동을 멈추고, 내용에 대한 이해의 질문 3과 4, 그리고 개인에게 적용하기의 질문들을 토론하도록 한다.

토론

내용에 대한 이해

1. 모든 사람이 선 위의 똑같은 지점에 섰나요?
2. 상황은 모든 지원자에게 똑같이 주어졌으나, 지원자들은 다르게 반응했습니다. 무엇 때문에 다르게 반응했나요? (사람들은 상황에 대해서 다르게 생각한다는 사실을 토론한다. 한두 가지 상황에 대한 몇 가지 다양한 생각을 이끌어 낸다.)
3. 사람들은 각 상황에 대해서 다른 신념과 생각을 갖고 있습니다. 이렇게 다른 신념과 생각은 상황에 대한 감정(긍정적 혹은 부정적)에 어떤 영향을 미쳤나요?
4. 여러분은 사람들이 상황에 대해서 가지는 신념 혹은 생각이 행동에도 영향을 미칠 것이라고 생각하나요?

개인에게 적용하기

1. 여러분은 상황에 대해서 가지는 신념이 상황에 대해서 가지는 감정에 영향을 미쳤던 경험이 있나요? 신념이 행동에도 영향을 미쳤나요? 예를 들어 이야기를 나누어 보세요.

지도자 유의사항

학생들에게 상황에 대해서 가지는 신념 때문에 긍정적 혹은 부정적 감정을 갖게 된다는 것을 강조한다.

52. 사실인지를 확인해요

목표

사실을 확인하는 기술을 배운다.

준비물

없음

진행 절차

1. 무엇을 사실(참 혹은 거짓을 증명할 수 있는 것)이라고 하는지 검토한다.
2. 학생들의 이름을 칠판에 적는다. 그런 다음 학생들에게 자신에 대한 개인적인 사실들을 이름 바로 옆에 적도록 한다.
3. 지원자에게 눈을 감고 칠판에 적힌 이름들 중에 하나를 가리키도록 한다. 그런 다음 지원자는 자신이 뽑은 사람에 대한 추측(사실이라고 믿는 것)을 아래에 적도록 한다. 예를 들어, 영빈이에 대한 사실은 영빈이의 눈은 까만색이라는 것이다. 추측은 영빈이는 달리기를 잘할 것 같다는 것이다. 그러면 뽑힌 사람은 그 추측이 참인지 거짓인지를 확인하도록 한다. 뽑힌 사람이 자신에 대한 추측이 참이라면 'O', 참이 아니라면 '×'라고 적도록 한다.
4. 또 다른 지원자에게 똑같이 진행한다. 추측이 사실인지 확인할 수 있는 기회를 가지고 익힐 수 있도록 여러 차례 반복한다.

토론

내용에 대한 이해

1. 추측이 사실이 될 수 있을까요? 여러분은 추측이 사실인지 아닌지 어떻게 확인할 수 있나요?
2. 어떤 것을 사실이라고 추측하고 그 추측이 사실인지 아닌지를 확인하지 않았을 때 여러분은 무슨 일이 생길까요?
3. 사실과 추측의 차이는 무엇인가요?

개인에게 적용하기

1. 여러분은 어떤 사람 혹은 어떤 것에 대한 추측을 하고 그 추측을 확인하지 않았던 적이 있나요? 어떤 일이 벌어졌나요?
2. 누군가가 여러분에 대한 추측을 하고 그 추측을 확인하지 않았던 적이 있나요? 그 결과 어떤 일이 있었나요?
3. 추측을 확인하는 것이 왜 중요한가요?

지도자 유의사항

학생들이 추측을 확인하지 않는다면, 잘못된 정보를 가지고 반응을 하게 될 것이다. 어떤 추측은 인간관계에서 부정적인 반응을 일으킬 가능성이 있음을 강조한다.

53. 멈춰라, 그리고 신중하라

목표

추측에 따라 반응했을 때 부정적인 결과가 생긴다는 것을 배운다.

준비물

〈멈춰라, 그리고 신중하라〉 이야기

진행 절차

1. 신중하라는 것이 무엇을 의미하는 것인지 설명한다. 다음 이야기를 들려주고, 토론하도록 한다.

멈춰라, 그리고 신중하라

월요일 아침이었다. 윤희는 금요일과 토요일 밤에는 늦게까지 자지 않았고, 어젯밤에는 부모님이 싸우셔서 잠을 잘 수가 없었다. 부모님이 늦게까지 큰 소리를 지르셨기 때문에 윤희는 부모님이 이혼을 하게 될까 봐 정말로 두려웠다. 윤희가 버스에 올라탔을 때, 윤희의 머릿속은 만약에 부모님이 이혼을 하게 된다면 부모님 중 한 분과 살고 전학가야 되는 건 아닌가 하는 생각뿐이었다. 유경이가 버스에 탔을 때, 윤희는 혼자 생각에 정신이 팔려 인사를 하는 둥 마는 둥 하고는 제대로 쳐다보지도 않았다. 유경이는 버스 뒷자석으로 가 앉으면서 윤희가 왜 그런지를 의아하게 생각했다.

버스가 학교에 도착했고, 윤희는 유경이와 수학시간에 짝이 되었다. 윤희는 말도 하지 않았고, 선생님이 짝과 함께 풀어 보라고 한 문제도 풀 생각을 하지 않았다. 유경이는 수학문제를 풀면서 괘씸한 생각이 들어서 화가 났다. 수학시간이 끝나고 쉬는 시간이 되었다. 유경이는 윤희를 의도적으로 무시했고, 윤희가 너무 말이 없는 것에 대해서 핀잔을 주었다. 쉬는 시간 동안에도 윤희는 부모님이 아마도 이혼에 대해서 말할 것이라는 생각에 사로잡혔다. 윤희는 그 일이 자신과 관련이 되는 것이 아닐까 생각했다. 윤희는 최근에 언니와 싸움을 하면서 사이가 나쁜 상태였다.

윤희는 방과 후 집으로 가는 버스에 탔을 때에도 내내 말이 없었다. 마침내, 유경이가 윤희에게 왜 수학시간에 그렇게 게으름을 피웠으며, 왜 더 이상 자신을 좋아하지 않는지를 물었다. 윤희는 자신의 부모님에 대해서 걱정을 하고 있다고 대답했다. 유경이는 사과를 받아야 한다고 추측한 것이 틀렸다는 것을 깨달았다.

윤희는 집으로 돌아와서 부모님에게 이혼에 대해서 물어보기로 결심하고, 무엇이 잘못되었는지를 어머니에게 물어보았다. 윤희의 어머니는 부모들이 이따금 한 번씩 싸우지만 그렇다고 이혼을 한다는 것을 의미하지는 않는다고 설명해 주었다. 윤희는 걱정을 덜게 되었으며, 일찌감치 물어본 것을 다행으로 여기면서 편하게 지낼 수 있게 되었다.

토론

내용에 대한 이해

1. 윤희가 자신의 추측에 따라 행동했을 때 어떤 일이 생겼나요? 유경이가 자신의 추측에 따라 행동했을 때 어떤 일이 생겼나요?
2. 윤희와 유경이가 그들의 추측을 확인했을 때 어떤 일이 생겼나요?

개인에게 적용하기

1. 여러분은 이 이야기에 나오는 사람처럼 행동했던 적이 있었나요? 그 상황에서 어떤 일이 벌어졌나요?
2. 여러분의 추측은 긍정적인 경험을 하게 했나요? 만약에 그렇지 않다면, 그 추측의 부정적인 결과를 없애기 위해서 여러분은 무엇을 할 수 있었나요?

지도자 유의사항

추측에 따라 반응하기 전에 확인을 하는 과정이 중요하다는 것을 강조한다. 학생들은 추측을 많이 한다. 이러한 경향은 불필요하게도 걱정을 낳거나 부적절한 행동을 하게 하고, 그리고 다른 문제들을 일으킬 수 있다.

54. 여러 가지 대안

목표

부정적인 감정들을 표현하기 위해서 여러 가지 대안 행동을 배운다.

준비물

〈대안 상황〉 목록표(유인물 9)

진행 절차

1. 비록 부정적인 감정을 느끼게 된다고 하더라도, 행동을 통하여 감정을 어떻게 표현할 것인가를 선택해야 한다는 점에 대해 토론하도록 한다.
2. 두 사람이 한 쌍이 되도록 짝을 짓는다. 〈대안 상황〉 목록표(유인물 9)를 각 쌍에게 나누어 주고 각각의 상황에 대한 반응을 함께 생각해 보고 토론하게 한다.

토론

내용에 대한 이해

1. 각각의 상황에서 어떻게 행동해야 할지를 선택하는 것이 어려웠나요? 다른 상황보다 더 어려운 상황이 있었나요?
2. 누군가가 어떤 상황에 대해 특정한 방식으로 느낀다고 해서 그것이 행동을 선택하는 데 영향을 미치나요?

개인에게 적용하기

1. 여러분이 부정적인 감정을 갖고 있을 때, 다른 방식으로 행동할 수 있다는 것을 생각하나요? 여러분이 어떻게 행동할 것인가에 관한 생각을 하는 데 영향을 미치는 것은 무엇인가요?
2. 여러분은 어떤 상황에 대해 특정한 방식으로 감정을 느끼면 특정한 방식으로 행동해야 한다고 생각하나요, 아니면 느끼고 행동하는 방식을 바꿀 수 있다고 생각하나요?

지도자 유의사항

학생들은 비록 부정적인 감정을 갖고 있다고 할지라도, 바르게 행동하는 방식을 선택할 수 있다는 것을 깨닫도록 강조한다. 바람직한 대안 행동들이 있다는 것을 인식하는 것은 중요하다. 적절한 안내와 교육을 통해 학생들은 더욱 독립적으로 대안 행동들을 습관화할 수 있다.

[유인물 9]

〈대안 상황〉 목록표

지시사항: 각 상황을 읽고, a 또는 b 중 어떤 행동을 선택할 것인지를 결정하세요. 만일 여러분이 다른 행동을 생각하고 있다면 그 행동을 c라고 적혀 있는 칸에 적어 보세요.

1. 부모님은 여러분이 사고 싶어 하는 옷이 너무 비싸다며 사주지 않았다. 여러분은 실망했다. 여러분은 어떻게 할 것인가요?
   a. 옷을 사기 위해서 스스로 돈을 모은다.
   b. "엄마와 아빠는 자기 마음대로야. 절대로 내가 원하는 것을 사주지 않아."라고 부모님에게 얘기한다.
   c. ______________________________

2. 친구네 집에 놀러 가려고 하자, 부모님이 갈 수 없다고 얘기한다. 여러분은 당황스러웠다. 여러분은 어떻게 할 것인가요?
   a. 방으로 들어가서 다른 할 일을 찾아본다.
   b. 문을 '쾅'하고 닫고는 책을 방에 집어 던진다.
   c. ______________________________

3. 시험 성적이 떨어졌다. 여러분은 어떻게 할 것인가요?
   a. 성적이 떨어졌다고 운다.
   b. 다음 시험을 위해 더 열심히 공부한다.
   c. ______________________________

4. 시합에서 졌다. 여러분은 어떻게 할 것인가요?
   a. 시합에서 진 것을 무시해 버린다.
   b. 심판을 비난한다.
   c. ______________________________

5. 음악 연주회에서 여러 차례 실수를 했다. 여러분은 어떻게 할 것인가요?
   a. 잘하기 위해서 노력했다고 자신에게 말한다.
   b. 건반 위에 있는 악보를 '탕'하고 내리친다.
   c. ______________________________

55. 오, 끔찍해

목표

'끔찍한 생각'의 여러 가지 예를 밝히고, 신념이 끔찍한 생각의 원인이 된다는 것을 배운다.

준비물

끔찍한 상황이 적힌 카드들, 종이 가방, 펜 또는 연필

진행 절차

1. 끔찍한 상황들을 1번부터 8번까지 같은 상황이 5개가 되도록 묶어서 무섭고 우울한 모습으로 장식된 종이 가방 안에 넣는다.
2. 학생들에게 종이 가방을 보여 주고, 가방에 그려진 모습이 우울하게 보이는 이유는 그 사람이 아주 불쾌한 나날을 보냈고, 모든 것이 잘못되어 끔찍하기 때문이라는 것을 말해 준다. 학생들에게 '끔찍하다'는 말이 무엇을 의미하는지를 정확히 설명하고 끔찍하다고 생각하는 몇 가지 예를 들어 보도록 한다. 칠판에 예들을 적는다.
3. 가방 안에는 사람들이 끔찍하다고 생각하는 상황이 적힌 카드들이 있다고 설명한다. 다섯 명의 지원자에게 그 끔찍한 상황들을 평가하도록 한다. (점수는 1~5이며, 1은 아주 끔찍한 것이고, 5는 전혀 끔찍하지 않은 것이다.)
4. 한 명의 지원자가 카드 한 장을 뽑아 적힌 상황을 읽은 후, 같은 상황이 적힌 카드를 다른 지원자들에게 나누어 준다. 다른 지원자들은 상황이 적힌 카드에 평가를 한 후 서로 비교해 보게 한다.
5. 또 다른 상황들을 다른 지원자들에게 나누어 주고 똑같은 진행 절차를 따르게 한다.

토론

내용에 대한 이해

1. 모든 사람이 주어진 상황을 똑같이 평가했나요?

2. 왜 어떤 사람들은 다른 사람들보다 주어진 상황을 더 끔찍하다고 평가했나요? (여러분은 몇 가지 상황을 다시 읽고 평가점수의 차이를 비교할 수 있다.)
3. 사람들이 똑같은 상황에서 똑같이 끔찍하다고 느끼지 않는 것은 그 상황에 대해서 생각하는 바가 다르기 때문입니다. 만약에 여러분이 끔찍하다고 여겼던 생각을 바꾼다면 어떻게 될까요?
4. 지금 끔찍하다고 해서 계속 끔찍할 것이라고 생각하나요?

개인에게 적용하기

1. 여러분에게는 끔찍하게 느껴지지만 다른 사람들에게는 끔찍하게 느껴지지 않는 예들을 이야기 나누어 보세요. 무엇이 그 상황에서 여러분을 끔찍하게 만드나요? 그것은 정말로 끔찍한 것인가요, 혹은 다른 것들과 비교해 보면 그렇게 끔찍하지 않은가요?
2. 여러분은 어떤 것이 끔찍하다고 생각될 때, 어떻게 하면 덜 끔찍하다고 느낄 수 있을까요?

지도자 유의사항

학생들은 끔찍하게 느껴지는 것을 조화롭게 다룰 필요가 있고, 상황에 대해서 생각하는 바에 따라 끔찍하게 여기는 정도가 결정된다는 것을 깨달을 필요가 있다. 학생들이 자기 자신에 대해서 더 낫게 느끼도록 할 수 있는 방법은 '끔찍한' 것이 영원히 지속되지 않는다는 것을 기억하는 것이고, 누군가에게 말을 하는 것이고, 또한 어떤 즐거운 활동을 하는 것임을 강조한다.

활동교구 ⑫ 참조

끔찍한 상황들

지시사항: 1번부터 8번까지의 상황들을 함께 묶으세요.

1. 폭풍이 몰아쳐서 집이 무너졌다.	3. 할아버지가 돌아가셨다.
1. 폭풍이 몰아쳐서 집이 무너졌다.	3. 할아버지가 돌아가셨다.
1. 폭풍이 몰아쳐서 집이 무너졌다.	3. 할아버지가 돌아가셨다.
1. 폭풍이 몰아쳐서 집이 무너졌다.	3. 할아버지가 돌아가셨다.
1. 폭풍이 몰아쳐서 집이 무너졌다.	3. 할아버지가 돌아가셨다.
2. 친구의 생일 파티에 초대받지 못했다.	4. 머리를 잘랐는데 우스꽝스럽게 보인다.
2. 친구의 생일 파티에 초대받지 못했다.	4. 머리를 잘랐는데 우스꽝스럽게 보인다.
2. 친구의 생일 파티에 초대받지 못했다.	4. 머리를 잘랐는데 우스꽝스럽게 보인다.
2. 친구의 생일 파티에 초대받지 못했다.	4. 머리를 잘랐는데 우스꽝스럽게 보인다.
2. 친구의 생일 파티에 초대받지 못했다.	4. 머리를 잘랐는데 우스꽝스럽게 보인다.

5. 시험성적이 떨어졌다.	7. 생일에 받고 싶은 선물을 받지 못했다.
5. 시험성적이 떨어졌다.	7. 생일에 받고 싶은 선물을 받지 못했다.
5. 시험성적이 떨어졌다.	7. 생일에 받고 싶은 선물을 받지 못했다.
5. 시험성적이 떨어졌다.	7. 생일에 받고 싶은 선물을 받지 못했다.
5. 시험성적이 떨어졌다.	7. 생일에 받고 싶은 선물을 받지 못했다.
6. 아버지가 실직을 당했다.	8. 집에서 기르고 있는 강아지가 아프다.
6. 아버지가 실직을 당했다.	8. 집에서 기르고 있는 강아지가 아프다.
6. 아버지가 실직을 당했다.	8. 집에서 기르고 있는 강아지가 아프다.
6. 아버지가 실직을 당했다.	8. 집에서 기르고 있는 강아지가 아프다.
6. 아버지가 실직을 당했다.	8. 집에서 기르고 있는 강아지가 아프다.

56. 누가 그랬어

목표

자기조절 행동을 배운다.

준비물

〈친구가 그랬어〉 이야기(유인물 10)

진행 절차

1. 활동을 시작하기 전에 지원자 3명을 뽑아 전체 집단에게 활동을 소개하는 짧은 연극을 하도록 한다. 지원자 1명은 선생님 역할을 하고, 다른 2명은 3 · 4학년 학생 역할을 하게 한다. 지원자에게는 3 · 4학년 학생들이 잘못된 행동을 하는 연극을 연출하도록 하고, 3 · 4학년 학생들은 선생님에게 친구가 그렇게 하자고 했다고 말하게 한다.
2. 지원자들은 전체 집단 앞에서 연극을 한다. 그런 다음에 무슨 일이 일어났는지, 그리고 왜 학생들이 서로의 잘못을 비난했는지에 대해 토론하도록 한다.
3. 〈친구가 그랬어〉 이야기(유인물 10)를 학생들에게 읽어 준다. 그리고 학생들에게 짝을 지어 연극의 결말을 내려 보도록 한다.
4. 결말에 대해 자신의 짝과 이야기 나누어 보게 한다.

토론

내용에 대한 질문

1. 누가 영빈이를 동네에 가게 했나요? 이야기를 나누어 보세요.
2. 누군가가 정말로 여러분에게 무언가를 하도록 '시킬 수' 있을까요? 왜 그런가요, 아니면 왜 그렇지 않은가요?
3. 영빈이가 해야만 한다고 생각했던 일을 하지 않았을 때 무슨 일이 일어났나요?

개인에게 적용하기

1. 누군가가 여러분에게 어떤 일을 하라고 '시킨 적'이 있나요? 이야기를 나누어 보세요.
2. 여러분의 행동에 대하여 누가 책임지나요?
3. 누군가가 여러분에게 하지 말아야 하거나 하고 싶지 않은 일을 하게 한다면 여러분이 할 수 있는 것은 무엇인가요?

지도자 유의사항

발달 단계에서 학생들은 다른 사람들이 자신의 행동을 통제하도록 허용하는 것은 흔한 일이다. 자기조절 행동을 가르치는 것은 학생들이 나이가 많아지면서 점점 더 중요해지고 지속적으로 강화되어야 한다.

[유인물 10]

〈친구가 그랬어〉 이야기

영빈이와 성현이는 자기 동네에서 롤러 블레이드를 타고 있었다. 둘만 밖에서 놀고 있었기 때문에 지루했다. 성현이는 영빈이에게 다른 동네로 가면 재미있을 거라고 말했다. 영빈이는 아버지가 우리 동네에서만 놀라고 했기 때문에 꼭 다른 동네에 가야 재미있을 거라고 생각하지 않는다고 말했다. 성현이는 영빈이에게 아버지가 절대로 알지 못할 것이고, 게다가 그렇게 멀리는 가지 않을 거라면서 졸라 댔다. 마침내 영빈이는 그렇게 하기로 하였다. 그들은 길을 가로질러 롤러 블레이드를 타고 공원 옆에 멈춰 섰다.

[초등학교 3 · 4학년]

문제해결/의사결정

57. 그러자 무슨 일이 일어났나요

목표

의사결정 과정에서 원인과 결과의 관계를 배운다.

준비물

없음

진행 절차

1. 초등학교 1 · 2학년을 위한 문제해결/의사결정: 활동 1(원인이 결과를 낳는다)에서 경험한 원인과 결과 간의 관계를 검토한다.
2. 지원자들에게 다음의 상호작용을 역할극으로 해 보게 한다.

> 지원자 2명: 두 명의 친구가 학교에서 함께 학급 신문을 만들고 있다. 서로 역할을 나누어 신문을 완성하였다. 두 친구는 기분이 좋다.
>
> 지원자 여러 명: 여러 명의 아이가 운동장에서 시합을 하고 있다. 한 아이가 다른 아이에게 반칙을 했다며 싸움이 벌어진다.
>
> 지원자 2명: 한 아이가 국어시험 공부를 하고 있다. 한 친구가 밖에서 놀자고 불렀다. 다음 날, 그 아이는 시험을 망쳤다.

3. 학생들에게 각각의 역할극 상황에서 원인과 결과를 분석하여 설명하도록 한다.
4. 학생들을 소집단(4~6명)으로 나누고 원인과 결과의 상황을 극화하도록 준비하게 한다. 역할극이 끝난 다음에 모든 구성원과 내용에 대한 이해와 개인에게 적용하기의 질문들을 토론하도록 한다.

토론

내용에 대한 이해

1. 행동(원인)은 영향(결과)과 어떻게 관련되어 있나요?

2. 일어난 일들에 대해서 우리가 할 수 있는 것은 무엇인가요?

개인에게 적용하기

1. 여러분이 선택한 행동 때문에 좋은 일이 일어났던 경험이 있나요? 혹은 나쁜 일이 일어났던 경험이 있나요?
2. 여러분의 생활에서 바꾸고 싶은 것은 무엇인가요? 더 좋게 바꾸기 위해서 무엇을 할 수 있나요?

지도자 유의사항

이 활동은 초등학교 1 · 2학년을 위한 '원인이 결과를 낳는다'라는 활동을 확장한 것이다. 학생들이 '원인이 결과를 낳는다'라는 활동에 참여하지 않았다면, 학년 수준에 맞게 수정하고 이 활동을 그것으로 대치한다.

58. 옛날 옛적에

목표

문제에 대해서 대안적인 해결책을 찾을 수 있는 능력을 배운다.

준비물

잡지사진, 코르크 판, 털실, 자투리 천, 혀누르개, 접착제, 가위, 크레용

진행 절차

1. 위기를 겪고 있는 가족, 물건을 고르고 있는 사람, 혹은 친구와 다투고 있는 학생 등과 같이 문제해결 혹은 의사결정 상황에 처해 있는 사람들이 있는 잡지의 사진들을 보여 준다. 사진에 나와 있는 사람들이 어떻게 할 것 같은지를 토론하도록 한다. 다양한 대답을 하도록 격려한다.
2. 우리가 직면하는 문제에는 일반적으로 한 가지 이상의 해결책이 있다는 것을 설명한다. 행동하기 전에 여러 가지 다른 대안을 고려하는 시간을 갖는 것이 중요하다는 점을 강조한다.
3. 다음과 같이 잘 알려진 이야기의 주인공들이 내린 결정에 대해서 토론하도록 한다.

   - '세 마리의 곰'–집에 막 들어가려는 금발 소녀의 결정
   - '재크와 콩나무'–소를 팔려는 재크의 결정
   - '헨젤과 그레텔'–도망치려는 아이들의 결정

   이외에도 학생들이 잘 알고 있는 이야기에서 의사결정 행동과 관련된 예들을 조사하게 한다.
4. 학생들로 하여금 꼭두각시 인형을 만들도록 하여 앞에서 제시된 이야기들 중에서 하나를 극화하도록 하고, 또한 중심 인물에게는 문제에 대한 대안적인 해결책을 선택하도록 함으로써 상황과 결과를 새롭게 바꾸어 보게 한다.
5. 각 집단별로 선택된 의사결정 행동과 대안들을 발표하게 한다.

토론

내용에 대한 이해

1. 일반적으로 하나의 문제에 하나의 해결책만 있나요?
2. 왜 결정을 하기 전에 가능한 한 많은 해결책을 생각해 보는 것이 좋은가요?
3. 여러분이 선택한 해결책이 문제를 만족스럽게 해결해 주지 않는다면 여러분은 무엇을 할 수 있나요?

개인에게 적용하기

1. 여러분은 문제를 해결하는 데 실패했던 경험이 있나요? 여러분이 시도해 보지 않은 것들 중에 해 볼 수 있는 것은 무엇인가요?
2. 만약에 여러분이 지금 겪고 있는 문제에 대한 다른 해결책을 생각할 수 없다면, 자신을 돕기 위해서 무엇을 할 수 있나요? 여러분이 이야기를 나누어서 도움을 받을 만한 사람은 누구인가요?

지도자 유의사항

많은 학생이 대안을 고려할 때 부딪히게 되는 중요한 문제들 중의 하나는 그들에게 기본적으로 충동적인 특성이 있다는 것이다. 따라서 대안을 고려하기 위해서 시간을 충분히 가질 것을 강조한다. 아이들이 10까지 센다거나 행동하기 전에 도울 수 있는 친구와 의논하는 것과 같은 간단한 방법들을 시도하도록 격려한다. 학생들에게 매일매일 교실에서 효과적인 의사결정에 대해 이러한 점을 상기시키는 것이 개념을 강화하는 데 도움이 될 것이다.

59. 이렇게 하는 것이 더 좋을까요, 아니면 더 나쁠까요

목표

가능한 해결책의 유효성을 평가하는 것을 배운다.

준비물

만화 '스누피'의 주인공 사진들(찰리 브라운, 루시, 스누피), 〈이렇게 하는 것이 더 좋을까요, 아니면 더 나쁠까요〉 생각 기록지(유인물 11)

진행 절차

1. 의사결정 과정에서 여러 가지 대안을 고려하는 것에 대해서 그 의미를 다시 검토한다.
2. 학생들에게 주인공들에 대한 간단한 이야기를 해 주면서 만화 '스누피' 주인공들의 사진을 보여 준다. 다음과 같은 주인공들의 문제를 읽어 주기 전에 문제에 대한 해결책을 이야기 나누도록 한다.

> 찰리 브라운: 야구팀 아이들이 찰리 브라운에게 야구를 잘 못한다며 놀린다. 찰리 브라운은 방과 후에 남아서 야구 연습을 할 수도 있고, 야구를 그만 둘 수도 있다. 찰리 브라운은 아이들이 자기를 놀리지 않았으면 하고 바란다. 어떻게 하는 것이 최선인가? 왜 그것이 최선인가?
>
> 루시: 루시는 친구의 생일 파티에 가고 싶어 한다. 그런데 루시는 방과 후에 남동생인 라이누스를 돌봐야 한다. 루시는 남동생을 데리고 가거나, 집에 남겨 두고 혼자 가거나, 또는 이웃에 남동생을 맡기라고 어머니에게 말하는 것 중에서 선택할 수 있다. 어떻게 하는 것이 최선인가? 왜 그것이 최선인가?
>
> 스누피: 이웃에 사는 새로 이사 온 어린 소년이 스누피를 운동장에서 보았다. 소년은 스누피가 길을 잃었다고 생각했다. 그래서 소년은 스누피를 집에 데려가고 싶어 했다. 소년은 스누피에게 자기 집에 가면 맛있는 저녁 식사를 먹을 수 있다고 약속했다. 스누피는 소년과 함께 저녁을 먹고, 그러고 나서 도망가거나 또는 찰리 브라운이 있는 집으로 곧바로 갈 수도 있다. 어떻게 하는 것이 최선인가? 왜 그것이 최선인가?

3. 학생들이 어떤 대안은 다른 대안보다 더 좋다는 것을 반드시 이해하도록 하면서, 학생들이 토론으로부터 얻은 결론을 요약하도록 한다. 학생들이 대안을 생각할 때, 상상력과 예언의 힘을 활용하도록 한다.
4. 학생들에게 〈이렇게 하는 것이 더 좋을까요, 아니면 더 나쁠까요〉 생각 기록지(유인물 11)를 나누어 준다. 학생들이 생각 기록지를 완성하고 나면 소집단을 구성해서 서로 답한 것을 이야기 나누도록 한다.

토론

내용에 대한 이해

1. 집단에서 나눈 다양한 해결책 중에서 어떤 것이 가장 좋다고 생각되나요?
2. 여러분은 어떠한 해결책이 다른 해결책보다 더 좋다고 생각하는 이유는 무엇인가요?
3. 대안으로 좋은 것인지, 혹은 좋지 않은 것인지를 확신할 수 없다면 여러분이 할 수 있는 것은 무엇인가요?

개인에게 적용하기

1. 여러분은 둘 중에 하나를 선택해야 했던 경험이 있나요? 그렇다면 어떻게 해서 둘 중에 하나를 선택했나요?
2. 여러분은 선택을 해야 하는 똑같은 상황에서 다른 사람들이 선택한 것보다 더 좋은 선택을 했던 경험이 있나요? 무엇 때문에 더 나은 선택을 할 수 있었나요?

지도자 유의사항

다양한 해결책의 유효성을 평가하는 것은 매일매일의 교실 상황에서 경험을 하는 가운데 가장 효과적으로 강화될 수 있음을 다시 한 번 강조한다.

[유인물 11]

〈이렇게 하는 것이 더 좋을까요, 아니면 더 나쁠까요〉 생각 기록지

나는 생일 파티에 다섯 명의 친구들을 초대할 것이다. 나는 네 명은 결정했다. 나는 내게 매우 친절하고 내가 좋아하는 새로운 친구를 선택하든지, 다른 아이들에게 매우 인기가 있으나 항상 나에게 친절하지는 않은 친구 중 한 명을 선택해야 한다. 여러분이라면 어떻게 할 것인가? 그렇게 하는 이유는 무엇인가?

나는 국어시험에서 좋은 성적을 받아야 한다. 그런데 시험을 볼 때 7번 답이 생각이 나지 않았다. 내가 시험을 보는 동안 선생님은 잠시 교실을 나가셨다. 나의 가장 친한 친구가 바로 옆자리에 앉았다. 그 친구는 국어시험을 볼 때마다 항상 100점을 맞는다. 여러분이라면 어떻게 할 것인가? 그렇게 하는 이유는 무엇인가?

60. 파장 효과

목표

자신과 다른 사람들에게 미치는 결정의 효과를 배운다.

준비물

물의 파장, 폭풍의 파장, 파도의 파장을 찍은 사진들, 〈파장 효과〉 활동지(유인물 12), 펜 또는 연필

진행 절차

1. 물의 파장, 폭풍의 파장, 파도의 파장 사진들을 보여 준다(사진이 없으면 그림을 그려서 말로 설명한다.). 수면의 파장이 멀리까지 퍼지는 것에 대해서 토론하도록 한다.(해일, 홍수 등)
2. 한 사람이 다른 사람과 미래에 일어날 사건들에 대해서 영향을 미칠 수 있다는 것을 설명하면서 인간의 행동과 물의 파장 현상을 관련시킨다.
3. 물의 파장을 표현하기 위해서 칠판에 동심원을 그린다. 다음의 그림에서 제시하는 대로 각각의 동심원에 이름을 붙힌다. 그림에서 제시된 바와 같이 '여러분이 어머니에게 화내고 소리를 지른다.'와 같은 처음의 행동이 어머니와 가족에게 미치는 효과에 대해서 토론하도록 한다.

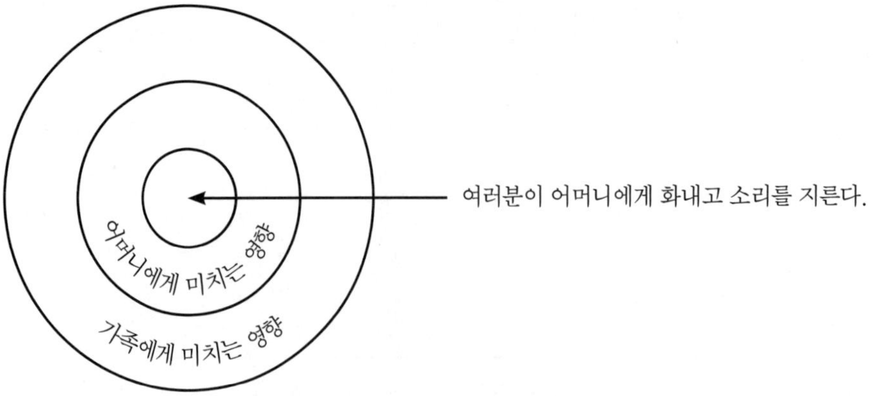

4. 동심원을 이용해서 다른 유사한 예들을 생각해 본다. 앞의 그림에 더 많은 동심원을 그려

한 사람의 행동이 미치는 영향들을 살펴본다.

5. 〈파장효과〉 활동지(유인물 12)를 나누어 준다. 기록지를 완성하면 학생들을 소집단(4~6명)으로 나눈다.

토론

내용에 대한 이해

1. 인간의 행동이 물의 파장과 어떻게 비슷한가요?
2. 우리가 일으킨 파장들을 얼마나 조절할 수(변화시킬 수) 있나요?
3. 다른 사람들이 일으킨 파장들을 변화시키기 위해서 우리는 무엇인가를 할 수 있나요?

개인에게 적용하기

1. 여러분의 행동으로 인해 다른 사람의 하루를 더 기분 좋게 바꾸었거나 또는 기분 나쁘게 바꾸었던 경험이 있나요? 예를 들어 이야기를 나누어 보세요.
2. 여러분은 학교에서 바뀌었으면 하는 파장은 어떤 것인가요? 또 집에서 바뀌었으면 하는 파장은 어떤 것인가요? 여러분은 그것을 어떻게 해낼 수 있을까요?

지도자 유의사항

학생의 개인적인 경험으로부터 파장 효과의 예를 들어 설명하고 토론하게 함으로써 이 활동에서 얻은 교훈을 추수지도하는 것이 필요하다. 효과적인 추수활동으로 집에서 일어나는 사건의 예를 활용하여 학생들에게 더 많은 동심원을 완성한 후 이야기를 나누게 한다.

[유인물 12]

〈파장 효과〉 활동지

지시사항: 최근에 다른 사람에게 긍정적 혹은 부정적인 영향을 미쳤던 행동들에 대해서 생각해 보세요. 여러분이 생각한 예에 대해서 다음의 동심원을 채우세요. 각 집단마다 한 가지 예를 들어 이야기를 나누어 보세요.

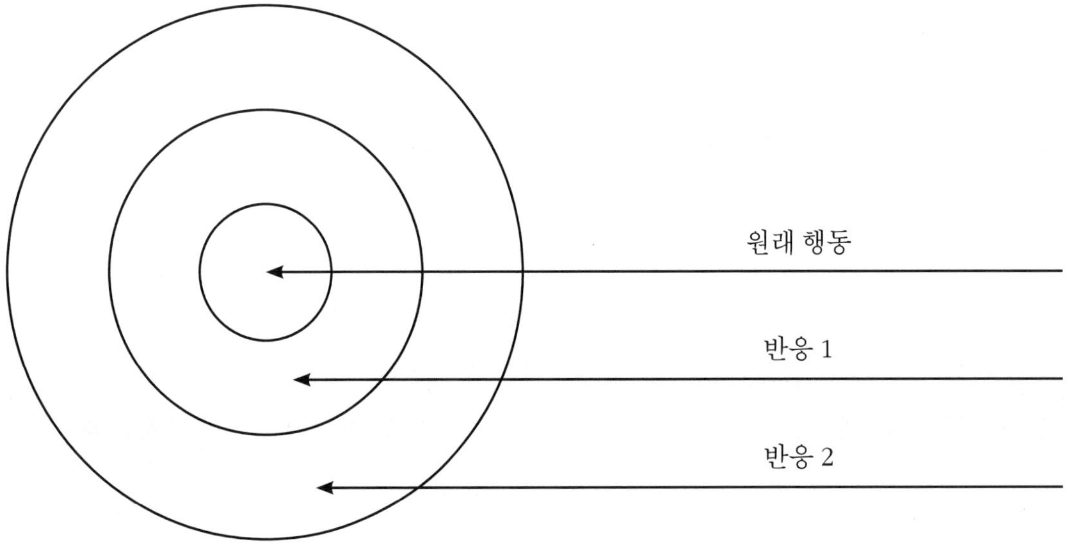

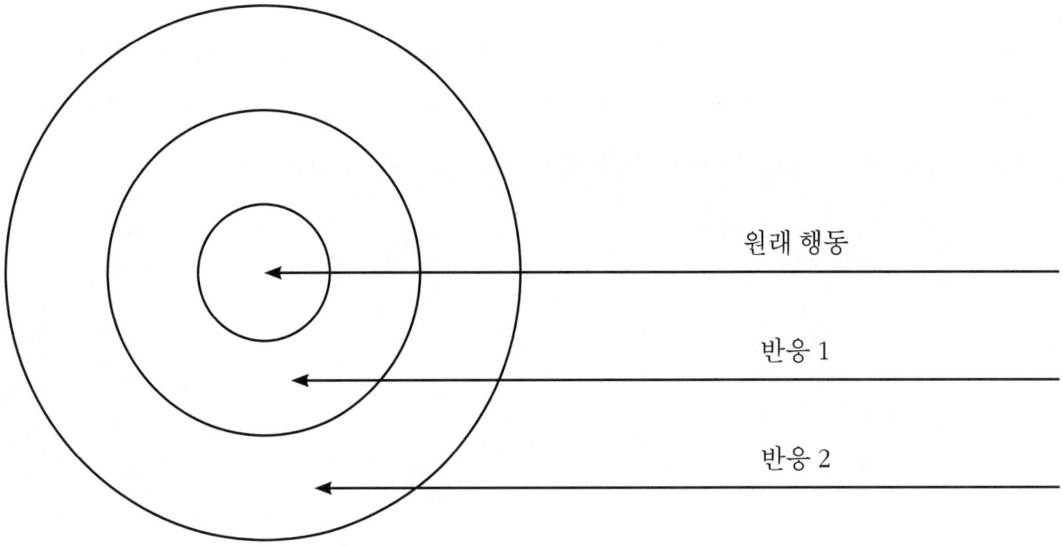

61. 대응과 반응

목표

자신이 결정한 결과에 대해서 책임을 느끼는 것과 다른 사람을 비난하는 것 간의 차이를 배운다.

준비물

개인별 사전, A4 용지, 종이, 연필

진행 절차

1. 칠판에 '대응'과 '반응'이라는 단어를 쓴 후, 학생들에게 각 단어의 뜻을 찾아서 적어 보게 한다.
2. '대응하다'와 '반응하다'가 무엇을 의미하는지를 비교하고 대조하여 토론하게 한다.
3. 차트지를 두 칸으로 나누어 각각 '대응'과 '반응'이라고 표시를 한다. 다음의 행동들을 읽고 학생들에게 반응이나 대응 중 어느 한 쪽으로 분류하게 한다.

- 갑자기 놀라서, 나는 소리를 질렀다.
- 친구가 나에게 욕을 해서, 나도 그 친구에게 욕을 해댔다.
- 간지럽히자, 나는 웃었다.
- 누군가가 도움을 청한다는 것을 알고, 나는 그 친구를 도왔다.

4. 학생들에게 다른 예를 들어보게 한다. 적당한 칸에 그 예들을 적는다.
5. 칠판에 '책임감'이라 단어를 적고 이는 '책임'과 '감'이라는 단어로 이루어졌다고 설명한다. 책임감이라는 단어는 '어떻게 행동할 것인가를 선택할 수 있는 힘이 자신에게 있음을 아는 것을 의미한다'라고 설명한다. 다음의 예들을 들면서 다른 사람을 비난하는 것과 책임감 있는 태도를 비교해 본다.

- 수학 성적이 나쁜 것에 대해 공부를 하지 않았기 때문이라며 그 사실을 인정했다.
- 수학 성적이 나쁜 것에 대해 부모님에게 시험문제가 엉뚱하게 나왔기 때문이라고 말했다.

6. 학생들에게 A4용지를 나누어 주고 4면이 되도록 접게 한다.

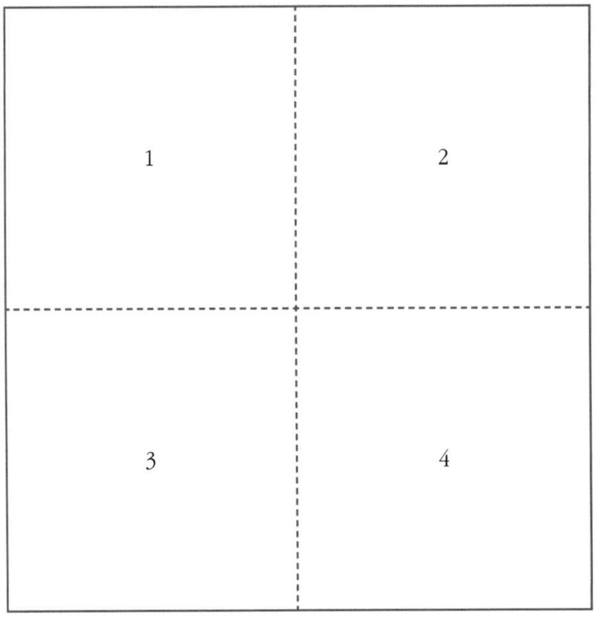

7. 학생들에게 1면에는 다음의 장면을 그려 넣게 한다. 한 친구가 점심시간에 여러분에게 그날 아침에 여러분이 자신에 대해서 선생님에게 고자질했다고 비난한다. 2면에는 학생들에게 1면의 상황에 대해서 여러분이 할 수 있는 대응하는 장면을 그려 넣게 한다. 그리고 3면과 4면에는 사려 깊게 행동하고 상황을 조절할 수 있는 긍정적인 해결을 위해 노력하고 있다고 할 만한 반응을 한 가지씩 그려 넣게 한다.
8. 완성한 것들을 설명하게 하고, 책임감 있는 행동은 생각하고 감정을 조절하는 것을 의미한다는 점을 강조한다.

토론

내용에 대한 이해

1. 책임을 진다는 것은 무엇을 의미하나요?
2. 일어난 일에 대해서 책임지는 것과 비난하는 것 간의 차이는 무엇인가요?
3. 책임을 지면 어떤 점이 좋은가요?
4. 때때로 여러분이 한 행동에 대해서 책임을 지는 것이 어려운 것은 무엇 때문일까요?

개인에게 적용하기

1. 여러분은 자신이 한 일에 대해서 다른 사람을 비난한 적이 있었나요? 비난을 했을 때 기분이 어땠나요?
2. 여러분은 자신이 한 일에 대해서 책임을 진 적이 있었나요? 책임을 지니까 기분이 어땠나요?
3. 여러분은 자신의 생활에서 무엇을 책임지고 싶은가요? 무엇을 책임지고 싶지 않은가요? 왜 그런가요?

지도자 유의사항

학생들은 우리 사회에서 힘이 없는 위치에 있기 때문에 스스로가 갖는 힘에 대해서 인식을 하지 못한다. 그러므로 어른들이나 친구들과 상호작용을 할 때, 인간관계에서 자기 자신이 변화를 야기하는 부분에 대해서는 미처 생각을 하지 못하며 책임감을 느끼지도 못한다. 학생들에게 책임감을 기르도록 기대하기 전에 자신이 내적으로 가지는 힘에 대해 인식을 할 수 있게 강조한다. 학생들이 내적인 힘에 대해서 인식을 하는 것은 대부분 자신이 겪는 삶의 경험과 자아 개념에 달려 있으므로 이것은 개별적으로 이루어져야 한다.

62. 이완 훈련

목표

문제를 다루기 위해서 이완 기술을 배운다.

준비물

개인용 담요, 〈이완 훈련〉 대본

진행 절차

1. 효과적으로 문제를 다루기 위해서는 이완이 중요하다는 것에 대해서 말해 준다. 사람들이 당황하거나 걱정하면 좋은 결정을 내리는 것이 어렵고, 긴장을 이완하면 더 쉽게 생각들이 떠오른다는 것을 설명한다.
2. 다음의 대본을 읽어 주면서 학생들에게 안락한 자리에 앉거나 기대게 하여 점진적인 이완 연습을 하도록 지시한다.

〈이완 훈련〉 대본

지시사항: 조용하고, 온화하고, 서두르지 않는 목소리로, 각 행간에서 잠시 멈추면서 대본을 읽으세요. 학생들에게 긴장이 이완된 상태에서 계속해서 토론하게 하세요. 이완 훈련을 서둘러 하지 마세요. 그러면 이 활동의 이점을 잃게 될 거예요.

1. 여러분의 호흡에 집중하세요.
2. 여러분의 숨소리를 들어보세요.
3. 숨을 들이마시고…… 내뱉고…… 다시 들이마시고…… 다시 내뱉고…….
4. 조금 천천히 숨을 쉬면서 조금 더 들어보세요.
5. 숨을 조금씩 더 깊게 쉬면서 들어보세요.
6. 이제 조용한 해변에 살고 있다고 상상해 보세요.
7. 따뜻합니다.

8. 아무도 주위에 없습니다.
9. 여러분은 파도 소리를 들을 수 있습니다.
10. 파도가 바닷가로 밀려옵니다…… 그리고 바깥으로 밀려갑니다…… 안으로 바깥으로…….
11. 여러분은 새들이 지저귀는 소리를 들을 수 있습니다.
12. 그리고 파도 소리도 들을 수 있습니다.
13. 여러분은 따뜻함과 평화로움을 느낍니다.
14. 여러분의 다리가 따뜻한 모래 위에 있다고 느껴보세요.
15. 여러분의 발과 발가락에 힘을 주고 모래 위에서 힘을 빼보세요.
16. 여러분의 발과 발가락에 힘을 주고 내가 10을 셀 때까지 계속해서 힘을 주세요. (수를 세기 시작한다.)
17. 지금은 여러분의 발과 발가락에 힘을 빼고 내가 10을 셀 때까지 계속해서 힘을 빼세요. (수를 세기 시작한다.)
18. 파도 소리를 들어보세요.
19. 따뜻한 미풍을 느껴보세요.
20. 여러분의 발과 발가락에 힘을 빼보세요.
21. 이번에는 여러분의 다리 근육에 힘을 주고 힘을 빼보세요.
22. (계속해서 다리, 몸, 팔, 그리고 손에 10을 세면서 힘을 주고 힘을 빼보세요. 각각의 근육에 힘을 주고 힘을 빼는 사이에, 아동들에게 파도 소리와 새소리 그리고 자신의 숨소리를 들어보게 한다.)

토론

내용에 대한 이해

1. 이완 훈련을 하기 전에 여러분은 어떻게 느꼈나요? 이완 훈련을 하는 동안에는 어떻게 느꼈나요? 훈련을 하고 나서는 어떻게 느껴지나요?
2. '이완한다'는 것은 무엇을 의미하나요?
3. 여러분이 긴장을 이완하는 방법에는 어떤 것들이 있나요?
4. 이완하는 것이 여러분이 문제를 보다 더 독창적이고 효과적으로 해결하는 것을 도울 수 있다고 생각하나요?

개인에게 적용하기

1. 여러분이 긴장하고, 신경이 날카롭고, 혹은 걱정했던 때를 생각할 수 있나요? 여러분이 그렇게 느꼈을 때, 여러분의 문제가 조금이라도 해결될 수 있다고 느꼈나요? 예를 들어 이야기를 나누어 보세요.
2. 여러분이 이완하도록 도와주었던 것들을 생각할 수 있나요? 예를 들어 이야기를 나누어 보세요.

지도자 유의사항

여러 가지 이완 훈련 테이프들이 도서관에 많이 있다. 이것들을 활용하여 이완 훈련을 실시할 수 있다.

63. 결국 어떻게 되었나요

목표

도덕적 갈등 상황과 결정의 결과를 확인하는 것을 배운다.

준비물

캔디 바, 탄산음료 캔, 시험용 단어 목록, 인기 있는 CD, 다른 4학년 학생이 4학년 학생에 대해 쓴 불쾌한 쪽지(이것은 한 반이 24명일 경우이므로 더 많은 소품이 필요할 수 있다.) 등의 소품

진행 절차

1. 학생들을 6명씩 한 집단으로 나누고 각 집단에게 소품을 하나씩 나누어 준다. 이 소품들은 어려운 결정을 내릴 수 있는 것들을 대표한다고 학생들에게 설명한다. 어려운 결정을 내릴 수 있는 것들을 소품들 중에서 찾도록 한다(부정행위를 하거나, 훔치거나, 소문을 퍼뜨리는 행위).
2. 각 집단에게 그들의 의사결정을 할 때 갈등 상황이 무엇인지 더 자세히 토론하도록 한다. 각 집단을 3명씩 하위 집단으로 나눈다. 각 집단의 한 하위 집단에게는 갈등 상황에 대처하는 부정적인 방법을 생각해 보도록 하고, 다른 하위 집단에게는 긍정적인 방법을 생각해 보도록 한다.
3. 몇 분 동안 연습을 한 후에 모든 하위 집단이 연극을 하도록 한다. 다음 하위 집단이 연극을 하기 전에 내용에 대한 이해의 질문들을 토론하도록 한다.

토론

내용에 대한 이해

1. 어떤 결정을 내려야 했나요?
2. 부정적인 결정의 결과는 무엇이었나요?
3. 긍정적인 결정의 결과는 무엇이었나요?

개인에게 적용하기

1. 여러분은 이와 같이 어려운 결정을 내린 적이 있나요? 토론해 보세요.
2. 만약 그렇다면 여러분은 어떻게 대처했나요? 결과가 긍정적이었나요, 혹은 부정적이었나요?
3. 결정을 내리기 전에 여러분은 결과를 생각하나요? 만약 그렇지 않다면, 여러분은 결정을 내릴 때 무슨 생각을 하나요?
4. 이 활동을 통해서 앞으로 여러분에게 도움이 될 수 있는 것으로는 무엇을 배웠나요?

지도자 유의사항

학생들은 제때 내려야 하는 결정의 결과에 대해 심사숙고하지 못하는 경우가 많다. 그러므로 매일 가르칠 수 있는 순간마다 이점에 대한 토론을 하는 것이 그러한 생각을 강화하는 데 도움이 될 것이다.

[초등학교 3 · 4학년]

인간관계

64. 판단 기계

목표

다른 사람들을 판단하는 태도와 판단하지 않는 태도 간의 차이를 배운다.

준비물

큰 종이 상자(판단 기계라고 적혀 있는), 판단 진술문과 반응, 구두 상자(2인당 1개씩), 그림물감, 마카펜, 털실, 은박지, 여러 종류의 미술 재료

진행 절차

1. 학생들에게 판단 기계를 보여 주고, 판단 기계가 무엇을 하는 것이라고 생각하는지 토론하게 한다.
2. 여섯 개의 판단 진술문을 적은 카드를 여섯 명의 지원자에게 나누어 주고, 여섯 개의 판단 반응을 적은 카드를 판단 기계에 넣어 판단 기계가 어떻게 기능하는지를 보여 준다.
3. 지원자들이 한 사람씩 돌아가며 판단 진술문을 판단 기계에 대고 큰 소리로 읽도록 한 후 판단 기계 안에서 판단 진술문에 대응하는 판단 반응 카드를 골라 빼도록 한다.
4. 각각의 판단 진술문에 대한 판단 반응을 토론하게 한 후, 무엇을 기초로 판단했느냐에 따라서 3개의 범주, 즉 행동(a, c, f), 감정(b, e), 외모(d) 가운데 하나의 게시판에 각각의 반응을

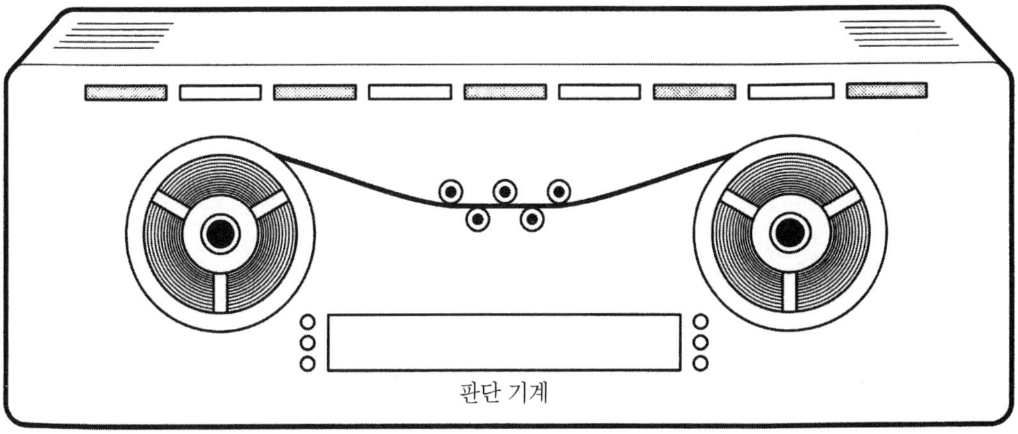

붙이도록 한다.

5. 학생들에게 판단하는 데 기초로 삼기 쉬운 여러 가지 요소를 말해 준다. 학생들에게 브레인스토밍을 하게 해서 판단하는 데 기초가 될 수 있는 다른 요소들을 발표하게 한다(예를 들어, 인간관계 혹은 생활양식).
6. 학생들을 두 명씩 짝 지어 각 쌍에게 한 개의 구두 상자를 나누어 준다. 각 쌍마다 구두 상자로 판단 기계를 만들어 앞에서 한 것처럼 3~4개의 독창적인 진술문과 반응을 만들게 한다.
7. 학생들에게 그들이 완성한 판단 기계, 판단 진술문들, 그리고 판단 반응들에 대해서 이야기를 나누어 보게 한다.

토론

내용에 대한 이해

1. 판단하는 것에 대해서 여러분은 어떻게 생각하나요?
2. 판단 기계의 반응 중에서 적절하지 않은 것은 무엇인가요?
3. 기계가 판단을 공정하게 했나요? 왜 그렇다고 생각하나요? 왜 그렇지 않다고 생각하나요?

개인에게 적용하기

1. 다른 사람이 여러분을 판단했던 적이 있나요? 예를 들어 이야기를 나누어 보세요.
2. 다른 사람이 여러분을 판단할 때 기분이 어땠나요?
3. 여러분이 다른 사람을 판단했던 적이 있나요?
4. 여러분은 판단을 하는 것 대신에 무엇을 하거나 말할 수 있나요?

지도자 유의사항

판단을 하는 데 기초가 되는 요소에는 사실을 어느 정도 무시하는 것, 개인적인 편견, 그리고 몇 가지의 도덕적인 함의 등이 포함된다. 이러한 요소들은 내용에 대한 이해의 질문들을 토론하는 동안에 언급함으로써 학생들은 판단을 할 때 이러한 요소들 때문에 판단을 제대로 하지 못하게 된다는 것을 강조한다.

활동교구 ⑬ 참조

판단 진술문과 반응

진술문	반응
a. 나는 3학년인데 가장 친한 친구는 2학년이다.	a. 너는 같은 학년 친구들을 사귀어야 한다.
b. 나는 숙제하는 것을 싫어한다.	b. 너는 아마도 게으르고 공부를 잘하지 못할 것이다.
c. 나는 오늘 아침에 매우 화가 나서 욕을 해댔다.	c. 너는 성격이 못된 괴팍한 사람이다.
d. 나는 항상 초록색 실내화를 신는다.	d. 하얀 실내화를 신어야 하는데, 너는 괴짜다.
e. 나는 누군가가 나를 무시할 때 화가 난다.	e. 너는 성질이 고약해서 다른 사람을 생각하는 법을 더 배워야 할 것이다.
f. 나는 수업시간에 발표하는 것을 좋아하지 않아서 발표할 때 힘들다.	f. 너는 수업시간에 가능한 자주 대답을 해야 하고, 학교 공부에 대해 그렇게까지 걱정하지 말아야 한다.

65. 있는 그대로 보세요

목표

다른 사람의 행동에 대한 사실과 추측 간의 차이를 배운다.

준비물

사실과 추측 진술문 카드, 오래된 잡지, 소집단별 전지 2장(하나에는 사실, 다른 하나에는 추측이라고 표시), 가위, 접착제, 마커펜

진행 절차

1. 두 가지 종류의 광고를 보여 준다. 하나의 광고는 상품 판매 실적을 올리는 데 실제적인 정보를 활용하고 있고, 다른 하나는 암시, 견해, 혹은 추측을 활용하는 광고이다. 하나의 광고는 증명되고 검증될 수 있는 사실들에 근거를 두고 있고, 다른 하나는 상품에 대해서 생각하고 추측한 것들에 근거를 두고 있다는 것을 학생들이 알 때까지 각각의 광고를 분석하고 토론하도록 한다.
2. 학생들을 2명씩 짝을 이루게 하여 잡지에서 각각의 광고들을 오려 내도록 한다. 학생들을 소집단(4~6명)으로 구성한 후 각각의 광고가 사실을 나타내는지, 추측을 나타내는지를 토론하도록 하여 광고들을 전지에 붙이게 한다.
3. 다른 사람들에 대해 가지는 견해가 사실에 근거한 것인지, 행동에 관한 추측에 근거한 것인지 광고에 대한 토론을 확장한다.
4. 학생들에게 진술문 카드를 하나씩 나누어 준다. 각각의 학생들에게 자신의 진술문을 학생들 앞에서 큰 소리로 읽게 한다. 그 진술문이 사실 혹은 추측 중 어떤 범주에 속하는지를 토론하고, 칠판에 '사실' 또는 '추측'이라는 제목 밑에 진술문을 적도록 한다.
5. 다른 사람들의 행동에 대한 사실과 긍정적인 추측의 예를 들어 이야기를 나누게 한다(예를 들어, "수빈이는 안경을 꼈다. — 수빈이는 항상 잘 볼 수 있을 것이다." 혹은 "영수는 A학점을 받았다. — 영수는 항상 A학점을 받을 것이다.")

토론

내용에 대한 이해

1. 사실과 추측은 어떻게 다른가요?
2. 진술문이 사실인지, 혹은 추측인지를 여러분은 어떻게 결정할 수 있나요?
3. 상품이나 사람에 대해서 추측하는 것은 사실과 비교할 때 어떤가요?

개인에게 적용하기

1. 누군가가 여러분에 대해서 추측했던 적이 있나요?
2. 그때 여러분은 어떤 기분이었나요?
3. 여러분은 어떻게 하면 추측을 하지 않을 수 있을까요?

지도자 유의사항

학생들이 진술문에 대해 증명할 수 있는지 없는지에 기초하여 사실과 추측을 구별하는 능력을 충분히 기를 수 있도록 해야 한다. 광고에서 설명된 개념을 가지고 인간의 행동을 설명할 때 분명하게 표현되고 강조되지 않으면 학생들은 혼란스러워 할 것이다.

활동교구 ⑭ 참조

사실과 추측 진술문 카드

사실	추측
유경이는 너무 큰 옷을 입고 있다.	유경이는 항상 언니의 옷을 물려 입는다.
주헌이는 좋은 성적을 받지 못했다.	주헌이는 멍청하고 게으르다.
영수는 공놀이를 하고 있다.	영수는 아마도 내년에 야구팀에서 가장 우수한 선수가 될 것이다.
철민이는 시험에서 떨어졌다.	철민이는 결코 훌륭한 학생이 될 수 없다.
세범이는 자전거를 넘어뜨렸다.	세범이는 자전거를 타는 게 서투르다.
혁준이는 받아쓰기에서 5개 틀렸다.	혁준이는 받아쓰기에서 절대로 100점을 받지 못할 것이다.
영구는 철길 건너편에 살고 있다.	철길 건너편에 살고 있는 사람들은 항상 거기에서 살게 될 것이다.
현주는 새로운 푸들 강아지를 가지고 있다.	현주는 새로운 푸들 강아지를 갖게 되어 기분이 아주 좋은 것 같다.
경찬이는 책을 잃어버렸다.	경찬이는 언제나 책임감이 없는 것 같다.
태우의 부모님은 최근에 이혼을 했다.	태우는 부모님의 이혼 때문에 몹시 격분해 있고, 결코 다시는 행복하지 않을 것이다.
남수는 발목이 부러졌다.	남수는 결코 다시는 달릴 수 없을 것이다.
윤희는 바이올린을 연주하고 있다.	윤희는 유명한 바이올린 연주자가 될 것이다.

66. 이대로의 내가 좋아

목표

다른 사람한테 거절을 당했다고 해서 자신이 나쁜 사람이 아니라는 것을 배운다.

준비물

〈이대로의 내가 좋아〉 책갈피(유인물 13)

진행 절차

1. 잘 알려진 '미운 오리 새끼' 이야기를 3학년과 4학년 수준에 맞게 들려준다.
2. 전체 학생을 대상으로 이야기의 교훈에 대하여 내용에 대한 이해의 질문들을 토론하게 한다.
3. 학생들을 3~4명씩 한 집단으로 나누어 개인에게 적용하기의 질문들을 토론하게 한다.
4. 학생들에게 〈이대로의 내가 좋아〉책갈피(유인물 13)를 나누어 준다. 책갈피에 구멍을 내어 장식술을 붙이고 완성하여 각자 갖는다.

토론

내용에 대한 이해

1. 미운 오리 새끼는 왜 자신을 싫어했나요?
2. 미운 오리 새끼의 외모에 대한 다른 오리들의 생각에서 잘못된 것은 무엇인가요?
3. 미운 오리 새끼는 정말로 못생겼나요, 아니면 단지 달랐나요?

개인에게 적용하기

1. 여러분은 자신에 대해서 나쁘다는 생각이 들어서 자신이 다르게 되기를 원했던 적이 있었나요?
2. 다른 사람의 의견이 자신에 대한 느낌에 영향을 미치나요?
3. 다른 사람의 의견이 항상 옳은가요?

지도자 유의사항

개인에게 적용하기의 질문들을 칠판에 적고 소집단을 구성해서 토론하게 한다.

[유인물 13]

<이대로의 내가 좋아> 책갈피

67. 나야 나

목표

성 역할 고정관념이 자신과 다른 사람들에게 미친 영향을 배운다.

준비물

벤 다이어그램, 전통적으로 여자 혹은 남자에 해당하는 항목과 활동을 상징하는 그림과 단어들, 〈나야 나〉 풍선 그림(유인물 14), 〈나야 나〉 가방 그림(유인물 15), 500ml 우유팩, 색지, 크레용, 휴지, 솜 또는 다른 가벼운 재료, 펀치, 마커펜, 나무젓가락, 가위, 접착제

진행 절차

1. 다음의 벤 다이어그램을 보여 준다.

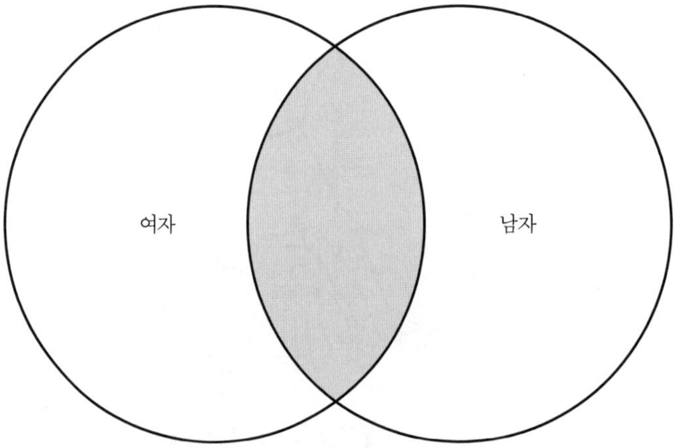

2. 야구 글러브, 음식, 축구 모자, 다람쥐 실내화, 연장, 학교 준비물, 인형, 모형 자동차, 꽃, 간호사 유니폼, 기타 성 역할 고정관념을 부여하는 항목들의 그림이나 글자를 보여 준다. 학생들에게 각 항목을 벤 다이어그램에 세 범주(여자, 남자, 혹은 양쪽 모두)로 분류하여 적어보게 한다. 이 단계에서는 합의점을 재촉하지 않는다.
3. 분류한 것을 기초로 해서 내용에 대한 이해의 질문들을 토론하게 한다.
4. 〈나야 나〉 풍선 그림(유인물 14)과 가방 그림(유인물 15)을 학생들에게 나누어 준다. 학생들

에게 다음의 〈나야 나〉 열풍선 만들기 과정과 같이 열풍선을 만들어 가방에 싣게 한다.

토론

내용에 대한 이해

1. 왜 어떤 항목은 여자에게 해당되는 것으로, 또 어떤 항목은 남자에게 해당되는 것으로 생각이 되나요?
2. 왜 어떤 항목은 남자와 여자 모두에게 해당되는 것으로 분류하였나요?
3. 각 범주로부터 2~3개의 항목들을 골라 분류한 것에 이의를 제기해 보세요.(예를 들어, 야구 글러브는 반드시 남자에게 속하는 것인가? 그렇지 않다면 왜 남자에게만 해당되는 것이 아닌가?)
4. 단지 우리가 남자와 여자에게 기대하는 행동이 다르다는 이유로 모든 남자와 여자가 그렇게 행동해야 하는 걸까요?
5. 남자들의 활동이라고 생각하는 것을 여자가 하는 것은 잘못된 것인가요? 여자들의 활동이라고 생각하는 것을 남자가 하는 것은 잘못된 것인가요?

개인에게 적용하기

1. 여러분이 여학생이라면, 사람들이 남자들에게만 해당된다고 하는 것을 하고 싶었던 적은 없나요? 여러분이 남학생이라면, 사람들이 여자들에게만 해당된다고 하는 것을 하고 싶었던 적은 없나요?
2. 여러분은 내가 하고 싶었던 것이 나와는 반대되는 성에 해당되는 것이라고 사람들이 말하기 때문에 하고 싶어도 하지 못했던 것은 없었나요?
3. 다른 사람들이 남자 혹은 여자에게 해당되는 것이라고 말하는데도 불구하고 여러분에게는 그것들로부터 자유로울 수 있는 방법이 있나요? 한 인간으로서 정말로 원하는 것을 하려면 지녀야 할 자질은 무엇인가요? (용기와 힘이 필요함을 강조한다.)

지도자 유의사항

학생의 행동에 모델이 되고, 영향을 미치는 지도자의 태도는 가장 중요한 요인이다. 활동에 앞서서 자신이 갖고 있는 태도를 검토하고, 또한 비언어적으로라도 어떤 선입관을 드러내는 데 있어서 신중하게 하는 것이 현명할 것이다. 추수활동으로 성 역할에 대한 편견을 깰 수 있는 동영상을 보도록 한다.

〈나야 나〉 열풍선

지시사항: 1. 500ml 우유팩을 반으로 자른 후, 열풍선의 바구니처럼 색칠하고 장식해서 말리세요.

2. 풍선 그림을 색지에 대고 앞뒷면이 되게 두 장을 그려서 자르세요.

3. 풍선의 목 부분과 가운데에는 풀을 붙이지 않고 가장자리를 따라서 풍선의 앞면과 뒷면을 붙이세요.

4. 풍선을 크레용과 마커펜으로 꾸미세요.

5. 풍선 속을 휴지, 솜, 또는 다른 가벼운 재료로 채우세요.

6. 풍선의 목 부분과 바구니에 구멍을 뚫고 나무젓가락을 이용하여 붙이세요.

〈나야 나〉 가방

지시사항: 1. 가방을 색칠하여 자르세요.

2. 여러분이 하거나 되고 싶은 것을 나타내는 단어들을 각각의 가방에 나타내어 보세요.

3. 열풍선에 가방들을 실으세요.

[유인물 14]

〈나야 나〉 풍선 그림

[유인물 15]

〈나야 나〉 가방 그림

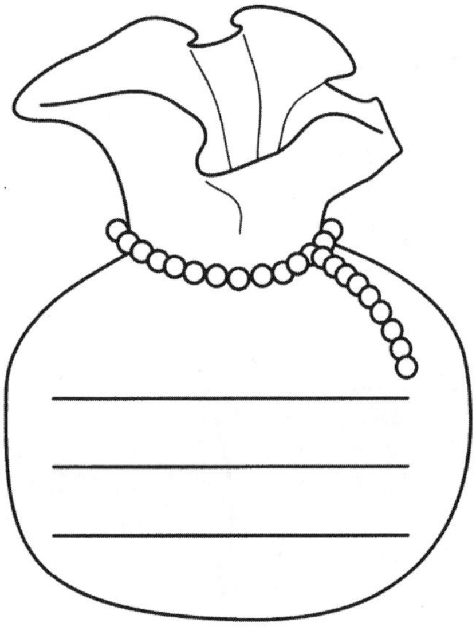

68. 세상에서 단 하나뿐이야

목표

나 자신과 다른 사람들을 비교할 때 생기는 부정적인 결과들을 배운다.

준비물

나비, 꽃, 노을, 강아지 등의 컬러 사진(각각 2장씩), 세상에 단 하나뿐인 나비(유인물 16)

진행 절차

1. 아주 다르지만 똑같이 눈에 띄는 나비, 꽃, 노을, 강아지 등의 사진을 영사기로 한 쌍씩 보여 준다(또는 큰 사진들을 보여 준다.).
2. 각 쌍의 사진에 대해서 비록 다르지만 어떤 것이 마음에 드는지에 대해서 토론하게 한다. 어떻게 해서 각 쌍의 사진들 중 어느 하나가 더 아름답고 좋으며, 가치 있다는 것에 동의할 수 있었는지를 물어본다. 그렇지 않았다면, 왜 그렇지 않았는지에 대해서 이야기를 나눈다.
3. 내용에 대한 이해의 질문들을 활용해서 사진에 대해 토론한 것을 사람들에 대해서 비교하고 평가하는 방식과 관련지어 보게 한다.
4. 세상에 단 하나뿐인 나비(유인물 16)을 학생들에게 나누어 준다. 학생들에게 자신만의 독특성이 돋보이도록 디자인을 해 보게 한다. 나비 그림을 잘라서 나누어 갖는다.
5. '우리는 다르지만 모두 아름답다'는 주제가 담겨 있는 게시판에 나비들을 진열한다.

토론

내용에 대한 이해

1. 왜 우리는 나비, 꽃, 노을, 그리고 강아지의 쌍을 비교해서 어느 하나가 더 아름답다는 것에 모두가 동의할 수 없었나요?
2. 비교해서 선택하라고 한다면, 우리가 비교해서 선택한 것이 정말로 맞는 걸까요? 2개를 비교하는 것은 공정할까요? 왜 공정하게 되지 않나요?

3. 우리는 때때로 사람들을 비교해서 어떤 사람이 더 아름답고, 더 마음에 들고, 더 가치 있다고 말하지요? 왜 그렇게 되나요? 또는 왜 그렇게 되지 않나요?
4. 사람들은 동식물들과는 달리 지각하고, 생각하고, 그리고 느낄 수 있어요. 사람들이 다른 사람들과 비교되어 더 좋다거나 나쁘다고 평가되고 있다는 것을 알 때 느낌이 어떨가요? 비교 당할 때의 느낌은 그 사람에게 조금이라도 유익한가요? 평가하는 사람에게는 조금이라도 유익한가요?

개인에게 적용하기

1. 여러분은 다른 사람과 비교되어서 더 좋다거나 나쁘다는 말을 들었던 적이 있나요? 그때 여러분의 느낌은 어땠나요?
2. 다른 사람과 비교되고 평가되었을 때 여러분은 어떻게 반응했나요? 비교되고 평가되었던 것이 여러분의 행동을 변하게 했나요? 그것은 좋은 변화였나요?
3. 여러분은 자신이 공정하지 않게 평가되었다는 것을 알았을 때 생기는 나쁜 감정들과 부정적인 행동들을 어떻게 참아 낼 수 있었나요?
4. 비교하고 평가하게 될 때 여러분은 어떻게 다른 사람들을 도울 수 있나요?
5. 비교하고 평가하지 않도록 어떻게 여러분 자신을 도울 수 있나요?

지도자 유의사항

학생들은 어느 하나의 사진을 다른 것보다 더 좋아한다고 말할 것이다. 그렇다면 사람들마다 좋아하는 것이 다르며, 어떤 것이 다른 것보다 더 좋다고 할 수 있는 단 하나의 이유는 있을 수 없다는 것을 강조한다.

[유인물 16]

세상에 단 하나뿐인 나비

69. 참된 우정은

목표

참된 우정의 특성이 무엇인지를 배운다.

준비물

파란색 포스터 보드, 스텐실 문자 패턴, 마커펜, 가위

진행 절차

1. 참된 우정은 진실되고, 믿을 수 있고, 그리고 오래 지속되는 우정을 말한다고 설명한다. 우정을 나타내는 다른 표현들(죽마고우, 불알친구 등)에 대해서도 토론한다. 참된 우정에 대한 정의를 우정을 나타내는 다른 표현들과 비교하면서 생각해 보게 한다.
2. 참된 우정이라는 네 글자로 4행시를 짓는 방법을 설명해 주고, 예를 들어 다음의 4행시를 소개한다.

> 예: 참된 우정　참 참 좋은 내 친구
> 된 된장처럼 구수한 우정
> 우 우리 함께 마음 모아
> 정 정성스레 간직하자.

3. 학생들에게 짝을 지어 '참된 우정'의 의미를 표현하는 4행시를 짓게 한다.
4. 학생들에게 파란색 포스터 보드를 커다란 하트 모양으로 잘라서 자신의 4행시를 하트 모양의 포스터 보드에 옮겨 적어 꾸미고 나서 진열하게 한다. (원할 경우에는 스텐실 문자를 사용한다.)

토론

내용에 대한 이해

1. 참된 우정은 다른 우정과는 무엇이 다른가요?

2. 어떤 것들이 우정에 영향을 미쳐서 우정을 참되게 하거나 그렇지 못하게 하나요?
3. 사람들은 참된 우정을 나누기 위해서 노력할 수 있나요? 어떻게 하면 될까요?

개인에게 적용하기

1. 여러분은 참된 우정을 경험한 적이 있나요? 예를 들어 이야기를 나누어 보세요.
2. 자신의 우정이 참된 것이었다고 생각했으나 그렇지 않다는 것을 알게 되어 실망했던 적이 있나요? 이야기를 나누어 보세요.

지도자 유의사항

이 활동을 하면서 주의할 점은 이 활동이 인간관계의 질에 대한 것이지 인간관계에서 어떤 사람이 좋은 사람인가를 판단하게 하는 것이 아니라는 것이다. 따라서 참된 친구란 어떤 사람을 말하는가 하는 것보다 참된 우정을 가리키는 말들을 생각해 보는 것이 의미 있다. 비록 모든 사람이 참된 친구가 될 수 없다고 할지라도, 참된 우정이 의미하는 것들이 인간관계에서 많은 영향을 미친다는 것을 강조한다.

70. 친구인가 혹은 괴롭히는 자인가

목표

친구가 되는 행동과 괴롭히는 행동 간의 차이를 배운다.

준비물

각 집단별 대형 포스터 용지, 마커펜, 접착제, 오래된 잡지, 스크랩 재료

진행 절차

1. 친구가 되는 것과 괴롭히는 사람이 되는 것의 차이에 대해 토론하고, 칠판에 괴롭히는 행동의 예들을 적는다.
2. 학생들을 5명씩 한 집단으로 나누고, 각 집단에 대형 포스터 용지, 마커펜, 오래된 잡지, 스크랩 재료, 그리고 접착제를 나누어 준다. 각 집단에게 괴롭히는 것이 아니라 친구가 되는 방법을 묘사하는 포스터를 디자인하도록 한다.
3. 모든 집단이 서로의 포스터에 대해서 이야기를 나누도록 한다.

토론

내용에 대한 질문

1. 여러분의 집단은 포스터에 무엇을 붙일지를 어떻게 결정했나요?
2. 괴롭히는 행동 대신 친구가 되는 행동을 찾는 것이 어려웠나요?
3. 친구가 되는 것이 더 좋다고 생각하나요, 아니면 괴롭히는 사람이 되는 것이 더 좋다고 생각하나요? 이야기를 나누어 보세요.

개인에게 적용하기

1. 여러분은 괴롭힘을 당한 적이 있나요? 그랬다면 그때 여러분의 기분은 어땠나요?
2. 여러분은 누군가를 괴롭힌 적이 있나요? 그랬다면 그때 여러분의 행동에 대해 어떻게 느꼈

나요?

3. 누군가가 괴롭힘을 당하고 있다면 여러분이 할 수 있는 일은 무엇일까요?

지도자 유의사항

교실에 포스터를 걸어 두고 하루 일과가 끝날 때 즈음에 몇 분의 시간을 정하여 그날 경험한 친구가 되는 행동이나 괴롭히는 행동에 대해 토론하게 한다. 만약 괴롭히는 행동이 있었다면 학생들에게 괴롭히는 행동을 바꾸기 위해 발전된 행동 계획을 세워 보도록 한다.

Rational Emotive

Behavior Therapy

초등학생용 REBT를 활용한 정서교육 프로그램 1 PART 03

초등학교 5·6학년

Rational Emotive Behavior Therapy

[초등학교 5 · 6학년]

자기수용

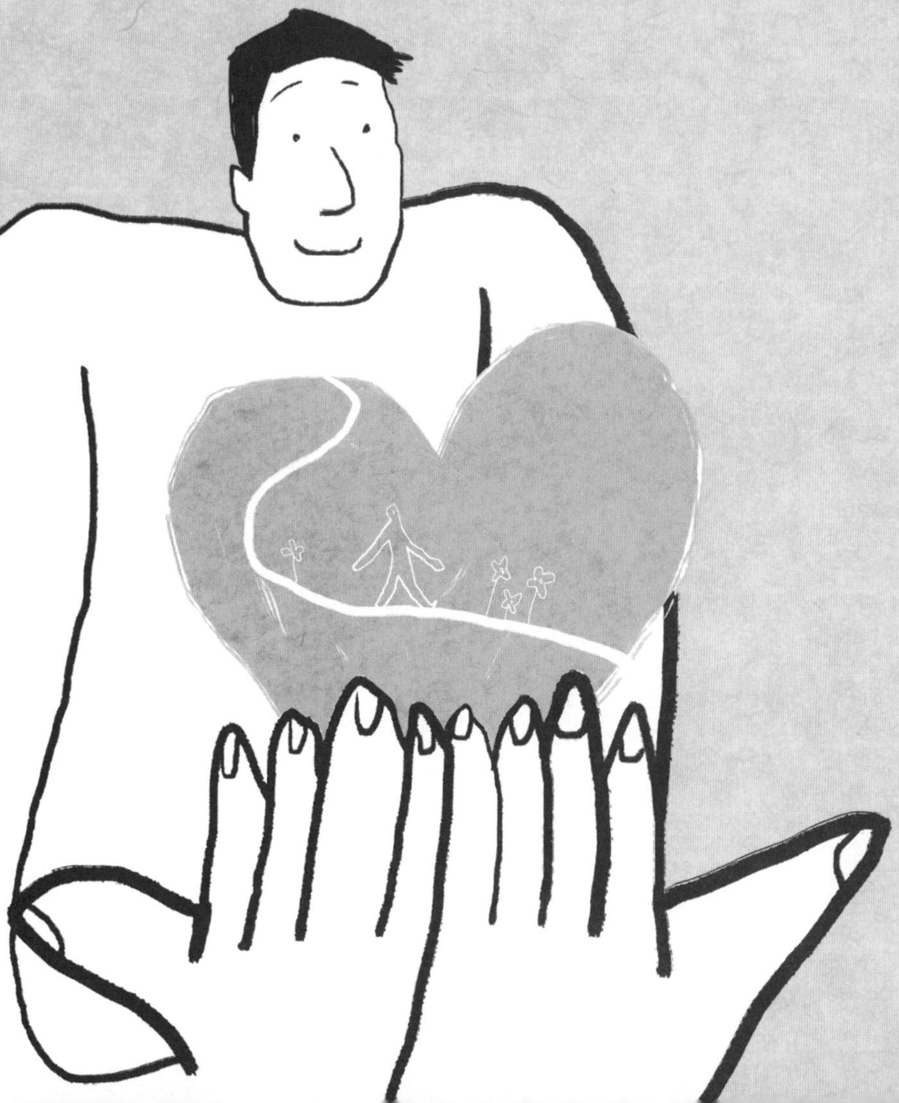

71. 아무것도 아닌 사람은 누구인가요

목표

일을 얼마나 잘하는지가 그 사람을 착하거나 나쁘게 만드는 것은 아님을 배운다.

준비물

〈게임〉 이야기

진행 절차

1. 학생들에게 전에 게임을 해서 이긴 적이 있는지 손을 들어 보게 하며 이 활동을 소개한다. 또 전에 게임을 해서 진 적이 있는지도 물어보며 같은 방식으로 소개한다.
2. 다음의 이야기를 들려주고, 토론하도록 한다.

게임

동수와 영훈이는 다른 친구들이 지켜보는 가운데 장기를 두었다. 처음 몇 수들은 공정하고 일상적이었다. 그러다가 동수가 장기판 한쪽이 비어 있는 것을 보고는 영역을 좀 넓혔다. 뒤에서 방어하던 영훈이는 전략적으로 장기를 두었고, 장군을 부를 기회를 가졌다. 동수가 말을 움직였고, 영훈이의 말들 중 하나를 얻었다. 그 게임은 엇비슷하게 진행되었다. 이제 구경꾼들은 날카로워졌다. 누가 이 게임에서 이길 것인가? 영훈이가 말을 움직였고… 동수도……. 윽! 동수가 코너에 몰렸다. 그러나 오래 가지는 않았다! 영훈이는 비겁하게 게임을 했고, 게임은 끝이 났다. 근소한 차이로 동수가 이 게임에서 이겼다.

토론

내용에 대한 이해

1. 장기게임에서 학생들의 행동을 보고, 그들이 착한 학생인지 아닌지를 아는 것이 가능한가요?
2. 게임에서 학생들의 행동을 보고, 그들이 인기가 있는지 없는지를 말할 수 있나요?
3. 게임에서 학생들의 행동을 보고, 그들이 형제자매 또는 부모와 잘 지낼 수 있을지를 우리들이 결정할 수 있나요?
4. 게임에서 학생들의 행동을 보고, 그들이 장기게임을 얼마나 잘할 수 있는지를 우리가 알 수 있나요?
5. 우리는 이 학생들에 대해 정말로 무엇을 알 수 있나요?

개인에게 적용하기

1. 여러분은 어떤 것에서 이기거나 진 적이 있나요? 예를 들어 이야기를 나누어 보세요.
2. 이기거나 진 것이 여러분을 착하거나 나쁜 사람으로 만들었나요, 아니면 단지 특별한 사건에서 이기거나 진 것인가요? 이기거나 진다는 것은 여러분이 어떤 사람인지에 대해 우리에게 무엇을 말해 주나요?
3. 다음에 여러분이 무언가에서 졌을 때, 여러분이 진 사실에 대해 스스로에게 무엇이라 말할 수 있나요? (학생들은 그들 자신에게 그것은 단지 게임이고, 한 번 진 것이 항상 질 것임을 의미하거나 게임에서 진 것이 한 사람으로서 실패자임을 의미하지 않는다는 것을 말할 수 있다.)

지도자 유의사항

이 활동의 목표는 학생들이 어떤 일을 할 때 단지 특정한 어떤 방법으로 행동한 것이 한 사람으로서 학생 개인이 착하거나 나쁘다는 것을 의미하지는 않는다는 것을 강조하기 위한 것이다. 한 순간의 행동으로부터 가정할 수 있는 것이 얼마나 적은가를 학생들이 깨닫게 하는 것도 또한 중요하다.

72. 나는 나, 내가 한다

목표

자기수용과 행동 간의 관계를 깨달을 수 있도록 배운다.

준비물

순서 카드(학생당 1장씩), 테이프

진행 절차

1. 나쁜 아이, 말썽쟁이, 영리한, 답을 틀린 적이 없는, 아주 친절한, '인기맨' '인기녀' 항상 맨 먼저 뽑히는, 어떤 일도 제대로 할 수 없는 등의 문구를 개인 신상카드에 적도록 한다. (20명 이상의 학생들이 참가한다면 더 많은 문구와 카드를 첨가하여도 무방하다.)
2. 반을 두 집단으로 나누고, 학생들에게 우리가 현재 가지고 있거나 우리 자신에 대해 느끼는 방식에 기초하여 배정된 꼬리표에 대한 실험에 참가하도록 한다. 각 집단의 1번 집단원의 이마에 카드 한 장을 붙이도록 한다. 집단원은 그 카드에 적힌 것을 볼 수 없어야 한다.
3. 각 집단에서 집단원들 중 1번 집단원과 2번 집단원을 정한다. 각 집단의 2번 집단원은 1번이 들고 있는 카드를 보고 카드에 적힌 말을 다른 말이나 행동을 통해 1번 집단원에게 전달한다. (예를 들어, '나쁜 아이'를 전달하는 사람은 "너는 골칫거리에서 벗어날 수 없니?" 또는 "너는 착해질 수 없니?"라고 말할 수 있다.) 1번 집단원은 자신이 들고 있는 카드에 적힌 말이 무엇인지를 생각해 보도록 노력한다.
4. 원한다면, 집단의 역할을 바꾸어서 반복한다.

토론

내용에 대한 이해

1. 여러분은 여러분의 꼬리표가 말하는 것을 추측할 수 있었나요? 만약 그렇다면, 그것을 어떻게 표현할 수 있었나요?

2. 실제 생활에서 여러분은 사람들이 가진 꼬리표들에 대해 어떻게 생각하나요?

개인에게 적용하기

1. 여러분은 여러분 자신에 대한 느낌이나 행동방식을 결정할 수도 있는 어떤 꼬리표를 가지고 있음을 깨달았나요? 예를 들어 이야기를 나누어 보세요.
2. 만약 여러분이 어떤 꼬리표를 갖고자 행동한다면, 그것을 가지는 것에 대해 어떤 느낌이 드나요? 여러분이 가진 것에 대해 어떻게 생각하나요?
3. 다른 사람들은 여러분의 꼬리표대로 당신을 대하려는 경향이 있다는 것을 생각해 본 적이 있나요?
4. 만약 여러분이 자신의 꼬리표를 바꿀 수 있다면, 어떻게 바꾸기를 바라나요?

지도자 유의사항

학생들이 자신에 대해 느끼는 방식이 때때로 그들의 행동을 통해 전달되고, 이것이 다른 사람들이 그들에게 특별한 방식으로 대하게끔 영향을 준다는 것을 깨닫도록 강조한다. 반대로, 다른 사람들이 그들에게 꼬리표를 붙여 준 것이 그들이 자신에 대해 느끼는 방식에 영향을 줄 수도 있다.

73. 나의 힘

목표

학생들이 해결할 수 있는 문제들을 예로 들어 그들의 개인적 힘에 대한 감각을 증가시키도록 배운다.

준비물

〈나의 힘〉 활동지(유인물 17), 펜 또는 연필

진행 절차

1. 학생들에게 마술 지팡이(은박지, 반짝이 등으로 적당히 고안된 것)를 보여 주면서 활동을 소개한다. 문제해결을 위해 마술 지팡이를 흔들어서 어려운 상황들을 극복할 수 있은 힘을 얻을 수 있는 아이디어를 토론한다. 마술 지팡이가 실제로는 존재하지 않기 때문에 우리는 문제를 해결해야 하는 상황이 왔을 때 개인적 힘에 대한 우리들만의 감각을 개발해야 한다는 점을 지적한다.
2. 각 쌍의 학생들에게 〈나의 힘〉 활동지(유인물 17) 한 장을 나누어 준다. 학생들은 각각의 상황을 읽고, 각 문제에 대해 실행이 가능한 많은 해결책을 제안한다.

토론

내용에 대한 이해

1. 각 문제에 대해 여러분이 할 수 있는 해결책을 찾았나요? 몇 가지 예를 들어 이야기를 나누어 보세요.
2. 여러분은 그 해결책을 어떻게 생각했나요?
3. 여러분은 해결책의 몇 가지 유형에 대한 생각이 거의 모든 문제에 대해 일반적으로 가능하다고 생각하나요?

개인에게 적용하기

1. 여러분은 어떤 문제를 해결하기 위해 마술 지팡이가 있으면 좋겠다고 느껴 본 적이 있나요?
2. 그 상황을 마술로 더 좋게 만들 수 없으므로 해결책을 생각해 내기 위해 여러분은 브레인스토밍과 같은 기술을 이용했나요?
3. 다음에 여러분이 해결할 필요가 있는 문제가 생긴다면, 여러분은 무엇을 할 수 있을까요? 여러분이 시도할 수 있는 몇 가지 기술은 무엇인가요?

지도자 유의사항

우리는 문제를 해결하거나 적어도 더 좋게 만드는 데 우리가 생각하는 것보다 훨씬 더 많은 힘을 가지고 있다는 사실을 강조한다.

[유인물 17]

〈나의 힘〉 활동지

지시사항: 다음에 나오는 문제들을 해결하기 위해 당신이 할 수 있는 가능한 한 많은 방법을 적으세요.

1. 여러분 반의 어떤 아이가 여러분에게 돈을 훔치라고 시킨다.
   해결책:

2. 여러분의 옷차림에 대해 어떤 아이가 놀린다.
   해결책:

3. 여러분은 여러분의 언니가 술을 많이 마신 것을 발견했다.
   해결책:

4. 여러분에게는 꼭 해야 하는 중요한 숙제가 있고, 그것을 어떻게 할 것인지 걱정하고 있다.
   해결책:

5. 여러분이 우수반 학생이기 때문에 아이들이 여러분을 귀찮게 한다.
   해결책:

6. 휴가 동안에 여러분은 어떤 활동들에 쭉 참여하지 못했다.
   해결책:

74. 소리상자

목표

자기비하에 대처하는 긍정적인 자기대화 사용 능력을 배운다.

준비물

〈소리상자〉 활동지(유인물 18), 펜 또는 연필

진행 절차

1. 학생들에게 〈소리상자〉 활동지(유인물 18)를 나누어 주고, 학생들에게 그들의 머릿속에서 어떤 일은 하도록 재촉하고, 어떤 일은 하지 말도록 하고, 그들이 꼭 해야 하고 그들에게 그런 능력이 있음을 알게 하거나, 어리석다고 말하는 소리상자를 가지고 있는 것처럼 느껴본 적이 있는지를 물어본다.
2. 활동지에 있는 예를 토론하도록 하고, 자기언어란 소리상자와 같은 것이며 긍정적일 수도 부정적일 수도 있는 것임을 설명한다.
3. 학생들을 세 집단으로 나누고 활동지에 있는 각각의 상황에 대해 긍정적인 자기대화와 부정적인 자기대화를 알게 지도한다.
4. 집단들을 다시 모아 내용에 대한 이해와 개인에게 적용하기의 질문들을 토론하도록 한다.

토론

내용에 대한 이해

1. 각각의 상황에 대해 여러분은 긍정적인 자기대화와 부정적인 자기대화를 모두 알 수 있었나요? 각각의 상황에 대해 두가지 종류에 해당하는 예를 들어 보세요.

개인에게 적용하기

1. 여러분은 자기대화를 사용해 본 적이 있나요?

2. 여러분이 일반적으로 사용하는 것은 긍정적인 것 또는 부정적인 것 중 어떤 것인가요? 여러분은 어떤 것이 여러분에게 더 도움이 된다고 생각하나요?
3. 여러분은 다음 번에 스스로 부정적인 자기대화만을 사용하고 있음을 듣게 된다면 어떻게 할 것인가요?
4. 자기비하에 사용할 수 있는 자기대화 방법에 관한 이번 활동을 통해 여러분이 배운 것은 무엇인가요?

지도자 유의사항

긍정적인 자기대화는 자기비하에 대처하는 좋은 전략이 될 수 있다. 부정적인 메시지들에 대한 논박의 중요성을 강조한다.

[유인물 18]

〈소리상자〉 활동지

지시사항: 다음에 나오는 각각의 상황에서 여러분이 사용할 것 같은 긍정적이고 부정적인 자기대화를 기록하세요.

예: 여러분이 시험을 치뤘는데 잘 보지 못했다.

여러분이 부정적인 자기대화를 하고 있다면, 여러분은 아마도 여러분 자신에게 다음과 같이 말할 것이다. "나는 정말 멍청해. 나는 그 답들을 알았어야만 했어. 친구들은 나보다 더 나을 거야. 이건 끔찍한 일이고, 나는 정말로 바보야."
여러분이 긍정적인 자기대화를 하고 있다면, 여러분은 아마도 여러분 자신에게 다음과 같이 말할 것이다. "나는 내가 잘 하지 못했다는 것을 알고 있어. 그러나 그것이 내가 멍청하다는 것을 의미하지는 않아. 나는 더 열심히 공부했어야 했겠지. 그렇지만 이것이 내가 모든 면에서 바보라는 뜻이거나 다음번에 더 잘 할 수 없다는 의미는 아니야."

1. 여러분이 야구경기에서 스트라이크 아웃 됐다.

2. 여러분은 학교경기에 한 종목도 참가하지 못했다.

3. 미술 숙제에서 여러분의 친한 친구가 여러분보다 그림을 더 잘 그렸다.

4. 여러분은 친구의 파자마 파티에 초대되지 못했다.

5. 여러분은 공부하는 데 문제가 있고, 특수반에 배치될 것이다.

75. 수행바퀴

목표

어떤 분야에서 썩 잘하지 못하는 것과 완벽한 실패 간의 차이를 배운다.

준비물

수행바퀴, 〈수행바퀴〉 활동지(유인물 19), 펜 또는 연필

진행 절차

1. 학생들을 3~4명씩 한 집단으로 나눈다. 수행바퀴와 〈수행바퀴〉 활동지(유인물 19)를 각 집단에게 나누어 주고, 이 활동은 바퀴에 확인된 다양한 일을 잘하느냐 잘 못하느냐에 달려 있는 것임을 설명한다.
2. 집단의 한 학생에게 바퀴를 돌리도록 한다. 그리고 활동지에 그가 특정한 일과 관련된 활동에서 아주 잘했을 때(예를 들어, 음악에서 실수없이 독주하는 것을 기억)를 확인한다. 같은 학생이 다시 돌려서 이번에는 그를 꽤 서투르게 한 특정한 일과 관련된 상황(예를 들어, 스포츠에서 게임에 지는 상황)을 확인한다.
3. 각 집단의 다른 학생들에게 모든 일이 다 채워질 때까지 돌리도록 한다(만약 같은 일에 화살표가 두 번 위치할 때에는 다시 돌린다.).

토론

내용에 대한 이해

1. 다양한 일에서 여러분이 잘한 일과 잘 못한 일에 대해 어떤 생각이 드나요?
2. 다른 영역들보다 더 예를 생각하기 어려운 일들이 있었나요?
3. 집단원들과 나눈 예 중 여러분이 경험한 상황과 유사한 예가 있었나요?

개인에게 적용하기

1. 만약 여러분이 어떤 일에서 잘하고, 다른 일에서 그렇지 못했다면 그것은 무엇을 의미하나요?
2. 여러분은 매번 모든 일에서 성공한다는 것이 가능하다고 생각하나요?
3. 이 활동을 통해 여러분의 생활에 적용시킬 수 있는 것으로 배운 것은 무엇인가요?

지도자 유의사항

학생들로 하여금 자신의 경험을 나누게 함으로써, 사람들은 각자 자신이 잘하는 분야와 그렇지 못한 분야가 있음을 배운다. 하나 또는 그 이상의 분야에서 잘 못하는 것이 그 사람을 전체적으로 실패한 사람으로 만드는 것은 아님을 이해하는 것의 중요성을 강조한다.

활동교구 ⑮ 참조

수행바퀴

지시사항: 게시판이나 다른 두꺼운 종이에 수행판을 만드세요. 가운데에 분할 핀을 끼워 화살표가 잘 돌아갈 수 있도록 만드세요.

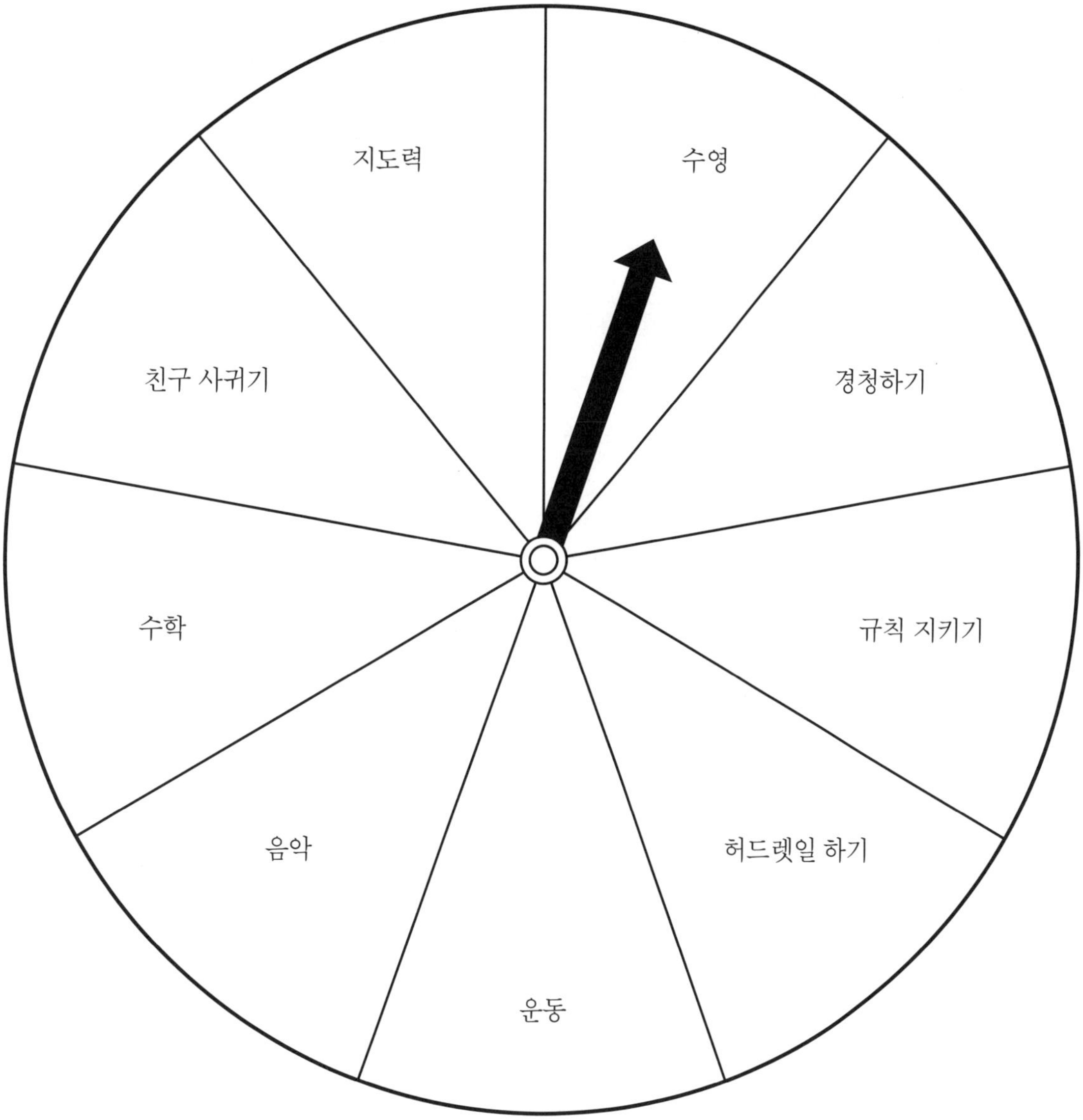

[유인물 19]

〈수행바퀴〉 활동지

지시사항: 바퀴를 돌려서 화살표가 한 분야를 가르킬 때, 그 분야에서 여러분이 상당히 잘한 때를 떠올려 보세요. 다시 돌려서 여러분이 잘 못했을 때를 떠올려 보세요. 두 번 돌린 후에는 다른 학생에게 기회를 주세요.

	잘 했을 때	잘 못했을 때
1. 지도력	______	______
	______	______
2. 친구 사귀기	______	______
	______	______
3. 수학	______	______
	______	______
4. 음악	______	______
	______	______
5. 운동	______	______
	______	______
6. 허드렛일 하기	______	______
	______	______
7. 규칙 지키기	______	______
	______	______
8. 경청하기	______	______
	______	______
9. 수영	______	______
	______	______

From Thinking, Feeling, Behaving: An Emotional Curriculum for Children (Grades 1-6) (Rev. ed.)

76. 수용 또는 변화

목표

자신이 변화될 수 있는 부분과 수용될 필요가 있는 부분을 배운다.

준비물

〈수용 또는 변화〉 활동지(유인물 20), 펜 또는 연필

진행 절차

1. 〈수용 또는 변화〉 활동지(유인물 20)를 나누어 주면서 활동을 소개하고, 학생들에게 그들이 변화할 수 있는 면과 변화할 수 없는 면을 결정할 기회를 갖게 될 것임을 설명한다.
2. 학생들은 활동지의 각 항목에 연속선(continuum)을 표시한다.

토론

내용에 대한 이해

1. 여러분이 변화할 수 없다고 생각했던 문항의 수를 세어 보세요. 이제 여러분이 변화할 수 있다고 생각하는 문항의 수를 세어 보세요. 어느 쪽에 더 많은 문항이 있나요?
2. 여러분이 통제할 수 없다고 생각하는 것들은 예로 들면 무엇이 있나요? 어느 정도 통제할 수 있으나 많이는 아닌 것은 무엇인가요? 많이 통제할 수 있는 것은 무엇인가요?
3. 여러분은 대부분의 분야에서 변화에 어느 정도 영향을 미칠 수 있다고 생각하나요? 또는 그렇지 않은가요? 예를 들면, 친구들과의 관계를 위해 또는 여러분의 태도 변화를 위해 어떤 일을 해야만 하나요?

개인에게 적용하기

1. 여러분은 통제할 수 없는 일을 극복하기 위해 무엇을 할 수 있나요?
2. 여러분은 자신에게 어떤 상황(사실 만약 여러분이 어떤 일을 달리 했더라면 어느 정도는 실제로

할 수 있었을지도 모르는 상황)을 변화시킬 수 없다고 말했던 적이 있나요?

3. 여러분이 어떤 것을 변화시킬 수 없다고 생각하면 다음에는 무엇을 할 수 있나요?

지도자 유의사항

우리는 종종 우리의 의견이 무엇인지 또는 변화할 수 있도록 우리의 행동을 바꾸려는 시도가 무엇인지를 깨닫지 못한다. 예를 들면, 먹는 것을 바꿈으로써 몸무게를 변화시킬 수 있거나, 미소를 지으며 "안녕!"이라고 말하는 것을 바꿈으로써 친구관계에 변화를 가져올 수 있음을 학생들이 깨달을 수 있도록 도와준다. 또한 변화되지 말아야 할 어떤 것들이 있고, 우리가 그것들을 있는 그대로 수용할 필요가 있음도 강조한다.

[유인물 20]

〈수용 또는 변화〉 활동지

지시사항: 다음에 나오는 각각의 항목을 읽고, 여러분은 그것을 얼마나 변화시킬 수 있는지 결정하세요. 여러분이 통제할 수 있다고 생각되는 정도를 연속선 상에 표시하세요. 13~17번에는 여러분이 중요하다고 생각하는 것들을 적고 연속선 상에 표시하세요.

	전혀 변화시킬 수 없다	완전히 변화시킬 수 있다
1. 코		
2. 키		
3. 몸무게		
4. 피부색		
5. 학년		
6. 태도		
7. 선생님들과의 관계		
8. 부모님과의 관계		
9. 머리카락의 색깔		
10. 옷 입는 유형		
11. 나이		
12. 친구들과의 관계		
13. ________		
14. ________		
15. ________		
16. ________		
17. ________		

77. 내가 저지른 실수들이 나는 아니야

목표

자아존중감은 자기가 저지른 실수의 영향을 받지 않는다는 것을 배운다.

준비물

종이 위쪽 가장자리에 두 개의 구멍을 뚫고 줄을 끼워 목걸이로 만든 컴퓨터 용지 한 장, 빨간색 매직펜, 〈내가 저지른 실수들이 나는 아니야〉 이야기

절차

1. 학생들에게 사람들이 실수를 할 때 어떤 일이 일어나는지에 관한 이야기를 듣고 서로 이야기 나누게 될 것이라고 설명하며 이 활동을 시작한다.
2. 목걸이를 목에 걸기 전에 '실수'라는 단어를 굵고 큰 글씨로 종이 가운데에 쓰게 한다. 그러고 나서 다음의 이야기를 읽고, 학생들에게 종욱(이야기의 주인공)이가 실수한 것에 대해서 자기 자신을 깎아내릴 때 "목걸이를 벗어요."라고 말하도록 한다.

내가 저지른 실수들이 나는 아니야

5학년 종욱이는 버스가 오기 전에 수학 문제들을 끝내려고 발버둥을 치고 있었다. 왜냐하면 종욱이는 전날 밤에 숙제가 너무 많아서 다 마칠 시간이 없었고, 그래서 지금 서두르고 있다. 종욱이는 실수를 조금 했다는 것을 알고 있다. 숙제를 하는 동안, 스스로에 대해 생각했다. '내가 그렇게 멍청하지 않았다면, 나는 이 모든 것을 어젯밤에 다했을 거야. 이제 나는 친구들을 잃게 될 거야. 그리고 모두 내가 바보라는 것을 알게 될 거야.' (목걸이를 벗는다.)

종욱이는 버스가 집 앞에 멈출 때에서야 그의 책을 책가방에 쑤셔 넣었다. 그는 숙제 중 한 장이 문 앞바닥에 떨어져 있다는 것을 몰랐다. 그래서 수업시간에 선생님이 종욱이에게 답변을 해 보라고 했을 때, 과제를 한 것 중에 그 부분이 없어서 질문에 답을 할 수 없었다. '나는 정말 멍청해. 어떻게 내가 그럴 수 있지?' 종욱이는 스스로 생각했다. (목걸이를 벗는다.)

종욱이는 선생님이 잃어버린 숙제 절반에 대해 아무런 말도 하지 않은 사실을 다행으로

여겼다. 그러나 그는 여전히 그가 많은 관심을 기울이지 못했음에 대해 몹시 기분이 언짢았다. 그래서 선생님이 여학생들에게 점심시간에 줄을 서라고 말했을 때, 자기도 모르게 서서 그 줄을 따라 걷기 시작했다. 거의 모든 사람이 웃기 시작했고, 종욱이는 그가 그의 삶에서 최대의 실수를 했다고 느꼈다. (목걸이를 벗는다.) 그런 일이 있은 후, 종욱이는 점심시간에 어느 누구와도 앉고 싶지 않았다. 그래서 그는 구석에 앉아서 책을 읽었다.

그날 오후는 절대 끝나지 않을 것처럼 보였다. 종욱이는 그런 바보 같은 실수들을 한 것에 대해 매우 화가 나서 정말로 농구연습을 하러 가고 싶지 않았다. 그러나 종욱이는 농구연습을 가지 않는다면 곤경에 처하게 될 것을 알고 있었다. 설상가상으로, 그는 아무리 노력해도 한 골도 넣을 수 없었다. 그는 코치가 자신이 코트에서 했던 형편없는 수행행동(가장 말도 안 되는 시도는 한 손으로 공을 던지려 한 것이었다.)에 대해 호되게 꾸짖을 것이라고 확신했다. 이제 그는 왜 자기가 그렇게 잘난 체를 하려 했을까 생각했다. (목걸이를 벗는다.)

종욱이는 연습이 끝났을 때, 다행이라고 생각했다. 그리고 서둘러서 체육관을 나섰다. 종욱이는 집에 돌아와서야 비로소 숙제가 가득 들은 책가방을 잊고 왔다는 사실을 깨달았다. '이 멍청이 자식!' 그는 생각했다. '이제 나는 내일 진짜 죽었다.' (목걸이를 벗는다.)

3. 다음에 오는 질문을 던지며 정리한다.

토론

내용에 대한 이해

1. 만약 그 종이 목걸이가 종욱이의 자존감을 보여 주는 것이라면, 그가 몇 가지 실수를 했을 때 무슨 일이 일어났을까요?
2. 여러분은 종욱이가 단지 실수들을 저질렀기 때문에 자신을 깎아내려야 한다고 생각하나요? 이야기를 나누어 보세요.
3. 종욱이의 실수들 때문에 스스로 자신을 깎아내리는 것의 부정적 효과는 무엇이었나요?

개인에게 적용하기

1. 여러분은 실수를 저질렀을 때 스스로를 깎아내리나요? 만약 그렇다면, 그것은 도움이 되나요?
2. 만약 여러분이 실수를 저질렀다면, 그것은 여러분이 나쁜 사람이라는 의미인가요? 그것은 무슨 의미인가요?

3. 실수를 저질렀을 때 여러분이 스스로를 깎아내리지 않기 위해 할 수 있는 일은 무엇인가요?

지도자 유의사항

특별히 매우 자기비판적이 되기 시작하는 이 연령대에 학생들이 자존감은 그들의 실수를 반영하는 것이 아니라는 개념을 이해하도록 강조한다. 자기비하의 부정적인 결과들을 학생들이 확인하도록 지도하는 것은 매우 유익하다.

[초등학교 5 · 6학년]

감정

78. 그들이 내가 느끼도록 했어요

목표

다른 사람들이 여러분의 느낌을 통제하거나 여러분이 어떤 방식으로 느끼도록 할 수 없음을 배운다.

준비물

〈그들이 내가 느끼도록 했어요〉 상황묘사 기록지, 여덟 조각의 끈

진행 절차

1. 한 지원자에게는 '그것'이 되게 하고, 8명의 다른 지원자에게는 〈그들이 내가 느끼도록 했어요〉 상황묘사 기록지를 읽게 한다. '그것'이 된 지원자의 팔, 다리, 손가락에 끈을 묶게 한다.
2. 첫 번째 읽기 지원자는 그 끈 중 하나를 붙잡고 첫 번째 상황을 읽으며 그 상황과 관련된 감정을 확인한 다음 그 끈을 잡아당긴다. 다른 지원자들도 같은 동작을 취한다. 모든 상황을 읽었을 때, 지원자들은 앉아도 된다.

토론

내용에 대한 이해

1. '그것'이 된 지원자에게: 사람들이 여러분이 느끼고 있는 방식을 얘기하고 여러분의 끈을 당길 때 여러분은 어떻게 느꼈나요? 그들이 여러분을 특정한 방식으로 느끼도록 하는 것 같았나요?
2. 주어진 상황에서 한 가지 이상으로 느낄 수 있었나요? 다시 말하면, 감정에 대해 선택을 할 수 있었나요?

개인에게 적용하기

1. 누군가가 여러분을 화나게(또는 슬프게, 속상하게) 했다고 말한 적이 있나요? 여러분이 그렇게 말할 때 그 말은 무슨 뜻인가요?
2. 다른 사람들이 정말로 여러분들에게 무언가를 느끼게 할 수 있다고 생각하나요? 아니면, 느끼는 방법을 여러분이 선택하나요?
3. 다음에 다른 사람들로부터 여러분에게 "그가 나를 정말 화나도록 만들었다."라고 하는 말을 듣는다면 여러분은 무엇을 생각할 것인가요?

지도자 유의사항

우리의 언어는 다른 사람들이 우리에게 특별한 방식으로 느끼도록 제안하는 말들로 가득 차 있다. 따라서 학생들은 감정이란 그들의 선택임을 배울 필요가 있다.

활동교구 ⑯ 참조

〈그들이 내가 느끼도록 했어요〉 상황묘사 기록지

그녀는 나에게 욕을 하였다.	그가 휴식시간에 비탈길에서 나를 밀었다.
엄마가 나에게 고함쳤다.	형이 내 친구들 앞에서 나를 괴롭혔다.
언니는 내가 좋아하는 TV 쇼를 보지 못하게 했다.	나는 시험을 망쳤다.
나는 국어 숙제를 다시 해야 한다.	나는 스케이트 파티에 초대받지 못했다.

79. 도움이 될까요, 아니면 방해가 될까요

목표

도움이 되는 감정과 방해가 되는 감정을 배운다.

준비물

개인별 메모지(조각 종이), 특별한 감정 단어들이 적힌 감정 카드들, 도움 또는 방해라고 적힌 파일, 펜 또는 연필

*감정 카드는 **활동교구 ③** 을 참조한다.

진행 절차

1. 개인별 메모지에 다음에 오는 단어들(사랑받는, 무서운, 걱정하는, 슬픈, 참을성 있는, 혼란스러운, 겁먹은, 화난, 상처받은, 어색한, 시기하는, 부끄러운, 흥분한, 혼동하는, 죄책감이 드는, 심술궂은, 편안한, 시무룩한, 의욕이 꺾인, 좌절한, 용감한, 예민한, 끔찍한, 울적한, 무기력한, 나쁜, 특이한, 행복한, 신난, 미운, 우울한)을 적는다.
2. 학생들을 4명씩 한 집단으로 나누고 감정 단어 세트를 나누어 준다. 도움이 되는 감정과 방해가 되는 감정의 개념에 대해 토론하게 한다. 도움이 되는 감정은 우리가 흔히 경험하기 좋아하는 것들로 우리에게 힘을 주고 긍정적인 것들을 이끌어 낸다. 방해가 되는 감정은 다른 사람들과의 부정적인 관계, 자신을 향한 부정적 감정, 나쁜 기분, 또는 심지어 뭔가 문제 있는 행동을 낳는다.
3. '도움' 또는 '방해'라고 적힌 파일 속에 단어 카드들을 구별해서 정리하도록 한다. 만약 감정을 둘 다 느낄 수 있다고 믿는 학생들이 있다면, 그들은 '도움도 되고 방해도 되는'이라고 적힌 세 번째 파일에서 시작할 수도 있다. 학생들이 구분하는 일과 같은 경험을 이야기 나누도록 격려한다.
4. 활동이 끝났을 때, '도움도 되고 방해도 되는'이라는 제목 하에 합의된 모든 단어를 칠판에 적는다. 세 번째 항목에는 합의된 것이 아무것도 없을 수 있다.

토론

내용에 대한 이해

1. (도움이 되는 것 또는 방해가 되는 것 중에서) 어느 쪽에 더 많은 단어가 나열되었나요?
2. 다른 단어들보다 구분하기 더 어려운 단어들이 있었나요? 이것이 왜 그 경우에 해당한다고 여러분은 생각하나요?
3. 방해되는 감정들에서 도움이 되는 감정들을 구별하려고 여러분은 무엇을 생각했나요?

개인에게 적용하기

1. 여러분이 보통 경험하는 감정들은 어떤 쪽인가요? 여러분은 어떤 경험을 하고 싶은가요?
2. 여러분은 방해되는 감정을 갖고 싶은가요? 만약 그렇지 않다면, 여러분은 도움이 되는 감정을 갖기 위해 어떤 일을 할 수 있나요?

지도자 유의사항

방해가 되는 감정은 대개 회피하려 하거나 도움이 되는 감정과는 다른 방식으로 다루어진다는 것을 알도록 강조한다. 학생들이 방해가 되는 감정과 도움이 되는 감정을 구별할 수 있도록 돕는다.

80. 바람직한/바람직하지 않은 표현

목표

감정에 대한 바람직한 표현과 바람직하지 않은 표현 간의 구별을 배운다.

준비물

〈바람직한/바람직하지 않은 표현〉 활동지(유인물 21), 펜 또는 연필

진행 절차

1. 감정에 대한 바람직한 표현과 그렇지 않은 표현 간의 차이를 토론하도록 한다. 예를 들어, 한 사람이 화가 났다면 바람직하지 않은 표현은 물건을 던지고 그것을 부술 수도 있다. 반면, 바람직한 표현은 격분하지 않고 문제에 대해 얘기할 수 있다. 학생들이 몇 가지 예를 덧붙여 이야기를 나누도록 한다.
2. 학생들을 2명씩 짝 지어 〈바람직한/바람직하지 않은 표현〉 활동지(유인물 21)를 각 쌍에게 나누어 준다. 학생들은 활동지를 함께 채운다.
3. 학생들이 활동지를 끝낸 다음, 선택된 감정들에 대한 바람직한 표현과 바람직하지 않은 표현에 대한 몇 가지 예를 들어 이야기를 나누도록 한다. 칠판에 '바람직한 표현과 바람직하지 않은 표현'이라는 제목을 쓰고 그 밑에 모든 제안을 적는다.

토론

내용에 대한 이해

1. 감정 표현에 대한 바람직한 방법과 그렇지 않는 방법을 생각할 때 어느 것이 더 어려웠나요?
2. 표현하는 방법을 찾기에 어떤 감정들이 다른 것들보다 더 어려웠나요?

개인에게 적용하기

1. 여러분은 보통 바람직한 방법으로 감정을 표현하나요, 아니면 바람직하지 않은 방법으로 감정을 표현하나요?
2. 만약 여러분이 바람직하지 않은 방법으로 감정을 표현한다면, 그것에 관해 무엇이든 할 수 있나요? 여러분은 감정을 표현하는 방법을 바꿔 본 적이 있나요?
3. 여러분은 감정에 대한 바람직하지 않은 표현 때문에 어떤 대가를 치루는 경우를 보았나요?
4. 여러분은 감정에 대한 바람직한 표현으로 어떤 이득이 있는 경우를 보았나요? 바람직한 표현을 증가시키기 위해 여러분은 무엇을 할 수 있나요?

지도자 유의사항

바람직한 표현과 바람직하지 않은 표현 간의 구분은 특히 중요하다. 왜냐하면 바람직한 표현을 늘 사용하는 학생들은 전반적으로 감정적으로도 보다 건강하기 때문이다.

[유인물 21]

〈바람직한/바람직하지 않은 표현〉 활동지

지시사항: 다음의 감정들에 대해 바람직한 표현 방법과 바람직하지 않은 표현 방법을 구별하여 적으세요.

	바람직한	바람직하지 않은
1. 화		
2. 실망		
3. 공포심		
4. 걱정		
5. 슬픔		

81. 생각 바꾸기, 감정 바꾸기

목표

생각을 바꿀 때 감정이 어떻게 바뀌는지에 대해 배운다.

준비물

'감정'이라 적힌 상자, '생각'이라 적힌 상자, 〈생각 바꾸기, 감정 바꾸기〉 활동지(유인물 22), 펜 또는 연필, 가위

진행 절차

1. 한 사건에 대해 생각과 감정 간의 차이를 토론하도록 한다. 게임에서 지는 것과 같은 다음의 예를 들려준다.

> 우선, 여러분은 부끄럽거나 화가 나는 감정을 느꼈고, 여러분이 서투르거나, 무능력하거나, 다른 팀이 속였다는 생각을 하였다. 그러나 여러분이 차분해지고 시간이 흘러갔어도 여전히 게임에서 진 것에 대해 나쁜 기분이 든다면, 여러분은 꽤 경기를 잘했고, 다른 팀이 단지 더 강했을 뿐이라는 것 등을 깨달아야 한다.

   학생들로부터 다른 몇 가지 덧붙일 만한 예들을 이끌어 낸다.

2. 〈생각 바꾸기, 감정 바꾸기〉 활동지(유인물 22)를 나누어 주고, 학생들은 각각의 상황에 대한 감정을 확인한다. 덧붙여서, 그 상황에 대해 그들이 쉽게 드는 생각을 적도록 한다.
3. 3명의 학생에게 상황 1에 대한 답을 오려서 감정을 포함한 조각과 생각을 포함한 조각이 되도록 나누어 오리도록 한다. 이것들을 알맞은 상자에 넣도록 한다.
4. 각각의 감정을 꺼내어 비교하도록 한다. 모든 감정이 똑같은가? 그런 다음 관련된 생각들을 꺼내도록 한다. 모든 생각이 똑같은가? 각각의 사건에 대해 있을 수 있는 다른 생각들을 토론하도록 하고, 생각이 바뀐다면 감정이 바뀔 수 있는지 여부를 결정한다. (이것은 세 학생들의 서로 다른 반응들에서 분명히 드러날 것이다.)
5. 상황 2, 3, 4에 대해 각각 새로운 3명의 지원자들과 이 절차를 계속 진행한다.

토론

내용에 대한 이해

1. 한 사건에 대해 감정과 관련된 생각들을 구별하는 것이 어려웠나요?
2. 여러분의 생각을 바꿀 때 무엇이 달라지나요? 이것은 여러분의 감정에 어떤 영향을 주나요?

개인에게 적용하기

1. 여러분의 생각이 바뀌었기 때문에 감정도 바뀐 적이 있나요? 그 상황과 예를 들어 이야기를 나누어 보세요.
2. 만약 여러분이 생각과 감정을 바꾸고 싶다면, 여러분은 그렇게 하기 위해 어떻게 할 것인가요?
3. 생각과 감정에 대해 여러분이 배운 것은 무엇인가요?

지도자 유의사항

생각을 바꾸는 데 숙련된 학생들은 감정처리를 잘한다. 학생들에게 그들 자신과 상황 간에 다소간의 거리를 두는 것이 종종 극단적인 감정과 부정적인 생각을 덜 느끼고, 덜 하게 된다는 사실을 알도록 강조한다.

[유인물 22]

〈생각 바꾸기, 감정 바꾸기〉 활동지

지시사항: 각각의 상황을 읽으세요. 그리고 빈 곳에 여러분이 각 상황에 대해 생각할 수 있는 것과 느낄 수 있는 것을 구별하여 적으세요.

상황 1: 여러분의 가장 친한 친구가 휴가를 가면서 여러분에게 우편엽서를 보낼 것이라고 말했다. 하지만 여러분은 그 카드를 받지 못했다.

상황 2: 여러분은 올스타 야구팀에 선발되었다. 그 경기가 곧 시작된다.

상황 3: 여러분은 파티에 초대되었지만, 초대한 아이가 싫어서 파티에 가고 싶지 않다. 엄마는 여러분에게 꼭 가야 한다고 하신다.

상황 4: 여러분은 학교 음악프로그램에서 입을 새 드레스가 필요하다. 여러분의 엄마가 그것을 골라 주셨는데 여러분은 그것이 싫고, 그걸 입고 있는 게 바보 같이 느껴지지만 그것을 입어야만 한다.

상황 1 감정 __________	상황 1 생각 __________
상황 2 감정 __________	상황 2 생각 __________
상황 3 감정 __________	상황 3 생각 __________
상황 4 감정 __________	상황 4 생각 __________

82. 어떻게 느꼈을까요

목표

감수성을 기르기 위해 다른 사람들이 어떻게 느끼는가에 대해 아는 법을 배운다.

준비물

종이, 연필, 개인별 신문 오린 것[이것은 광범위한 사건들(질병, 화재와 사고, 훈장과 포상, 극단적인 사건들, 공연, 연설, 출생과 졸업 등)을 묘사한 것이어야 한다.]

진행 절차

1. 학생들에게 다른 사람들의 감정에 민감해지는 것이 어떤 의미라고 생각하는지 물어본다. 자신을 다른 사람의 입장에 두고 만약 자신이 그 특정 상황에 있는 것을 알게 되었을 때 어떻게 느낄 것 같은지를 상상하는 일이 중요하다는 점을 지도한다.
2. 신문 오린 것들을 나누어 준다. 학생들에게 그 신문 조각들을 읽고, 그 기사에 포함된 사람들의 감정을 묘사하기에 필요한 가능한 한 많은 감정 단어를 적도록 한다. 만약 몇 가지 다른 견해를 주장한다면, 학생들에게 다양한 사람의 감정들을 알아보도록 한다(예를 들어, 연주를 하는 젊은 바이올리니스트는 신경이 곤두서는 것을 느낄 것이나, 부모는 자랑스럽게 느낄 것이다.).
3. 학생들로 하여금 그들이 가져온 신문 기사들을 이야기 나누고, 그 사람들이 느낄 것이라고 생각되는 것들을 말하게 한다.

토론

내용에 대한 이해

1. 다른 사람들이 어떻게 느낄 것인지를 묘사하는 것은 어떤 점에서 어려웠나요?
2. 서로 얘기했던 상황에 대해 다른 사람들이 느낀 것들을 구별해 내는 일이 더 어려웠나요? 그 차이의 원인이 무엇이라고 생각하나요?
3. 이러한 상황들 속에서 사람들이 어떻게 느끼는지를 여러분은 확실히 안다고 생각하나요?

왜 그렇게 생각하나요? 또는 왜 그렇게 생각하지 않나요?

개인에게 적용하기

1. 여러분은 어떤 상황에서 다른 사람이 어떻게 느끼는지 알고 있다고 생각했지만 그 추측이 맞지 않았던 경험을 갖고 있나요? 예를 들어 이야기를 나누어 보세요.
2. 다른 사람들이 어떻게 느낄 것인지에 대해 민감해지기 위해 여러분이 이용할 수 있는 실마리는 어떤 것이 있나요?
3. 여러분이 다른 사람이 느끼는 방식을 정확하게 찾아내기 위해 할 수 있는 일은 어떤 것이 있나요?

지도자 유의사항

다른 사람들이 어떻게 느끼는지 알아내는 것은 불가능하다고 해도, 학생들은 신체 언어를 읽을 수 있고, 그 사람에게 직접 물어보거나 다른 사람의 상황에 자신을 투사해 볼 수 있다.

83. 기분에 따라 내 몸은 어떻게 반응할까요

목표

감정과 신체적 반응 간의 관련성을 배운다.

준비물

실물 크기의 종이에 그린 신체 모양

진행 절차

1. 학생들이 가능한 한 많은 감정 단어를 생각하도록 짧은 브레인스토밍 활동에 참여시킨다. 칠판에 그것들을 적는다.
2. 신체 모양 그림을 걸고 우리가 감정을 갖고 있을 때, 보통 신체적 반응도 가지고 있음을 설명한다(예를 들어, 우리가 행복하다고 느낄 때 우리는 뛰고 싶거나 달리고 싶은 기분을 느낀다.).
3. 학생들이 칠판에 적힌 다양한 감정을 경험할 때, 하고 싶다고 느끼는 것 또는 그들이 가진 신체적인 감각을 확인하게 한다. 예를 들면, 다음과 같다.

> • 나는 슬퍼질 때, 가슴이 조여 오는 것을 느낀다.
> • 나는 무서울 때, 손에 땀이 나고, 위가 메스꺼워진다.
> • 나는 화가 날 때, 얼굴이 달아오르는 것을 느낀다.

4. 학생들이 그들의 반응을 묘사하는 대로 신체 모양 그림의 적당한 부분에 감정 단어들을 적는다.
5. 앞의 상황에 대해 선행활동에서 나타난 개념들을 반복한다. 즉, 만약 한 상황에 대해 여러분이 생각을 바꾼다면 여러분의 감정 또한 곧 바뀔 것이라는 것과 같은 개념, 여러분이 생각을 바꾸는 일은 그것으로 인한 감정과 관련된 신체적인 감각에도 영향을 줄 수 있다는 개념이다. 예를 들면, 만약 시험에서 실수를 한다면 그것은 얼마나 끔찍한 일인가에 대한 여러분의 생각을 바꾼다면 그것은 여러분의 분노를 감소시킨다. 화가 별로 나지 않으면, 여러분은 아마도 손바닥에 땀이 배거나 뱃속이 울렁거리는 경험을 하지 않을 것이다.

토론

내용에 대한 이해

1. 감정을 느낄 때, 여러분은 신체적 반응에 대해 어떤 선택을 하나요?
2. 여러분은 신체적 반응들이 좋다고 생각하나요, 아니면 나쁘다고 생각하나요?

개인에게 적용하기

1. 여러분이 가장 많이 경험한 신체적 반응은 무엇인가요?
2. 긍정적인 또는 부정적인 경험을 할 때 중 어느 때 여러분은 신체적인 반응을 더 보이나요?
3. 여러분이 더 늘리고 싶은 신체적 반응은 무엇인가요? 여러분이 없애고 싶은 반응은 무엇인가요?
4. 신체적 반응을 변화시키기 위해서 여러분이 할 수 있는 일은 무엇이라고 생각하나요?

지도자 유의사항

생각과 감정 간의 관계를 되짚어 보는 것과 학생들이 그들의 생각을 바꿈으로써 신체적 반응을 다소 통제할 수 있고, 격렬한 부정적 감정을 줄일 수 있음을 강조하는 것이 중요하다.

84. 감정대로 행동하기

목표

부정적인 감정을 표현하는 긍정적인 방법을 배운다.

준비물

부정적인 감정(화난, 매우 화난, 미칠 것 같은, 죄책감이 드는, 좌절한, 걱정하는)이 적힌 감정 카드(카드 한 장에 감정 하나씩을 적고, 집단의 크기에 따라 다른 부정적 단어들을 추가한다.), 집단별 종이가방(각 가방에는 역할극에서 소품으로 사용될 수 있는 5~6가지의 물건들이 들어 있다.), 미용티슈, 책 한권, 장난감 전화기, 연필, 거울, 머리빗 또는 브러쉬, 야구공, 의류 등과 같은 물품(각 가방마다 다른 물품)

*감정 카드는 활동교구 ③ 을 참조한다.

절차

1. 모든 사람이 부정적인 감정을 가지고 있다는 설명으로 이 활동을 시작한다. 학생들에게 부정적인 감정에 대한 예를 들어보게 한다. 이 활동의 초점인 부정적인 감정을 표현하는 방법에는 긍정적인 방법과 부정적인 방법이 모두 있음을 설명한다.
2. 학생들을 4~5명씩 한 집단으로 나눈다. 그리고 각 집단에 감정 단어 카드 한 장과 종이 가방을 하나씩 나누어 준다. 각 집단에게 그들의 종이 가방에서 물건들을 꺼내어 모든 집단원이 볼 수 있도록 보여 주도록 한다.
3. 학생들에게 가방의 물건들을 사용하여 10분짜리 역할극 계획을 짜도록 한다. 역할극의 목표는 카드에 적힌 부정적인 감정을 긍정적으로 다루는 방법을 보여 주기 위한 것이다.
4. 10분 뒤, 각 집단에게 역할극을 발표하도록 한다. 각 역할극이 끝난 후, 해결 방안을 토론하여 칠판에 아이디어를 적도록 한다.

토론

내용에 대한 이해

1. 역할극에서 여러분은 무엇을 하기로 어떻게 결정했나요?
2. 여러분은 어떻게 긍정적 해결책에 도달했나요?

개인에게 적용하기

1. 부정적인 감정을 느낄 때, 여러분은 보통 그것을 어떻게 표현하나요?
2. 만약 여러분이 부정적인 방법으로 표현한다면, 결과는 어떻게 될까요?
3. 부정적인 감정을 다루는 데 스스로 도움을 줄 수 있다는 것에 대해 여러분은 오늘 무엇을 배웠나요?

지도자 유의사항

게시판에 부정적인 감정들을 다루는 긍정적인 방법들을 적어 학생들이 이후에 이용하는 데 참고하도록 하는 것이 바람직하다.

[초등학교 5 · 6학년]

신념과 행동

85. 합리적인가요, 아니면 비합리적인가요

목표

합리적인 신념과 비합리적인 신념을 구별하는 법을 배운다.

준비물

〈합리적 또는 비합리적 신념〉 목록표(유인물 23)

진행 절차

1. 칠판에 합리적인 단어들과 비합리적인 단어들을 쓰며 이 활동을 소개한다. 비합리적인 신념은 좋은 느낌을 만들지 않는 반면에, 합리적인 신념은 좋은 느낌을 만든다는 것을 설명한다. 예를 들어, 여러분의 어머니가 매주 일요일에 후라이드 치킨을 만들어 주었으면 하는 것은 비합리적이다. 그녀가 매주 후라이드 치킨을 요리해 주길 원하지만, 그렇게 하지 않을 수도 있다는 것을 아는 것이 합리적이다. 학교에 있는 모든 사람이 야비하다고 믿는 것은 비합리적이다. 때때로 단지 한두 사람만이 야비한 행동을 한다고 생각하는 것이 합리적이다.
2. 다음에 나오는 진술문이 왜 비합리적인지를 토론하도록 한다.

> - 나는 완벽해야 해.
> - 모든 사람은 언제든지 나를 좋아해야 해.
> - "만약 내가 불행하다면 그건 다른 사람의 실수야."라고 느끼는 것은 어쩔 수 없어.
> - 내가 원하는 대로 모든 것이 항상 이루어지지 않는다는 건 끔찍해.
> - 나는 뭐든 지나치게 열심히 일하면 안 돼.
> - 나는 실수할 수 없어.
> - 나는 흠잡힐 수 없어.
> - 세상에 있는 모든 사람과 모든 일은 공평해야 해.

3. 학생들을 두 집단으로 나누고, 각 집단의 리더를 정한다. 각 집단에 〈합리적 또는 비합리적 신념〉 목록표(유인물 23)를 나누어 준다. 게임 진행은 다음과 같다. 첫 번째 집단의 리더가 목록표의 첫 번째 진술을 그의 첫 번째 참여자에게 읽어 주면, 참여자는 그 진술이 합리적인

지 또는 비합리적인지 결정한다. 만약 그 참여자의 결정이 맞으면, 그는 서 있는다. 만약 틀리면, 그 참여자는 자리에 앉는다. 그리고 두 번째 집단에게로 기회를 넘긴다. 두 번째 집단의 리더는 다음 진술을 그의 집단의 첫 번째 참여자에게 읽어 준다. 그 참여자가 그 진술문이 합리적인지 또는 비합리적인지를 말하고, 답이 틀리면 자리에 앉는다. 경기는 집단별로 돌아가면서 계속되며, 리더들은 모든 질문의 답을 얻을 때까지 집단원이 순서대로 대답하게 한다. 게임이 끝났을 때, 서 있는 참여자가 더 많은 집단이 이긴다.

토론

내용에 대한 이해

1. 합리적인 신념과 비합리적인 신념을 구별하는 것이 어려웠나요? 다른 것들보다 어려운 것이 있었나요?
2. 여러분은 이 두 종류의 신념 간의 차이를 다른 사람들에게 어떻게 설명할 수 있나요?

개인에게 적용하기

1. 여러분은 보다 더 합리적인 신념을 가진 편인가요, 아니면 비합리적인 신념을 가진 편인가요?
2. 여러분이 가진 비합리적인 신념의 종류는 무엇인가요? 예를 들어 이야기를 나누어 보세요.

지도자 유의사항

만약 신념들이 강요되고, 절대시되거나 과잉 일반화한다면 그것은 비합리적이다. 예를 들어, 비록 대부분의 사람이 우리에게 친절하려고 하지만, 모든 사람이 언제나 우리에게 친절한 것은 불가능한 일이다. 합리적인 신념과 비합리적인 신념 간의 차이를 이해한다는 것은 학생들이 자신의 삶 속에서 자기의 행동패턴을 깨닫게 해 준다.

〈합리적 또는 비합리적 신념〉 정답

1. 비합리적	7. 합리적	13. 합리적
2. 비합리적	8. 비합리적	14. 비합리적
3. 합리적	9. 합리적	15. 합리적
4. 비합리적	10. 비합리적	16. 비합리적
5. 비합리적	11. 합리적	17. 비합리적
6. 비합리적	12. 비합리적	18. 합리적

[유인물 23]

〈합리적 또는 비합리적 신념〉 목록표

1. 나는 절대 친구를 사귈 수 없어.
2. 아무도 내게 뭔가 잘 되냐고 물은 적이 없어.
3. 나는 새 스테레오를 갖고 싶어.
4. 만약 내가 스케이팅 파티에 갈 수 없다면, 나는 죽을 거야.
5. 만약 그녀가 진짜 내 친구라면, 그녀는 항상 내 옆에만 앉아야 되고 다른 애들 옆에 있으면 안 돼.
6. 우리 부모님은 내게 절대 아무것도 안 시켜.
7. 그가 나를 하룻밤 묵어 가도록 초대해 준다면 정말 좋겠어. 그렇지만 그가 그렇게 하지 않는다는 것이 나를 좋아하지 않는다는 것을 뜻하는 것은 아니야.
8. 나는 정말 형편없는 농구선수야. 내가 농구장에 나간다면, 모든 사람은 나를 비웃고 놀릴 거야.
9. 내가 이 시험을 망친다고 해도, 내가 바보라는 의미는 아니야.
10. 모든 사람은 내게 좋은 일들을 말해야만 해.
11. 나는 더 많은 친구가 있었으면 좋겠어.
12. 내가 그의 옆에 앉는다면, 나는 학교를 그만두는 편이 더 나을 거야.
13. 나는 정말 그녀를 좋아하지 않아. 그렇지만 내 생각에 내가 그녀의 짝이 되어야만 한다 해도 나는 견딜 수 있어.
14. 내가 팔씨름에서 졌기 때문에 모든 사람이 나를 놀리고 겁쟁이라 부를 거야.
15. 엄마가 내게 고함을 친다 해도 그것은 단지 그날 엄마가 기분이 안 좋은 것일 뿐인지 나를 사랑하지 않는 건 아니야.
16. 언니가 물려준 옷을 입고 학교에 갈 수는 없어. 모든 아이가 내 옷차림을 보고 놀릴 거야.
17. 내가 저런 애들이랑 한 반이 되어야 한다면, 나는 학교를 그만두는 편이 더 나을 거야.
18. 나는 다른 애들처럼 봄방학에 스키를 타면서 보내고 싶지만 부모님에게 그럴 여유가 없다는 것을 이해해.

86. 그것은 항상

목표

과잉 일반화된 사고의 영향과 실례들을 배운다.

준비물

없음

진행 절차

1. 이 활동은 투표 방식을 이용한 것으로, 학생들이 지도자가 읽는 문장에 찬성하면 그들의 손을 높이 들고, 반대하면 손을 내리는 활동임을 설명한다. 만약 학생들이 중간 입장이라면 그들은 손을 절반쯤 들 수 있다.
2. 학생들에게 다음에 나오는 문장을 읽어 준다.

- 모든 5학년 학생은 책을 잘 읽는다.
- 모든 소녀는 요리하기를 좋아한다.
- 모든 소년은 강하다.
- 우리 반의 어느 누구도 악기를 잘 다룰 수 없다.
- 큰 집에 사는 모든 사람은 부자다.
- 긴 머리를 가진 모든 사람은 담배를 피운다.
- 6학년 학생들은 모두 훌륭한 운동선수이다.

토론

내용에 대한 이해

1. 이 질문에 대해 여러분은 찬성 또는 반대를 결정하기가 쉬웠나요?
2. 모든, 아무도, 모든 사람이라는 단어들은 질문을 어떻게 복잡하게 했나요?
3. 과잉 일반화란 여러분이 모든 것 또는 모든 사람을 하나의 큰 범주에 넣고 한 덩어리로 보는

것이며, 하나에 적용될 것을 모두에 적용하는 것입니다. 여러분은 우리가 읽은 문장들이 과잉 일반화의 예라고 생각하나요?

4. 과잉 일반화의 영향은 무엇일까요? 그것은 어떤 문제의 원인이 될까요, 아니면 생각하기에 좋은 방식일까요?

개인에게 적용하기

1. 여러분은 과잉 일반화를 해 본 적이 있나요? 예를 들어 이야기를 나누어 보세요.
2. 다음에 여러분이 이런 방식으로 생각하고 있는 자신을 깨닫게 된다면, 바꾸기 위해서 무엇을 할 수 있나요?

지도자 유의사항

과잉 일반화에 도전하도록 학생들을 격려한다. 만약 학생들이 과잉 일반화하고 있는 자신을 발견할 때 스스로에게 그 문장들이 정말로 모든 사람에게, 언제나, 예외 없이 적용되는지 묻는 것이 학생들에게 적용하기에 좋은 전략이 된다.

87. 해야 한다, 해야 한다, 꼭 해야만 한다

목표

'해야만 한다'를 포함한 절대적인 생각 유형의 예와 그 결과를 배운다.

준비물

종이, 연필

진행 절차

1. 초등학교 5 · 6학년을 위한 신념과 행동: 활동 1(합리적인가요, 아니면 비합리적인가요)을 보고 비합리적인 생각의 개념을 검토한다. "어떤 일은 꼭 어떻게 일어나야만 해." "어떤 사람은 꼭 어떻게 행동해야만 해." "우리는 꼭 ~을 해야만 해."와 같이 우리가 가진 비합리적인 신념의 상당한 부분이 '~해야만 한다'와 관계가 있다는 사실을 강조한다. 다음의 예들을 칠판에 적는다.

   - 나는 항상 좋은 선생님이 되어야만 하고, 아이들과 있을 때 절대 침착성을 잃어서는 안 된다.
   - 사람들은 항상 내가 그들에게 바라는 대로 행동해야만 한다.
   - 나는 내가 원하는 것은 뭐든지 살 수 있어야만 한다.

2. 학생들에게 그들 자신이나 다른 사람들이 해야만 한다는 것에 대해 생각하도록 한다. 학생들이 어떤 일이 특정한 방식으로 되어야만 한다고 믿고 있다가 자신 또는 다른 사람들에 대해 속상한 적이 있는지 떠올려 보도록 격려한다.
3. 학생들에게 앞으로 나와서 자신의 예를 들어 이야기를 나누도록 한다. 그것들을 칠판에 적는다.
4. 이런 종류의 생각의 결과에 대한 느낌과 그 결과에 대해 토론하게 한다. 예를 들어, 여러분의 친구가 여러분의 뜻대로 어떤 일을 해야만 한다고 생각한다면, 여러분은 흥분되어 그 친구와 다투게 될지도 모른다.

토론

내용에 대한 이해

1. 여러분은 '~해야만 한다'라는 생각을 많이 가지고 있다고 생각하나요?
2. 여러분은 이런 종류로 생각하는 것의 결과가 좋은 느낌이라고 생각하나요, 아니면 별로 좋지 않다고 생각하나요?
3. 이런 종류의 생각의 결과는 좋은가요, 아니면 별로 좋지 않은가요?

개인에게 적용하기

1. 만약 여러분이 이런 종류의 생각을 많이 하고 있다면, 여러분은 그것을 바꾸고 싶은가요, 아니면 그렇지 않은가요?
2. 이런 종류의 생각 때문에 여러분이 경험했던 결과들은 어떠했나요?

지도자 유의사항

절대적인 생각의 결과인 부정적인 느낌과 결론은 변화를 위한 전략의 개발에 있어서 필수적인 것임을 학생들이 평가할 수 있도록 강조한다.

88. 장밋빛 색깔 안경

목표

비합리적인 생각의 결과를 배운다.

준비물

두 개의 안경(하나는 렌즈가 검은색 종이로 싸여진 것, 다른 하나는 분홍색 종이로 싸여진 것), 〈장밋빛 색깔 안경〉 활동지(유인물 24), 펜 또는 연필

진행 절차

1. 장밋빛 안경으로 사물을 볼 때, 즉 모든 것이 근사하게 보이는 것의 원리를 소개한다. 만약 우리가 '~해야만 한다'를 붙들고 비합리적인 생각을 고집한다면 그것은 마치 우리가 검은색 안경을 통해 사물을 보는 것과 같은 것이다. 이것은 사물을 부정적으로 보는 것을 의미하며, 사물을 부정적으로 보는 것은 우리의 감정과 행동 방식에 영향을 줄 수 있음을 뜻한다.
2. 학생들을 짝 지어 세우고, 〈장밋빛 색깔 안경〉 활동지(유인물 24)를 각 쌍에게 나누어 준다.
3. 두 명의 지원자에게 안경을 쓰도록 한다. 세 번째 지원자에게는 그 목록에 있는 첫 번째 상황을 큰 소리로 읽고 그와 관련된 부정적인 신념을 갖게 한다. 검은색 안경을 쓴 학생은 그가 이 부정적(비합리적) 시각을 기초로 어떻게 느끼고 행동하는가를 말하도록 한다. 분홍색 안경을 쓴 학생은 보다 긍정적인(합리적인) 신념을 가지고, 새로운 시각에서 같은 질문에 답하도록 한다.
4. 활동지의 나머지 부분을 채우기 위해 학생들이 다같이 참여하도록 지도한다. 완성하면 반응에 대해 이야기를 나눈다.

토론

내용에 대한 이해

1. 여러분은 합리적인 생각과 비합리적인 생각의 결과 간의 차이를 알았나요? 그 차이는 무엇

인가요?

2. 보다 긍정적인 효과를 가져오는 생각의 유형은 무엇인가요?

개인에게 적용하기

1. 여러분이 전형적으로 하는 생각의 유형은 무엇인가요?
2. 비합리적인 생각의 결과로 여러분은 무엇을 경험했나요?
3. 여러분은 생각하는 방법에 대해 무엇이든 바꾸고 싶은 것이 있나요? 만약 그렇다면, 무엇인가요?

지도자 유의사항

비합리적인 생각이 보다 부정적인 감정과 행동의 결과를 가져온다는 점을 지적하면서 합리적인 생각과 비합리적인 생각의 차이를 강조한다.

[유인물 24]

〈장밋빛 색깔 안경〉 활동지

지시사항: 각 상황을 읽으세요. 먼저, 비합리적인 신념을 읽고 검은색 안경을 쓰고 있다고 가정하세요. 이제 여러분이 어떻게 느끼고 행동하겠는지를 적으세요. 다음은 합리적인 신념을 읽고 장밋빛 안경을 쓰고 있다고 상상하세요. 다시 여러분이 어떻게 느끼고 행동하겠는지를 적으세요.

1. 여러분의 가장 친한 친구가 점심시간에 여러분의 옆에 앉지 않는다.

비합리적인 신념: 좋은 친구는 항상 내가 원하는 대로 행동해 주어야 만 해.

나는 어떻게 느낄 것 같은가	나는 어떻게 행동하겠는가

합리적인 신념: 단지 내 친구가 내 옆에 앉지 않았다고 해서, 그것이 그 애가 나를 좋아하지 않는다는 의미는 아니야.

나는 어떻게 느낄 것 같은가	나는 어떻게 행동하겠는가

2. 여러분의 엄마는 여러분이 어떤 특정한 친구를 하룻밤 머물도록 초대하는 것을 허락하시지 않을 것이다.

비합리적인 신념: 엄마는 누구든 내가 원하는 사람을 초대하도록 허락해야만 해.

나는 어떻게 느낄 것 같은가	나는 어떻게 행동하겠는가

합리적인 신념: 만약 엄마가 내가 원하는 사람을 초대하도록 해 주면 정말 좋겠지만, 엄마가 꼭 그래야만 할 이유는 없어.

나는 어떻게 느낄 것 같은가	나는 어떻게 행동하겠는가

3. 여러분은 좋은 점수를 받지 못했다.

비합리적인 신념: 나는 영리해. 그러므로 난 항상 좋은 점수를 받아야만 해.

나는 어떻게 느낄 것 같은가	나는 어떻게 행동하겠는가

합리적인 신념: 내가 영리하다고 해도 항상 좋은 점수를 받을 수는 없어.

나는 어떻게 느낄 것 같은가 / 나는 어떻게 행동하겠는가

4. 여러분이 담배를 피우려 하지 않기 때문에 어떤 애들은 여러분을 애송이라고 부른다.

비합리적인 신념: 이 아이는 내게 뭔가를 하라고 강요해서는 안 돼. 나에게 우정을 위태롭게 하는 법을 알려 주거나 내가 하고 싶지 않은 일을 하는 법을 알려 주는 것은 있을 수 없는 일이야.

나는 어떻게 느낄 것 같은가 / 나는 어떻게 행동하겠는가

합리적인 신념: 나는 그들이 내게 강요하지 않았으면 좋겠어. 그렇지만 그들이 심하게 군다고 해도 나에게는 선택권이 있어.

나는 어떻게 느낄 것 같은가 / 나는 어떻게 행동하겠는가

5. 여러분의 여동생이 집 안의 허드렛일 하기를 거부했고, 그것 때문에 여러분이 야단맞게 되었다.

비합리적인 신념: 나는 잘못한 게 아무것도 없는데 내가 야단맞는 건 불공평해.

나는 어떻게 느낄 것 같은가 / 나는 어떻게 행동하겠는가

합리적인 신념: 그건 정말 옳지 않아. 그렇지만 때로 부모님들도 실수하실 수 있지.

나는 어떻게 느낄 것 같은가 / 나는 어떻게 행동하겠는가

89. 결과를 생각하며 행동하기

목표

행동의 단기적 결과와 장기적 결과를 배운다.

준비물

〈결과〉 이야기, 종이, 연필

진행 절차

1. 학생들에게 단기간의 결과와 장기간의 결과가 모두 있는 상황을 보여 주고, '결과'라는 단어의 뜻을 토론하도록 한다. 예를 들어, 공부하는 것의 단기간의 결과는 좋은 점수를 얻게 할 것이다. 그것의 장기간의 결과는 대학에 가거나 좋은 직업을 얻게 할 것이다.
2. 다음 이야기를 읽고, 학생들로 하여금 그 속에 예시된 단기간의 결과와 장기간의 결과의 목록을 만들게 한다.

결과

진석이는 영훈이를 불러서 토요일 저녁에 영화를 보러 가자고 했다. 진석이의 아버지는 그들을 극장까지 태워다 주고 영화가 끝난 후에 다시 데리러 오기로 했다. 영훈이는 극장에 가게 되어 기분이 들떴다.

진석이와 영훈이가 극장에 도착했을 때, 진석이는 그의 아버지가 주차장을 떠날 때까지 기다렸다가 영훈이에게 자신은 영화를 보고 싶지 않고 단지 극장에서 가까운 오락실에 가기 위해 핑계를 댄 것이라고 말했다. 영훈이는 그의 어머니가 오락실에 가는 것을 허락하지 않을 것을 알고 있기 때문에 망설였다. 그러나 진석이를 실망시키고 싶지 않아서 가겠다고 말했다.

그들이 오락실에 갔을 때, 그곳은 사람들로 가득했고, 그들보다 나이가 더 많은 아이가 어슬렁거리고 있었다. 진석이는 그들 중 몇몇을 아는 것처럼 행동했고, 꽤 오랫동안 영훈이를 무시한 채 밖으로 나가 버렸다. 영훈이는 매우 불쾌했다.

곧, 진석이는 두 명의 다른 아이들과 함께 오더니 영훈이에게 따라오라고 말했다. 밖에 있는 차로 가서 진석이와 다른 아이들은 담배에 불을 붙였다. 그들은 영훈이에게도 담배 피울 것을 강요했고, 결국 영훈이는 그렇게 했다. 영훈이는 담배 맛이 좋지 않았지만 다른 아이들이 이제 막 담배를 피워 보려고 하는 애송이라고 생각하는 것이 싫었다.

그들은 잠시 동안 차에 앉아 있었고, 마침내 진석이가 극장에 가자고 말했다. 그들이 영화관에 도착했을 때, 진석이 아버지는 몹시 화가 난 얼굴로 있었다. 아버지가 로비에서 그들을 기다렸던 것이다. 결정적으로, 아버지는 소년들의 입에서 담배 냄새를 맡았다. 진석이 아버지는 진석이에게 너를 믿을 수 없다고 말하고, 영훈이 엄마에게도 자초지종을 얘기하겠다고 했다.

토론

내용에 대한 이해

1. 소년들의 행동 중 단기간의 결과는 무엇인가요?
2. 소년들의 행동 중 장기간의 결과는 무엇인가요?
3. 이 결과들의 종류는 어떻게 연관되나요?
4. 여러분은 어느 때를 행동의 결과로 생각해야 한다고 보나요? 왜 그런가요?

개인에게 적용하기

1. 여러분은 자신의 삶에서 단기간의 결과와 장기간의 결과를 깨닫곤 하나요? 몇 가지 예를 들어 이야기를 나누어 보세요.
2. 여러분은 보통 행동하기 전에 결과를 생각하나요, 아니면 행동한 후에 생각하나요? 어떤 것이 여러분에게 더 도움이 되나요? 생각하기에 앞서 여러분 자신에게 도움이 되도록 무엇을 할 수 있나요?

지도자 유의사항

앞의 이야기에서 단기간의 결과는 영훈이가 벌을 받는 것이 될 것이다. 장기간의 결과는 영훈이가 옳다고 생각했던 것을 미래에는 당당히 주장할 수 없을 것이라는 것이다. 이런 무능력은 더 부정적인 행동, 나쁜 평판 또는 심지어 중독과 같은 것들을 유도할 수 있다.

90. 비합리적인 신념을 지워요

목표

자신이나 타인의 비합리적인 신념에 도전하기 위한 전략을 개발한다.

준비물

〈비합리적인 신념을 지워요〉 활동지(유인물 25), 펜 또는 연필

진행 절차

1. 지우개를 들고 핵심적으로 어떤 것을 제거하거나 바꾸는 것의 목적에 대해 설명한다.
2. 학생들을 2명씩 짝 지어 〈비합리적인 신념을 지워요〉 활동지(유인물 25)를 나누어 준다. 학생들은 각각 비합리적인 신념을 읽고 그것을 합리적인 것으로 바꾸면서 '지운다'. 예를 들어, 비합리적인 신념은 '여러분은 경기할 때 항상 중요한 역할을 해야 한다'와 같은 것이다. 합리적인 신념은 '중요한 역할을 할 때도 있고, 할 수 없을 때도 있을 것이다. 항상 그래야만 하는 것은 아니다'와 같은 것이다.
3. 학생들 자신이 비합리적인 것에 대해 바꾼 합리적인 신념의 예를 들어 이야기를 나누도록 한다.

토론

내용에 대한 이해

1. 여러분은 합리적인 신념과 비합리적인 신념 간의 차이를 통해 무엇을 알게 되었나요?
2. 비합리적인 신념을 지우고 바꾸기 위해 여러분은 어떤 일을 할 필요가 있나요?

개인에게 적용하기

1. 여러분은 신념을 지우고 바꾸는 이런 과정을 적용해 본 적이 있나요? 만약 그렇다면, 그 과정은 무엇과 같았나요?

2. 전에 비합리적인 신념을 지우고 바꿔 본 적이 없다면 왜 여러분은 그랬나요? 이것을 완수하기 위해 여러분은 어떻게 노력할 것인가요?
3. 이 활동에서 여러분의 삶에 적용할 수 있는 것으로 무엇을 배웠나요?

지도자 유의사항

비합리적인 신념에 도전하는 것이 어려운 과정이라 해도, 학생들이 그들의 생각을 고칠 수 있는 질문을 스스로에게 하도록 가르치는 일은 가능하다. 그 과정을 배울 수 있도록 도움을 주는 몇 가지 예를 제공한다.

[유인물 25]

〈비합리적인 신념을 지워요〉 활동지

비합리적인 신념	합리적인 신념
1. 나는 모든 것에서 완벽해야 해.	1.
2. 내 친구들은 내가 원하는 것을 항상 해야만 해.	2.
3. 내가 실수한다면, 나는 바보야.	3.
4. 모든 사람이 나를 좋아해야만 해.	4.
5. 나는 이 집에서 어떤 일이라도 할 수 있는 유일한 사람이야.	5.
6. 내가 숙제를 하는 방법이 가장 좋은 방법이고, 다른 사람들은 내가 하는 대로 해야만 해.	6.
7. 나는 일부러 친구를 사귀려고 해서는 안 돼. 사람들이 내게 와야만 해.	7.
8. 내가 항상 불행한 건 내 잘못이 아니야.	8.
9. 경기가 진행되는 동안 다른 아이들은 서 있기만 해서는 안 돼. 그들은 내가 하는 만큼의 노력을 해야만 해.	9.
10. 내 친구들은 항상 내가 하는 말을 들어야만 해.	10.

초 5 · 6

91. OSA

목표

과잉 일반화와 선택적 추상화에 대해 배운다.

준비물

〈OSA〉 시나리오(유인물 26)

절차

1. 과잉 일반화와 선택적 추상화(문제를 일으킬 수 있는 생각의 유형)의 개념을 설명한다. 과잉 일반화는 한 사람이 어떤 일을 어떤 방식이거나 전혀 어떤 방식이 아니라고 추정할 때, 과장되게 생각하는 것과 같다. 예를 들어, 만약 여러분이 친구와 한 번 싸웠다면, 과잉 일반화는 여러분과 친구가 항상 싸우며 다시는 친구가 되지 않을 것이라고 생각하는 것이다. 선택적 추상화란 여러분이 전체 그림에서 작은 한 부분에만 초점을 두는 것으로, 예를 들어 여러분이 과학시험에서 두 문제를 틀린 사실에만 초점을 두고, 어제까지 모든 과학시험에서 완벽한 점수를 받았다는 것을 잊어버리는 것과 같다. 선택적 추상화로는 '큰' 그림을 그릴 수 없다.
2. 학생들을 2명씩 짝지어 〈OSA〉 시나리오(유인물 26)를 나누어 주고, 모든 과잉 일반화에는 밑줄을 긋고, 모든 선택적 추상화에는 동그라미를 치도록 지시한다.
3. 몇 분 후에 집단에게 과잉 일반화의 예를 공유하고, 칠판에 그 목록을 적도록 지시한다. 선택적 추상화도 같은 방법으로 한다. 이 개념들에 대해 어떤 질문이든지 분명하게 설명한다.
4. 개념을 학생들이 이해했을 때, 학생들을 4명씩 한 집단으로 구성하고 집단별로 과잉 일반화와 선택적 추상화를 예로 든 역할극을 만들도록 한다.
5. 전체 집단 앞에서 집단별로 역할극을 발표하도록 한다.

토론

내용에 대한 이해

1. 과잉 일반화란 무엇인가요?
2. 선택적 추상화란 무엇인가요?
3. 그 두 가지를 구별하는 것은 얼마나 어려웠나요?
4. 여러분은 역할극을 꾸미기 위해 어떻게 예를 찾았나요?

개인에게 적용하기

1. 여러분은 과잉 일반화나 선택적 추상화를 사용해 본 적이 있나요? 만약 그렇다면, 그것들은 도움이 되었나요? 만약 그렇지 않았다면, 그 효과는 무엇인가요?
2. 이런 종류의 생각을 피하기 위해 여러분이 할 수 있는 일은 무엇이라고 생각하나요?
3. 이번 수업을 통해 여러분에게 도움이 될 만한 것은 무엇인가요?

지도자 유의사항

학생들이 이 활동에 제시된 개념들을 이해했을 때, 과잉 일반화나 선택적 추상화를 사용한 것을 그들이 말했다거나, 다른 사람들이 하는 말을 들었던 일을 일기에 쓰도록 하여 그들의 지식을 강화한다. 매주 이야기를 나누는 시간을 가지고, 이러한 왜곡이 친구관계와 자기수용에 어떤 영향을 주는지에 대해 초점을 맞추어 토론하게 한다.

[유인물 26]

〈OSA〉 시나리오

현아는 6학년이다. 그녀는 선생님을 좋아하지 않는다. 왜냐하면 선생님은 항상 현아를 비난하기 때문이다. 현아는 다른 아이들이 수군대거나 떠들어도 선생님은 결코 그 애들에게 야단치지 않는다고 말한다. 이것은 정말로 현아를 미치게 만든다. 또한 현아는 몇몇 친구들 때문에 화가 난다. 오늘 현아가 구내식당에 갔을 때, 여학생들 몇 명이 수군대기 시작하는 것을 보았다. 현아는 '쟤들은 항상 나에 대해 수군대지.' 라고 생각하며 남학생들과 함께 다른 식탁에 앉기로 작정했다. 그러나 점심시간 내내 현아는 더 이상 그녀에게 어떤 친구도 없다는 사실에 대한 생각을 떨쳐 버릴 수 없다.
점심식사를 마치고 단어시험을 보았는데, 모든 단어를 맞추었다. 현아는 그 사실에 기뻤다. 그러나 과학실에 가자마자, 단어시험에서 자신이 얼마나 잘했는지를 잊었다. 왜냐하면 과학 선생님이 예고도 없이 쪽지시험을 쳤기 때문이다. 정답을 모두 맞추기는커녕 현아는 늘 그렇듯이, 세 문제를 틀렸다. 오후 내내 현아는 자신이 얼마나 어리석었는지에 대해서 생각하느라 다른 어떤 것도 생각할 수 없었다.
하교 후에 현아의 어머니는 그녀만 숙제를 하도록 집에 남겨 두고 언니들을 데리고 쇼핑을 하러 갈 것이라고 했다. 현아는 정말로 미칠 것 같았고, 엄마에게 자신을 아무 데도 데려가지 않는다고 비난했다. 현아의 엄마는 현아에게 지난주에 엄마가 직접 현아를 데리고 쇼핑 갔었다는 것을 상기시켰다. 숙제를 마친 현아는 부모님이 얼마나 불공평한가에 대한 생각으로 짜증이 나서 입이 뾰로통해졌다.
현아의 부모님이 현아에게 잠자리에 들 시간이라고 말하자, 현아는 좋아하는 TV 쇼 프로를 보기 위해 한 시간만 더 깨어 있게 해 달라고 졸랐다. 현아는 부모님이 허락하지 않을 것이라고 생각했다. 왜냐하면 부모님은 결코 현아가 하고자 하는 일을 하게 하지 않기 때문이다. 그러나 부모님은 현아가 그 쇼 프로를 볼 수 있게 해 주셨다. 현아는 놀랐지만 너무 기뻤다. 다음날 저녁에 현아는 다시 부탁하고, 부모님은 안 된다고 말한다. 그녀는 하고 싶은 일을 하지 못했기 때문에 다시 화가 난다.

[초등학교 5 · 6학년]

문제해결/의사결정

92. 접근행동 또는 회피행동

목적

문제해결/의사결정 전략에 접근하는 것과 피하는 것 간의 차이를 배운다.

준비물

접근 또는 회피 문제 상황

진행 절차

1. 두 학생을 선발하여 다음의 전형적인 문제에 반응하는 역할극을 하도록 한다.

   - 시험에서 형편없는 점수를 받은 한 학생이 그녀의 방에 시험지를 숨기고는 부모님께 말도 하지 않고 친구와 함께 나간다.
   - 한 학생이 시험에서 형편없는 점수를 받고 그것을 그의 부모님께 보여 주면서, "제 생각엔 시험 점수에 관해 우리가 얘기를 해야 할 것 같아요."라고 말한다.

2. 문제에 대한 서로 다른 두 가지 반응의 토론을 지도한다. 왜 학생들은 그렇게 행동했을까요? 그 방법이 다른 한 방법보다 더 나았나요? 어느 것이 더 나았나요? 왜 그럴까요? 등의 질문을 한다.
3. 어떤 문제에 대한 서로 다른 두 가지 반응으로서 '접근'과 '회피'라는 용어를 설명한다. 문제에 접근한다는 의미는 그것을 발언하고, 그것이 문제임을 인정함으로써 여러분이 그것을 대면하는 것을 말한다. 문제를 회피한다는 것은 여러분이 그 문제를 거부하려 하고, 어쩌면 문제를 왜곡하며, 다른 사람에게 문제의 책임을 떠넘기는 점 등을 의미한다.
4. 접근 또는 회피 문제 상황에 대해 접근하고 회피하는 반응을 연기할 지원자를 뽑는다. 다음에 오는 각각의 역할극 상황을 토론한다.

토론

내용에 대한 이해

1. 왜 회피는 문제해결을 위한 효과적인 기술이 아닐까요?
2. 왜 사람들은 항상 문제에 접근하려고 하지 않을까요?
3. 학생들이 이용하는 일반적인 회피행동들은 무엇인가요? 그런 행동들은 어떻게 해로울까요?
4. 대신에 이용할 수 있는 접근행동들은 무엇이 있을까요?

개인에게 적용하기

1. 여러분은 문제를 회피해 본 적이 있나요? 이런 종류의 반응에 대해 어떻게 느껴지나요? 예를 들어 이야기를 나누어 보세요.
2. 여러분은 문제에 접근해 본 적이 있나요? 예를 들어 이야기를 나누어 보세요.
3. 지금 여러분이 회피하고 있는 문제가 있나요? 여러분은 그것을 해결하기 위해서 어떻게 그것에 접근할 수 있나요?

지도자 유의사항

많은 학생이 그들이 해결할 수 없는 문제의 피해자들이다. 어떤 경우에는 회피적 행동이 효과적인 대처기제이기도 하다. 접근 대신에 회피하는 게 좋은 때도 있음을 지적해야만 한다. 그러나 문제에 대처하는 것과 그것을 회피하는 것 간의 구별 또한 반드시 있어야 한다. 해결을 위한 수단으로서 회피는 일반적으로 비효과적이다.

접근 또는 회피 문제 상황

1. 여러분은 수업을 빼 먹어서, 방과 후에 학교에 남으라는 명령을 받았다. 여러분은 부모님께 방과 후에 학교에 남는 일에 대해 서명을 받아야만 한다.
2. 선생님은 여러분이 숙제를 할 수 있도록 하루 더 여유를 주었지만, 여러분은 여전히 그것을 끝내지 못했다.
3. 여러분은 휴가를 같이 보내기 위해 엄마 또는 아빠 중 선택해야 한다.
4. 친한 친구가 요즘 쌀쌀하게 행동하며 여러분을 피하고 있다.
5. 교장선생님께서 여러분에게 방과 후에 그의 방으로 오라고 하셨다.
6. 여러분은 한 친구가 항상 여러분의 옷차림에 대해 지적을 해서 정말 짜증이 난다.

93. 의사결정 평가하기

목표

어떤 결정이 좋은지, 나쁜지를 평가하는 기술을 배운다.

준비물

〈의사결정 평가하기〉 활동지(유인물 27), 종이, 연필

진행 절차

1. 좋은 결정과 나쁜 결정을 비교할 때 무엇이 거기에 포함되는지 소개한다. 그후 다음에 오는 개념들(단기간의 결과, 장기간의 결과, 자신의 영향, 다른 사람의 영향, 시간 고려, 돈/자원 고려, 잠재된 긍정적 가능성, 잠재된 부정적 가능성)을 강조한다.
2. 의견을 평가하는 데 사용할 유형을 정리하기 위해 학생들을 4~6명씩 한 집단으로 나눈다. 만약 학생들이 원한다면, 〈의사결정 평가하기〉 활동지(유인물 27)를 하나의 예로 나누어 준다.
3. 완성되면, 학생들에게 그들이 창조해 낸 유형들을 전시하고 설명하게 한다. 리더가 제시한 의견의 예들을 이용해서 각 집단별로 유형이 완성될 수 있도록 전체 학생이 함께 작업하도록 한다. 이런 것들에는 여러분이 별로 좋아하지 않는 한 집단 속에서 계속 경기를 할 것인지, 그 집단에 '속하지 않은' 어떤 사람의 초대를 받아들일 것인지, 또는 다음 주까지 해야 할 보고서를 작성하기 시작할 것인지, 친구와 스케이트를 타러 갈 것인지 아닌지를 결정하는 것도 포함될 수 있다.
4. 학생들이 개인적으로 이용하는 몇 가지 유형을 만들고, 다른 소집단에서 공유된 몇 가지 생각을 이용하도록 격려한다.

토론

내용에 대한 이해

1. 여러분이 했던 결정을 평가할 때 고려해야만 할 요소들은 무엇인가요?

2. 평가되는 모든 결정 요소나 견해를 놓치지 않기 위한 방법은 무엇인가요?

개인에게 적용하기

1. 여러분이 좋다고 생각했던 결정은 무엇인가요? 무엇 때문에 그 결정이 좋다고 생각했나요?
2. 여러분이 나쁘다고 생각했던 결정은 무엇인가요? 무엇 때문에 그 결정이 나쁘다고 생각했나요?
3. 여러분은 한 가지 또는 두 가지 요소를 바꿈으로써 나쁜 결정을 좋은 결정으로 바꿀 수 있나요?

지도자 유의사항

의사결정을 평가하는 것은 어려운 분석적 과정이다. 학생들은 의사결정에 포함된 요소들을 파악하고 한 번의 결정으로 다양한 측면을 이해하는 데 더 많은 연습과 강화가 필요할 것이다. 아마도 추수지도가 필요할지도 모른다.

[유인물 27]

〈의사결정 평가하기〉 활동지

나에게 주는 효과	남에게 주는 효과
단기간의 효과	**장기간의 효과**
시간이 요구되는 것	**돈/자원이 필요한 것**
(미래의) 긍정적인 가능성	**(미래의) 부정적인 가능성**

94. 네 것 vs. 내 것 vs. 우리 것

목표

타협하는 것이 의사결정의 일부임을 배운다.

준비물

종이, 연필

진행 절차

1. 학생들을 4~6명씩 한 집단으로 나누고, 각 집단에 세 가지 과제나 그들이 일반적으로 공부하고 있는 영역의 내용 중 일부를 기초로 그들이 할 수 있는 활동을 제시한다.
2. 각 집단에게 함께할 만한 과제 하나를 결정하도록 지도한다.
3. 학생들이 선택한 과제가 무엇인지 말하도록 한다. 결정하는 데 이용된 과정을 토론하도록 한다. "어떻게 집단의 의견에 도달했나요?" "어떤 의견의 차이가 있었나요?" "그것을 어떻게 다루었나요?" 등의 질문을 할 수 있다.
4. 학생들에게 만약 집단원 전체가 의견의 차이가 있었지만 아무도 굴복하지 않았다면 무슨 일이 일어났겠는지 생각해 보도록 한다. 학생들에게 고립되었던(궁지에 몰렸던) 것과 같은 개인적 경험에 관해 이야기 나누게 한다. 타협은 집단의 의사결정에서 핵심적인 부분임을 강조한다.
5. 학생들에게 '타협하기'라는 단어를 이용해서 4행시를 지어 보도록 한다. 예를 들면, 다음과 같다.

타 타인들도 둘러보아요.
협 협동은 꼭 필요한 거야.
하 하나보다는 많은 생각이 낫죠.
기 기분도 좋아져요. 우리 함께하면은…….

토론

내용에 대한 이해

1. 무엇이 타협인가요?
2. 타협이 필수불가결한 경우는 언제인가요? 적당한 타협인가요?
3. 타협이 잘못인 경우가 있나요? 있다면 언제일까요?
4. 타협의 결과로서 긍정적이거나 부정적인 것들은 어떤 것일까요?

개인에게 적용하기

1. 여러분이 고집을 부리거나 제 생각대로만 한 적이 있나요? 이런 유형의 행동이 결과적으로 상황에 어떤 영향을 미쳤나요?
2. 여러분이 타협했던 일은 어떤 것이었나요? 타협하는 기분은 어땠나요? 예를 들어 이야기를 나누어 보세요.

지도자 유의사항

타협은 그것이 적당하고 이로운 때와 장소에서만 긍정적인 행동으로 비춰져야 한다. 예를 들어, 한 학생이 위험하거나 비생산적인 행동에 참여할 것을 동료들에 의해 강요당할 때에는 타협은 바람직하지 않다. 이런 생각을 학생들에게 설명해 주어야 하고, 매일매일 교실에서 일어나는 주변 상황에서 일상적으로 강조한다.

95. 만약 내가 그렇게 말한다면

목표

문제 관리를 위한 합리적인 사고기술을 이용하는 능력을 배운다.

준비물

여러 가지의 구성물 또는 미술 종이, 컬러 펜, 연필, 마커펜, 얇은 판 재료들

진행 절차

1. 초등학교 5 · 6학년을 위한 신념과 행동: 활동 1(합리적인가요, 아니면 비합리적인가요)에서 배운 합리적 또는 비합리적인 신념의 개념을 복습한다. 사람의 감정과 행동에 대한 자기 대화의 효과를 토론하도록 한다.
2. 의사결정 과정에 있어서 합리적 또는 비합리적인 신념을 연관시키도록 지도한다. 보고서나 연주를 하기 전에 스스로에게 '어쩌면 나는 나 자신을 바보로 만들지도 몰라. 그렇지만 적어도 내가 노력했다는 걸 알게 될 거야.'라고 말하는 것과 같은 예를 들어 이야기를 나눈다. 사람의 의사결정 능력을 강화하거나 억제하는 합리적 또는 비합리적 생각의 다른 예들을 이끌어 낸다. 칠판에 예를 든 문장들을 적는다.
3. 학생들에게 짝과 함께 그들의 의사결정 과정에 이익을 주는 자극이 되었다고 생각되는 두 세가지의 긍정적 자기대화 문장을 선택하도록 한다. 그러고 나서 학생들에게 짝꿍이 선택한 문장을 나타내는 밑그림을 그려서 작은 포스터를 만들도록 한다.
4. 학생들에게 집이나 학교에 진열할 수 있도록 포스터를 코팅하도록 한다.

토론

내용에 대한 이해

1. 합리적인 생각이 여러분의 감정을 어떻게 바꿀 수 있었나요?
2. 어떻게 느끼고 있는가에 대한 변화가 결정을 내리는 능력에 영향을 줄 수 있을까요? 어떤

영향을 줄 수 있을까요?

3. 의사결정의 순간에 앞서 몇 가지 긍정적이고 합리적인 진술을 알고 연습하는 것이 왜 때로는 중요한가요?

개인에게 적용하기

1. 여러분은 의사결정의 순간에 부정적인 생각을 하고 있는 자신을 발견한 적이 있나요? 그것은 여러분의 의사결정에 어떤 영향을 주었나요?
2. 여러분은 의사결정 과정에서 도움이 되는 긍정적인 생각을 하고 있었던 때를 이야기 나눌 수 있나요?
3. 여러분은 미래의 상황에서 적용할 수 있는 것으로 무엇을 배웠나요?

지도자 유의사항

긍정적이고 합리적인 생각을 보여 주는 포스터의 모형은 뉴욕에 있는 인지·정서·행동치료 연구소(Institute of Rational Emotive Behavior Therapy)에서 구입할 수 있다. 그중 몇 가지는 일반 학급에 전시하기에 적합하며, 학생들 자신의 포스터를 위한 모델로 이용될 수 있다.

96. 한 번에 한 걸음씩

목표

문제를 관리할 수 있는 부분 만큼 작게 나누는 능력을 배운다.

준비물

주요 문제 카드, 혀누르개, 실, 마커펜

진행 절차

1. 학생들에게 다중 수학적 언어 문제(해답에 이르기 위해서는 최소한 세 번 정도의 서로 다른 작업을 해야만 하는 문제)를 제시한다. 다음과 같은 문제가 예로 제공될 수 있다.

> 방이 세 개인 사무실에 페인트칠을 하기 위해 세 사람이 고용되었다. 각 사무실을 칠하는 데에는 2통의 페인트가 필요하고, 1통에 10,000원이다. 만약 각 사람이 한 시간에 2,000원을 받고, 각 방을 칠하는 데 2시간이 걸린다면, 이 일에 드는 전체 비용은 얼마인가?

2. 학생들과 더불어 최종적인 해답에 이르는 전체적인 과정을 분석한다. 최종적인 해답을 찾기 전에 하위 문제의 순서에 따라 해결점을 강조한다.
3. 삶의 문제를 해결하는 것도 역시 종종 더 작은 순서의 문제들을 해결하는 일이 포함됨을 설명함으로써 생활 속의 의사결정과 수학 문제를 비교하도록 한다. 학생들에게 어떤 사람을 위한 특별한 선물을 선택하고 구입하는 예를 제시한다. 그 사람의 취향은 어떠한지, 그 사람이 이미 어떤 비슷한 것을 갖고 있지는 않은지 찾아내는 것, 가격을 알아보는 것, 여러분이 얼마까지 돈을 쓸 수 있는지를 결정하는 것과 같이 그 문제에 포함될 만한 하위 문제의 목록을 알아내도록 한다.
4. 학생들을 짝 지어 각 쌍에게 문제 카드를 나누어 준다. 이 큰 문제를 하위 문제로 나누도록 격려한다.
5. 학생들이 짝꿍과 분석 · 토론하여 주요 문제에 포함된 하위 문제들의 순서를 정한 다음에 설명한 것처럼, 평평하게 늘어뜨린 두 줄의 실 위에 혀누르개를 붙여 문제 사다리를 만들게

한다. 그런 다음, 혀누르개의 앞쪽 위에, 사다리의 가로 단 하나하나에 하위 문제 순서를 인쇄하도록 한다. 주된 문제는 가로 단의 가장 윗부분에 인쇄하여야 한다.

6. 완성된 문제 사다리에 대해 이야기 나누고 전시한다.

토론

내용에 대한 이해

1. 주요 문제를 작은 하위 문제로 나누는 것이 어려웠나요?
2. 문제를 풀기 위해 작은 부분으로 나누는 일이 왜 필요한가요?
3. 만약 어떤 문제가 한꺼번에 해결하기에 너무 큰 것처럼 보인다면 여러분은 무엇을 할 수 있을까요?
4. 여러분이 주요 문제를 급하게 해결하려고 하위 문제를 무시하거나 빼먹는다면 어떤 일이 생길까요?

개인에게 적용하기

1. 여러분에게 해결할 수 없을 것처럼 보이는 어떤 개인적인 문제가 있나요? 거기에 포함된 하위 문제들을 모두 알고 있나요? 그렇지 않다면 놓친 것이 있나요? 예를 들어 이야기를 나누어 보세요.

지도자 유의사항

이 활동에 적용된 분석적 생각은 중요한 학습기술 뿐만 아니라 핵심적인 생활의 기술도 제공한다. 분석적 사고는 모든 내용의 학업에서 강조되고 실행될 수 있다. 덧붙여서, 그것은 또한 학급에서 발생하는 개인적이고 상호적인 문제들을 조절하는 것에도 강조되어야 한다.

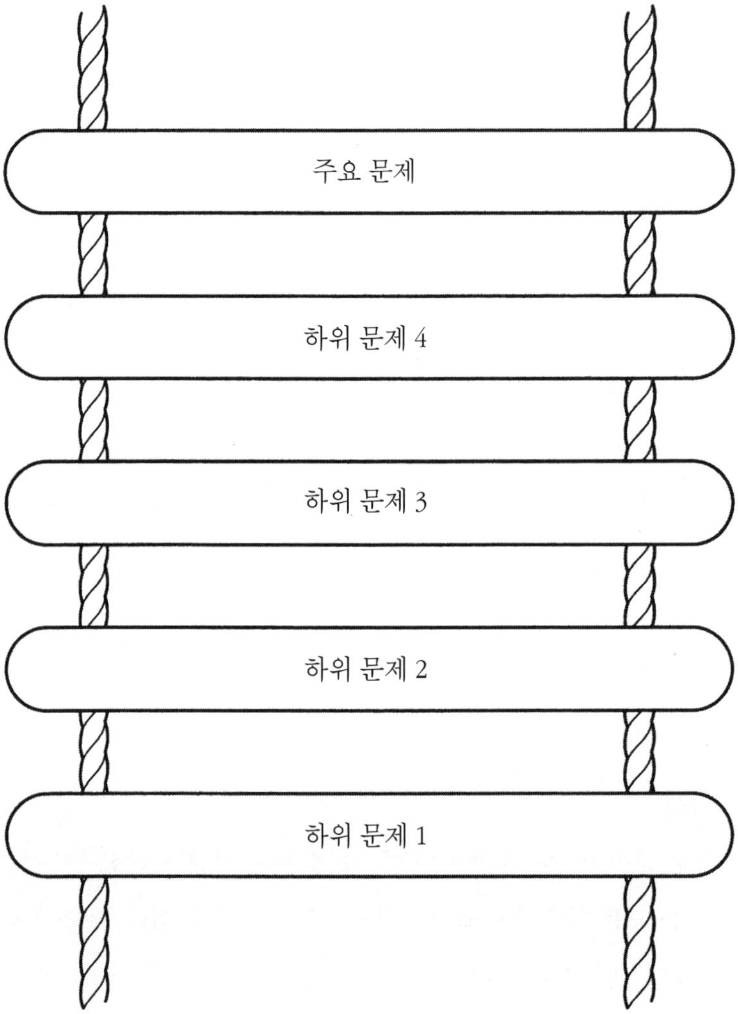
주요 문제
하위 문제 4
하위 문제 3
하위 문제 2
하위 문제 1

활동교구 ⑰ 참조

주요 문제 카드

동생이 여러분의 일에 참견하고 물건들을 함부로 만진다.	여러분은 전혀 모르는 주제에 관해 글쓰기를 해야 한다.
친한 친구가 공연에 같이 가고 싶어 하지만, 여러분에게는 여분의 표가 없다.	여러분은 '쓰레기'를 이용해서 미술 작품을 고안해야 한다.
여러분은 롤러스케이트를 배우고 싶다.	여러분은 피아노 수업이 끝나면 친구네 집에 가기로 했다. 그런데 거기로 가는 길을 잊어 버렸다.
방과 후에 여러분 혼자 집에 있는데, 고양이가 아픈 것처럼 보인다.	오늘 음악밴드 수업이 있는데, 여러분은 드럼 채를 잃어 버렸다. 그것 때문에 집에 갈 수 없고, 부모님은 직장에 계신다.
같은 반의 어떤 남자아이(또는 여자아이)를 좋아한다. 그리고 그 애도 여러분을 좋아하기를 바란다.	여러분은 학급 신문의 스포츠 면을 만들기 위해 소집단 활동을 하고 있다. 마감시간은 내일까지인데, 시작도 하지 못했다.
여러분은 반장으로 선출되고 싶다.	여러분은 춤을 배우고 싶다.

97. 목표 세우기

목표

단기 목표를 설정하는 능력을 배운다.

준비물

메모지, 벽지 조각, 스테이플러, 컬러 마카펜

진행 절차

1. 초등학교 5 · 6학년을 위한 문제해결/의사결정: 활동 5(한 번에 한 걸음씩)에서 소개한 바와 같이, 최종 해결에 도달하기 위해 큰 문제를 작은 문제로 나누는 것의 중요성을 복습한다.
2. 목표를 설정하기 위해 문제해결에서 이용된 분석적 접근을 연관시키도록 격려한다. 보다 크고 긴 범위의 목표에 도달하기 위해 작은 범위의 단기간의 하위 목표설정의 필요성을 강조한다.
3. 모든 과목에서 A 학점을 받는 것과 같은 큰 범위의 목표를 예로 제시한다. 이런 큰 목표와 관련된 단기간의 하위 목표의 순서를 정한다. 이 하위 목표는 수업 내용 잘 듣기, 토론에 참가하기, 배운 것을 확실히 이해하기, 숙제와 그 밖의 창의적인 일하기, 시험 공부하기, 숙제를 제때 제출하기 등이 포함될 것이다. 각각의 하위 목표를 칠판에 적는다.
4. 학생들에게 메모지를 나누어 주고, 이를 접은 다음 스테이플러로 찍어 개인 수첩을 만들게 한다. 벽지 조각을 이용해 표지를 만들게 한다. 학생들은 앞 표지에 제목과 본인의 이름을 적는다.
5. 학생들은 각자 최소한 3개 이상의 단기 하위 목표와 관련된 의미 있는 장기 범위의 목표를 선택한다. 학생들에게 이 목표들을 각자의 개인 수첩에 적도록 지도한다. 그런 다음 학생들은 그들의 노력과 정해진 기간(2~3주가 가장 좋을 것임) 동안 하위 목표가 진행되는 것을 적는다.

토론

내용에 대한 이해

1. 하위 목표에 도달하기 위해 여러분이 한 노력을 기록하는 것은 무엇과 같은가요? 그것들을 기록하는 일이 여러분의 목표 달성에 더 도움이 되었나요?
2. 장기간의 목표를 달성하기 위한 최선의 방법은 무엇인가요? 왜 그런 목표들이 중요한가요?
3. 장기간의 목표와 단기간의 하위 목표 간의 차이는 무엇인가요? 그 둘은 관련이 있나요? 어떻게 관련될까요?

개인에게 적용하기

1. 과거에 여러분이 성취한 장기간의 목표들은 무엇인가요? 어떻게 여러분의 목표에 도달했나요? 주요 목표에 도달하기 위해 여러분이 (신중하게 생각해서 또는 별생각 없이) 선정했던 하위 목표는 무엇인가요?
2. 여러분이 지금 가지고 있는 장기간의 목표를 위해 필수적인 하위 목표는 무엇인가요? (학생들이 시간, 개인적 구성, 필요한 자원 등에 대해 생각하도록 격려하세요.)

지도자 유의사항

학생들의 이해력과 진행 상황을 평가하기 위해서 보통은 개인 수첩을 검토해 보는 것이 중요하다. 지도자가 학생들의 개인 수첩을 읽고 적절한 개인적 코멘트를 해주는 데 필요한 시간을 아끼기 위해, 3~5명의 학생들이 서로 다른 날 개인 수첩을 제출하도록 할 수 있다. 추수지도는 꼭 하도록 한다.

98. 미심쩍은 결정일까, 아닐까

목표

나쁜 결정들 중에서 어떻게 좋은 결정을 구별하는지 배운다.

준비물

〈미심쩍은 결정일까, 아닐까〉 시나리오(유인물 28)

절차

1. 보통 의사결정과 관련하여 서로 다른 많은 선택이 있다는 사실에 대해 학생들과 토론하고, 의사결정을 할 때 학생들이 고려하는 요소들을 찾아보도록 한다. 이 목록을 칠판에 적는다.
2. 학생들에게 짝꿍을 찾도록 지시한다. 〈미심쩍은 결정일까, 아닐까〉 시나리오(유인물 28)를 나누어 주고, 각 집단의 학생들에게 2가지 시나리오를 배정한 다음에 유인물에 있는 설명에 따르도록 한다.
3. 질문에 대답할 시간을 충분히 준 후에 각 집단에게 각자의 시나리오를 가지고 어떤 일이 일어났다고 생각하는지, 어떤 의사결정을 할 것인지, 그리고 어떤 결과가 나올 것인지를 찾아보도록 한다.

토론

내용에 대한 이해

1. 어떤 일이 일어났는지 어떻게 결정했나요? 같은 시나리오를 가진 짝꿍은 똑같은 반응을 보였나요? 그렇지 않았다면, 여러분은 짝꿍이 왜 같은 반응을 보이지 않았다고 생각하나요?
2. 여러분이 일어날 것이라고 생각했던 일이 좋은 결정이었다고 생각하나요, 아니면 나쁜 결정이었다고 생각하나요? 왜 그렇게 생각하나요? 결정이 좋은지, 나쁜지에 대해 여러분은 어떻게 결정하나요?
3. 그 결정의 결과를 어떻게 찾아냈나요? 같은 시나리오를 가진 짝꿍은 똑같은 결론에 이르렀

나요?

개인에게 적용하기

1. 여러분은 이러한 의사결정을 해 본 적이 있나요? 이야기를 나누어 보세요.
2. 만약 여러분이 그런 적이 있다면, 무엇을 할지를 어떻게 정했나요?
3. 그 결정에 대해 여러분은 어떻게 생각하나요?
4. 다음에 여러분이 어려운 의사결정을 해야 할 때 기억해야 할 한 가지가 있다면 무엇인가요?

지도자 유의사항

학생들이 옳은 일을 말하는 것은 비교적 쉬운 일이다. 그러나 학생들이 딜레마(진퇴양난)에 빠졌을 때 실제로 끝까지 관철하는 일은 그리 쉽지 않다. 학생들에게 결과를 고려하고, 보다 나은 결정을 하도록 도울 수 있는 대안들을 찾아보도록 계속적으로 강조한다.

[유인물 28]

〈미심쩍은 결정일까, 아닐까〉 시나리오

지시사항: 여러분과 여러분의 짝꿍에게 나누어 준 시나리오를 읽으세요. 일어날 수 있는 모든 일에 대해 생각하고, 그런 다음 여러분이 일어날 것이라고 생각했던 일을 찾아보세요. 나머지 질문에 답하세요.

1. 진수와 친구 민석이가 쇼핑센터에서 스케이트 보드를 타고 있다. 그들은 한 여성이 차문을 잠그지 않고 차에서 내리는 것을 보았다. 그 차 옆을 스케이트를 타고 지나가다, 차 안에 있는 쇼핑백 몇 개를 보았다. 민석이는 진수에게 차 문을 열도록 설득하는데…….

   여러분은 무슨 일이 일어났다고 생각하나요?
   이 친구들이 해야 했던 결정은 무엇인가요?
   그들이 한 행동의 결과는 어떻게 되었을까요?
   이 상황에서 여러분이라면 어떻게 했을까요?

2. 혜리는 밤늦도록 비디오 게임을 하며 깨어 있었다. 그래서 혜리는 무척 피곤하다. 혜리는 오늘 사회과목 단원평가가 있는 것을 잊었다. 시험을 치루던 중, 혜리는 몇 가지 질문에 어떻게 답해야 할지 매우 헛갈린다. 선생님께서 몇 분 동안 교실 밖으로 나가자 혜리는…….

   여러분은 무슨 일이 일어났다고 생각하나요?
   혜리가 해야 했던 결정은 무엇인가요?
   혜리가 한 행동의 결과는 어떻게 되었을까요?
   이 상황에서 여러분이라면 어떻게 했을까요?

3. 건우의 엄마는 건우에게 엄마가 가게에 다녀오는 동안에 동생을 돌보라고 말했다. 건우는 동생이랑 노는 것이 지루해져서 동생을 놀이방에 남겨 두고 영화를 보러 다른 방으로 갔다. 머지않아…….

   여러분은 무슨 일이 일어났다고 생각하나요?
   건우가 해야 했던 결정은 무엇인가요?
   건우가 한 행동의 결과는 어떻게 되었을까요?
   이 상황에서 여러분이라면 어떻게 했을까요?

4. 유민이와 언니는 쇼핑센터에 갔다. 언니는 티셔츠 몇 벌을 골라 놓고는 유민이에게 옷을 갈아입으러 들어가는 동안에 가게의 계산대 옆에 서서 기다리라고 말했다. 언니가 돌아왔을 때…….

여러분은 무슨 일이 일어났다고 생각하나요?

유민이와 언니가 해야 했던 결정은 무엇인가요?

그들이 한 행동의 결과는 어떻게 되었을까요?

이 상황에서 여러분이라면 어떻게 했을까요?

5. 민기의 부모님이 외출을 하셨다. 얼마 지나지 않아 민기와 친구들은 지루해졌다. 그래서 그들은 거실에서 레슬링을 하기 시작했다. 민기가 친구를 핀으로 찌르는 과정에서…….

여러분은 무슨 일이 일어났다고 생각하나요?

민기와 친구가 해야 했던 결정은 무엇인가요?

그들이 한 행동의 결과는 어떻게 되었을까요?

이 상황에서 여러분이라면 어떻게 했을까요?

6. 규리와 그녀의 절친한 친구는 일주일 내내 싸웠다. 규리는 친구와 예전으로 되돌아가고 싶다(화해하고 싶다). 그래서 그녀는…….

여러분은 무슨 일이 일어났다고 생각하나요?

규리가 해야 했던 결정은 무엇인가요?

규리가 한 행동의 결과는 어떻게 되었을까요?

이 상황에서 여러분이라면 어떻게 했을까요?

초 5 · 6

[초등학교 5 · 6학년]

인간관계

99. 선택, 어디서든 선택

목적

다양한 삶의 스타일의 장점과 단점을 배운다.

준비물

잡지 묶음, 종이, 마커펜, 두꺼운 종이, 놋쇠로 된 머리 부분이 구부러진 못, 컴퍼스, 자, 가위, 미술 공작용 색판지

진행 절차

1. 잡지를 나누어 주고, 학생들이 생각하기에 흥미 있고 돋보이는 사람의 사진 하나를 골라 오리게 한다.
2. 종이를 나누어 주고, 그들이 선택한 사람의 특성을 묘사하도록 지도한다. 종이에 다음의 질문에 답하도록 한다.

- 이 사람은 어디에 삽니까?
- 이 사람의 직업은 무엇일까요?
- 이 사람은 다른 사람과 어떤 관계를 맺고 있을까요? 이 사람의 옷차림은 어떤가요?
- 이 사람의 건강 습관은 어떠할 것 같나요?
- 기분전환을 위해서 이 사람은 무엇을 할까요?

3. 학생들에게 인물에 대해 이야기를 나누도록 한다.
4. 학생들에게 그 인물이 구성한 삶의 형태에 대해 상상해 본 것들을 설명하도록 한다. 모든 사람은 그들이 결정한 특별하고 독특한 삶의 형태를 가지고 있음을 강조한다.
5. 칠판에 큰 원을 그린다. 그런 다음 다음과 같이, 파이를 자른 모양으로 칸을 나누고 각 칸에 삶의 모습을 붙인다.

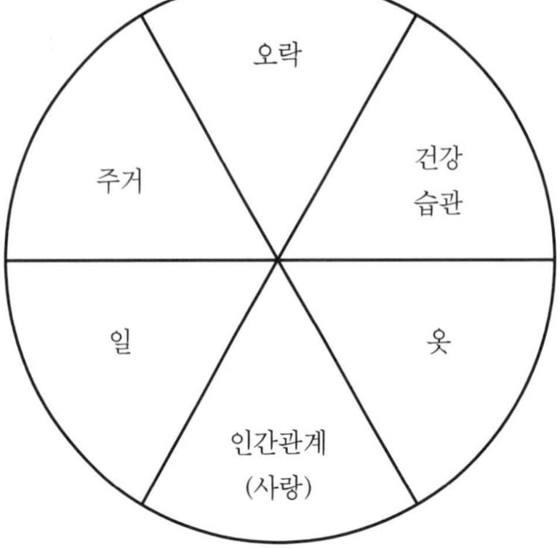

6. 각 범주에 대해 토론하고, 한 사람이 할 수 있는 선택을 브레인스토밍한다. 예를 들어, 옷차림과 관련해서 청바지, 드레스, 바지, 긴치마, 짧은 치마, 코트, 청자켓 등을 선택할 수 있다.
7. 학생들에게 각자 개인적 삶의 형태 바퀴를 만들도록 두꺼운 종이를 나누어 준다. 컴퍼스로 원을 그린 후 자르고, 자로 파이를 자른 모양으로 칸을 나눈 다음 이미 설치된 범주 각각에 그들이 선택한 것을 묘사한 짧은 문구들을 붙이도록 한다. 바퀴의 중앙에 두꺼운 종이 화살표를 만들어 놋쇠 못으로 고정시키도록 한다.
8. 학생들을 4~6명씩 한 집단으로 나눈 후, 집단별로 게임방식으로 그들의 생활양식 바퀴를 이야기 나누도록 한다. 각 학생은 자신의 바퀴에 있는 화살표를 돌린 후, 화살표가 가리키는 범주에 적힌 정보를 큰 소리로 읽는다. 다른 학생들은 화살표가 가리키는 범주의 이름(오락, 인간관계 등)을 큰 소리로 읽는다.

토론

내용에 대한 이해

1. 생활양식 바퀴에서 얼마나 많은 구성요소가 생활양식을 결정하나요?
2. 여러분은 더 첨가할 만한 생활양식 요소들을 생각할 수 있나요?
3. 각 범주에 여러분이 적은 선택 중 이익이 되는 것이 있나요? 손해가 되는 것이 있나요? (예를 들어, 도시에 살면 할 수 있는 재미있는 것들이 많이 있기 때문에 좋을 것이다. 그렇지만 교통난과 소음 때문에 나쁠 것이다.)
4. 여러분은 선택을 할 때, 그 이익만을 생각하나요? 손해만을 생각하나요? 아니면 둘 다 생각

하나요? 왜 그런가요?

5. 어떤 생활양식을 선택하는 것은 모두 긍정적일까요? 모두 부정적일까요?

개인에게 적용하기

1. 여러분은 현재의 생활양식을 어떻게 느끼나요? 여러분의 생활양식을 가족의 생활양식과 비교하면 어떤가요?
2. 여러분의 생활양식 중 한 측면에 대해 어떤 사람이 비판한 적이 있었나요? 만약 그랬다면, 그때 어떤 기분이 들었나요?
3. 이 활동으로부터 무엇을 배웠나요?

지도자 유의사항

이 활동에서 토론은 몇 가지 방향으로 나눠질 수 있다. 학생들은 서로 다른 생활양식의 장점과 단점에 초점을 둘 수 있고, 선택한 생활양식의 평가와 다양성에 보다 더 초점을 둘 수도 있다. 방향을 제시해 주는 것은 보람 있는 일이며, 학생들의 학습 수준에 따라 추수활동이 전개되는 동안에 학습계획을 되돌아 보는 데에도 유익하다.

100. 추측하기 게임

목표

다른 사람들이 생각하는 우리가 꼭 우리의 모습은 아닐 수 있다는 것을 배운다.

준비물

마분지 상자, 5~6개의 평범한 물건, 종이, 연필

진행 절차

1. 학생들이 볼 수 없도록 마분지 상자 안에 몇 개의 평범한 물건들을 넣어 둔다. 스펀지, 면봉, 연필, 비누 조각, 크래커, 테이프 뭉치 등이 품목으로 이용될 수 있다. 각 품목을 묘사하고, 학생들에게 묘사한 것이 무엇인지 추측해 보도록 한다.
2. 정확하게 보지 못한 품목을 추측하는 것의 어려움과 우리가 그 안에 있는 것을 실제로 보지 못했거나 알 수 없을 때, 다른 사람이 말하거나 행동하는 것만을 기초로 의견을 만드는 과정과 관련지어 토론하도록 한다.
3. 학생들에게 자신이 누구인지를 다른 사람들에게 말하기 위해 이용할 수 있는 문장들을 구성하도록 한다. '나는'으로 각 문장을 시작하도록 하고, 가능한 한 많은 다양한 방법으로 문장을 완성하도록 격려한다. 예를 들면, 다음과 같다.

- 나는 5학년이다.
- 나는 모범생이다.
- 나는 나의 가장 친한 친구와 있을 때 행복하다.
- 나는 아침에는 잘 투덜거린다.
- 나는 훌륭한 농구선수이다.

토론

내용에 대한 이해

1. 상자 안에 있는 물건들을 추측하는 것이 왜 어려웠나요?
2. 만약 어떤 사람이 그 물건의 품목을 잘 못 맞춘다면, 그 사람이 어리석다는 것을 증명하는 것인가요? 그것은 그 표현이 확실히 나쁜 것이라는 것을 의미하나요? 그 사람이 그 물건에 대해 잘못 추측한 것이 어쨌든 그 물건을 실제로 바꾸었나요?
3. 만약 어떤 사람이 한 사람으로서의 여러분의 존재에 대해 잘못 인식하고 있다면, 그것이 실제 여러분이 누구인가를 바꿀 수 있을까요?
4. 우리는 사람들이 생각하는 우리일까요?
5. 우리에 대해 사람들이 잘못된 가정을 한다면, 그 사람들은 멍청하거나 나쁜 것인가요?
6. 우리가 잘못된 가정을 바꿀 수 있는 방법이 있을까요? 그렇게 하면 우리는 항상 성공할 수 있을까요?
7. 만약 우리가 우리에 대한 잘못된 생각을 가진 어떤 사람과 생활해야 하고 그런 생각들을 바꿀 수 없다면, 우리는 괜찮다고 느끼기 위해 우리 자신에게 무슨 말을 할 수 있을까요?

개인에게 적용하기

1. 여러분에 대해 다른 사람이 잘못된 의견을 가진 적이 있었나요?
2. 여러분에 대해 어떤 사람이 잘못된 가정을 할 때 여러분은 기분이 어떨까요? 이것에 대해 여러분은 무엇을 할 수 있나요?

지도자 유의사항

이 나이 또래의 학생들은 동료의 압력에 매우 민감하다. 따라서 다른 사람들의 평가와 비난에도 불구하고 자신에 대해 좋은 감정을 느끼는 데 도움이 되는 문장을 분명하게 말할 수 있도록 격려한다. 추수활동으로 학생들은 작은 포스터나 지갑 크기의 카드에 그들의 '응급 정신건강 문장'을 인쇄할 수도 있다.

101. 하나 더하기 하나 더하기 하나

목표

사람들은 다른 방식으로 행동할 수 있고, 행동할 것임을 배운다.

준비물

계산기 또는 두루마리 종이, 펜 또는 연필

진행 절차

1. 다음의 두 시나리오를 연기할 학생들을 선발한다.

> 시나리오 1: 한 어린이가 길 잃은 개 한 마리를 집에 데리고 와서는 주인을 찾을 때까지 돌봐 달라고 부탁한다. 부모는 누가 그 개를 돌볼 것인지에 대해 걱정하며 책임을 분담하자고 제의한다. 모두 함께 그 개를 목욕시키기로 하고, 개를 욕실로 데려간다.
>
> 시나리오 2: 한 어린이가 길 잃은 개 한 마리를 집에 데리고 와서는 주인을 찾을 때까지 돌봐 달라고 부탁한다. 부모는 발끈 화를 내며 생각조차 하기 싫어하고, 아이에게 즉시 그 개를 발견한 곳에 내다 버릴 것을 고집한다.

2. 칠판에 다음의 공식을 적는다.

> 행동 = (사고/감정) + (과거의 경험) + (가정/기대)

인간의 행동 변화를 설명하기 위해 시나리오의 분석을 연출하는 수단으로 이 공식을 이용한다. 각 시나리오의 분석을 통해 발전될 수 있는 행동의 예에 대한 등식은 다음과 같다.

> 시나리오 1: 승낙하고 돕기를 제의한 부모 = (나는 개를 좋아해) + (내가 아이였을 때 나에게 좋은 개가 있었지) + (우리는 개 주인을 찾을 수 있고, 이 개를 도울 수 있어)
>
> 시나리오 2: 발끈 화를 내는 부모 = (나는 개를 싫어해) + (나는 이렇게 생긴 개한테 물린 적이 있어) + (이 개는 문제를 일으킬 거야)

3. 두루마리 종이를 길게 잘라 나누어 준다. 그런 다음 학생들이 짝을 이루어 다음에 나오는 미완성의 시나리오에 대한 서로 다른 두 가지의 가능한 반응에 대해 두 가지 행동등식을 쓰도록 지도한다.

여러분은 과학시험을 망쳤다는 선생님의 말씀에 신경을 쓰면서 학교에서 집으로 왔다. 여러분의 부모님은…….

학생들에게 제공된 종이의 앞에서 뒤쪽으로 등식을 적도록 한다.

4. 완성된 등식을 이야기 나누고, 그 등식의 모형에 제시된 행동의 각 요소가 포함되었는지를 평가한다.

토론

내용에 대한 이해

1. 심지어 매우 유사한 상황에서조차도 사람들이 다르게 행동하는 이유는 무엇일까요?
2. 다른 사람들과 똑같이 행동하도록 사람들에게 기대하는 이유가 있을까요? 왜 없을까요?
3. 우리가 기대하는 바와 다르게 행동하는 것은 나쁘거나 잘못된 것인가요?

개인에게 적용하기

1. 여러분이 기대하지 않았던 방식으로 행동하거나 반응함으로써 여러분을 놀라게 한 사람이 있었나요?
2. 어떤 사람이 여러분이 기대하지 않은 방식으로 행동할 때 여러분은 무엇을 할 수 있나요?

지도자 유의사항

모형의 등식에 나타난 행동요소들은 이와 같은 수업의 목적에 따라 단순화되어 왔다. 모형은 그 요소들이 실제로 근본적으로 인과관계일 때 첨가된다는 점을 암시한다. (과거의 경험은 특정 생각에 영향을 끼칠 수 있고, 그것은 다시 감정 등에 영향을 줄 수 있다.) 이 점은 이 수준의 학생들에게는 중요하지 않으나 지도자는 염두에 두어야 한다.

102. 뭐라고

목표

대인관계의 효과적인 의사소통 기술을 배운다.

준비물

배경설정 카드, 암시 카드, 큰 색인 카드(2인당 4장씩), 펜 또는 연필

진행 절차

1. 네 명의 지원자를 선발하여 한 학생에게는 배경설정 카드를 나누어 주고, 나머지 세 명의 학생에게는 각각 암시 카드를 나누어 준다.
2. 배경설정 카드를 가진 학생들은 자신의 카드를 연구하여 거기에 적힌 상황을 다른 세 명의 지원자에게 연기한다. 이 지원자들은 그들의 암시 카드에서 지시한 대로 반응을 한다.
3. 각 연기에 대해 토론하도록 하고, 상호작용하는 행동을 구별하여, 다음에 나오는 네 개의 범주 중 하나에 적도록 한다.

긍정적 언어표현 예: "나는 찬성이야." "설명해 줄 수 있니?"	부정적 언어표현 예: "닥쳐!" "멍청이 같으니라고."
긍정적인 비언어적 표현 예: 미소를 짓는다. 긍정의 의미로 고개를 끄덕인다.	부정적인 비언어적 표현 예: 팔장을 끼고 얼굴을 돌린다. 문을 쾅 닫고 가버린다.

4. 새로운 지원자와 함께 남아 있는 두 배경설정 카드에 대한 연기의 과정과 반응을 반복한다.
5. 브레인스토밍을 하고, 각각의 긍정적인 범주(언어적이고 비언어적인 것)에 다른 가능한 행동 목록을 적도록 한다.
6. 두 명으로 구성된 학생들에게 각각 네 장의 빈 목록 카드를 주고 오직 긍정적인 반응만을 적은 배경설정 카드와 암시 카드를 만들도록 한다.

7. 완성된 후, 학생들은 배경설정 카드와 암시 카드를 서로 바꾸어 명시된 상호작용을 연기한다.
8. 각 연기에 대한 짧은 토론을 한 다음, 입증된 긍정적인 상호작용적 행동을 확인한다.

토론

내용에 대한 이해

1. 여러분은 다른 사람들과 반응하고 상호작용하는 방법을 선택할 수 있나요?
2. 여러분의 행동에 대한 선택이 다른 사람들에게 어떤 영향을 주나요?
3. 언어적이고 비언어적인 암시에서 보다 긍정적으로 되기 위해 여러분은 어떻게 할 수 있나요?
4. 보다 긍정적인 상호작용자가 될 때 어떤 이익이 있나요?

개인에게 적용하기

1. 여러분은 다른 사람에게 긍정적으로 반응한 적이 있나요? 그 사람은 그 반응으로 어떤 행동을 했나요?
2. 여러분은 다른 사람에게 부정적으로 반응한 적이 있나요? 그 사람은 어떤 반응을 보였나요?
3. 여러분이 선호하는 상호작용의 유형은 어떤 것인가요?

지도자 유의사항

개별화 질문에 대해 논의하는 동안 학생들이 가능한 한 많은 개인적 경험을 이야기 나누도록 격려한다. 활동적이고, 현실성 있는 예들을 가능한 한 많이 제공하는 것은 학생들이 일상생활 행동에 응용하고 전이하는 것을 촉진시킨다.

활동교구 ⑱ 참조

배경설정 카드

아빠는 여러분 차례가 아닌데 여러분에게 요리하는 것을 도와주라고 한다.
형은 여러분이 형이 좋아하는 앨범을 가져갔다고 고집을 부린다.
선생님은 여러분이 작성한 과제를 다시 고쳐 쓰라고 하신다.

암시 카드

긍정적 암시	부정적 암시
그 사람이 부탁한 것에 대해 더 알아보기 위해 질문하세요.	그 상황에서 벗어나세요, 떠나세요.
실수가 있었다고 생각하는 것에 대해 그 사람에게 긍정적으로 말하세요.	"말도 안 돼. 넌 미쳤어!"와 같은 말을 하며 말다툼 하세요.
사이좋게 지내세요.	화를 내세요.
화내지 말고 여러분의 생각을 말하세요.	말하거나 듣기를 거부하세요.

103. 문제를 해결하라

목적

긍정적인 갈등해결 기술을 배운다.

준비물

문제 카드

진행 절차

1. 학생들을 둥그렇게 둘러 앉게 한 후, 그들이 대인관계 형성에서 부딪히는 전형적인 문제들을 토론하도록 돕는다. 이 목록을 칠판에 적는다.
2. 학생들을 3명씩 한 집단으로 나누고, 문제 카드를 나누어 준다. 그 문제 상황에 대한 긍정적인 해결책을 각 집단에서 토론하도록 한다. (문제 상황을 집단별로 역할극으로 할 수도 있다.)
3. 10분 후에 학생들에게 문제 상황을 읽게 하고, 해결책을 이야기 나누도록 한다. 각자의 소개에 따라 문제해결에 이용될 수 있는 기술의 분석결과를 지도한다. 이 기술에 이름을 붙이고, 칠판에 적는다. 타협, 벗어나기, 공간확보, 시행착오, 체질 개선 등이 기술의 예가 될 수 있다.

토론

내용에 대한 이해

1. 인간관계에서 전형적으로 원인이 되는 문제는 어떤 것들일까요?
2. 다른 사람들과의 문제를 극복하는 방법은 무엇인가요?

개인에게 적용하기

1. 여러분의 인간관계에서 되풀이해서 부딪힐 것 같은 문제들이 있나요?
2. 왜 다른 사람들보다 여러분에게 어떤 문제들이 더 자주 발생할까요?

3. 다른 사람들과의 사이에 있는 문제의 수를 줄이기 위해 여러분이 할 수 있는 일이 있나요?
4. 인간관계에서 문제가 있을 때, 여러분은 보통 무엇을 하나요? 여러분의 행동은 효과적인가요? 그것 대신에 보다 효과적으로 할 수 있는 일은 무엇일까요?

지도자 유의사항

이 활동이 발전되는 동안에 분쟁해결 기술을 제공하여야 한다. 분쟁해결 기술에는 타협, 말로 나타내기, 사람이 아닌 문제 공격하기, 변덕스러운 함축성이 덜 포함되는 의사소통을 허용하기 위하여 시간과 공간 허용하기, 다른 해결책 시도해 보기, 자신들이 어떻게 그 일을 해내는지를 알기 위해 새로운 행동을 기꺼이 시도하기, 마지막으로 되풀이해서 직면하게 되는 인간관계를 요령 있게 종결하기 등이 있다.

활동교구 ⑲ 참조

문제 카드

여러분과 친구는 제삼자가 친구에게 관심을 보일 때를 제외하고는 사이좋게 지낸다. 제삼자가 관심을 보일 때에는 친구가 여러분을 무시하기 시작한다.	여러분과 엄마는 학교에 입고 가기에 적당한 옷을 사는데 결코 합의할 수 없다. 여러분은 엄마가 고른 옷이 정말 싫고, 그 옷들을 입기에 어색함을 느낀다.
여러분은 친구와 어떤 일에 대해 비밀 이야기를 했다. 그런데 친구는 그것을 다른 누군가에게 말했다. 여러분은 그 상황에 대해 이야기하려 했으나 싸우는 것으로 끝났다.	여러분은 이번 주말에 스케이트를 타러 가고 싶지만, 친구는 여러분이 지난 주말에 그 애가 원하는 일을 해 주었는데도 싫다고 한다.
친구는 둘 중에서 여러분이 더 인기가 있는 것처럼 보여서 질투를 한다. 여러분에게 있었던 어떤 신나는 일을 이야기하려고 할 때마다 친구는 거의 정상이 아니다.	선생님은 항상 교실에서 일어난 어떤 말썽에 대해 여러분을 나무란다. 심지어는 여러분의 잘못이 아닌 일조차도 말이다.
여러분은 반 친구들 중 한 명을 제외하고는 모든 사람과 꽤 잘 지낸다. 그 한 친구는 보통 여러분이 한 일에 대해 지적을 해 가며 매 시간마다 여러분을 웃음거리로 만든다.	아빠는 여러분이 가족과 함께 주말 휴가를 가기를 원하지만, 여러분은 친구의 생일 파티에 가고 싶다.

104. 기분 맞추기

목표

다른 사람에 대한 민감성의 특징을 배운다.

준비물

종이, 연필

진행 절차

1. 지원자들에게 다음의 상황을 학급 학생들이 하라는 대로 몸짓으로 표현하도록 한다.

• 일어나서 손을 흔들어라. • 상상의 줄 위를 걸은 다음 박수를 쳐라. • 지시자의 방식에 따라 간단한 움직임을 따라 하라. • 오른손을 들면 미소를 짓고, 왼손을 들면 고개를 끄덕이라.

2. 전달된 메시지를 사람들이 어떻게 몸짓으로 나타내는가를 분석하고, 그것을 이해하기 위해 학급 구성원에게 필요한 것이 무엇인가를 토론하도록 지도한다.
3. 의사소통을 위해 몸짓으로 나타내는 활동과 내용에 대한 이해의 질문들을 이용하여 인간관계에서의 반응을 연결시킨다.
4. 학생들에게 그들이 생각하는 어떤 사람을 묘사하는 문장을 쓰게 하는 것은 특별히 예민하고 민감한 것이다. 거기에는 그 사람이 행동하는 것과 다른 사람의 기분을 좌우하는 방법에 관한 예가 포함된다. 완성되었으면 이야기를 나눈다.

토론

내용에 대한 이해

1. 사람들은 어떻게 그들이 원하는 것을 전달하는 몸짓을 했나요?
2. 실제 생활에서 사람들은 다른 어떤 방법으로 우리들에게 원하는 것을 말하나요?

3. 여러분이 이해하고 반응하려면 무엇을 해야만 하나요?

개인에게 적용하기

1. 여러분은 어떻게 느꼈는지를 말로 하지 않았는데도 불구하고 여러분이 필요로 했고 원했던 것을 아주 잘 찾아내는 사람이 있었나요? 그 사람은 어떻게 그렇게 할 수 있었을까요?
2. 사람들이 여러분이 필요로 하거나 원하는 것에 대해 이해하고 있고, 배려하고 있음을 가장 잘 보여 줄 수 있는 방법은 무엇일까요?
3. 다른 사람들이 여러분에 대해 민감하고, 여러분이 필요로 하는 반응을 할 때 여러분의 기분은 어떤가요?
4. 여러분이 염려하고 있는 사람들에 대해 예민해질 때 여러분의 기분은 어떤가요?
5. 다른 사람들에 대해 더 예민해지려면 여러분은 어떻게 해야 할까요?

지도자 유의사항

주목하기, 생각하기, 염려하기, 반응을 나타내기 등의 요소들은 다른 사람들에 대한 감수성을 포함한다. 따라서 이러한 요소들은 토론하는 동안에 도출되고 강조되어야 한다. 학생들이 이런 요소들을 문장으로 나타내는 것처럼 마음에 새기도록 격려한다.

105. 좋은 친구란 이래야만 해

목적

교우관계에서 선호와 부담을 구별하는 것을 배운다.

준비물

종이, 연필, 포스터 용지, 마커펜, 보호 테이프, 여러 가지 매직펜, 풀, 가위, 두꺼운 종이, 오래된 잡지 여러 권

진행 절차

1. 학생들에게 아주 좋은 친구라고 생각하는 사람에 대해 떠올려 보도록 한다. 이 사람과 좋은 교우관계라는 것을 증명하기 위해 한 일을 묘사하는 단어 3개를 쓰도록 한다. 그런 다음 학생들에게 좋은 친구가 아닌 사람에 대해 생각하게 하고, 이 사람과 좋은 교우관계가 아닌 것을 증명하기 위해 한 일을 묘사하는 단어 3개를 쓰도록 한다. 학생들이 실명을 쓰지 않도록 강조한다.
2. 포스터 용지에 '좋은 친구란 이래야만 해'라고 적는다. 학생들에게 좋은 친구가 한 일을 적은 것에 대해 이야기를 나누도록 한다. 그 단어들을 포스터 용지에 적는다. '좋은 친구란 이래선 안 돼'라고 적고 같은 방식으로 진행한다.
3. '좋은 친구란 이래야만 해' 목록에 있는 모든 또는 대부분의 특징을 가진 완벽한 친구에 관한 생각에 대해서 토론하도록 한다. 학생들에게 완벽한 친구를 묘사할 수 있는 특성들을 이 목록에 더 적게 한다.
4. 항상 완벽한 친구가 될 수 있는지에 대해 토론하도록 한다. 비록 우리는 자연스럽게 친구들이 완벽하기를 원하지만, 만약 그들이 항상 그래야 한다고 생각한다면 세상에 완벽한 친구 같은 것은 없기 때문에 우리 스스로 실망하게 될 것이라는 견해를 소개한다.
5. 사람들을 있는 그대로 수용하는 것이 중요하다는 설명으로 UAO [다른 사람에 대한 무조건적 수용(Unconditional Acceptance of Others)]라는 개념을 소개한다. 우리는 친구들에게 완벽하기를 기대하지 않는다. 우리는 친구들이 좋은 교우관계를 위한 특성들을 보이는 것을 더

좋아한다. 만약 친구들이 이러한 자질을 보이지 않는다면, 우리는 친구들이 하는 일을 좋아할 필요가 없다. 그러나 친구들의 행동이 우리가 그래야만 한다고 생각하는 방식이 아니라는 이유로 화낼 필요도 없다.

6. 학생들을 4명씩 한 집단으로 나누고, 각 집단에 두꺼운 종이 한 장씩, 마커펜 여러 개, 잡지, 가위, 풀을 나누어 준다. 다른 사람에 대한 무조건적 수용(UAO)에 대한 생각을 그린 포스터를 창작해 보도록 한다.

토론

내용에 대한 이해

1. 다른 사람에 대한 무조건적 수용이란 무슨 의미인가요?
2. 교우관계와 관련해서 이러한 생각이 여러분을 어떻게 도울 수 있나요? 이야기 나누어 보세요.
3. 무조건적으로 어떤 사람을 수용하기 어려울 때는 언제인가요?

개인에게 적용하기

1. 여러분은 다른 사람에 대한 무조건적 수용하기를 실천한다고 생각하나요? 만약 그렇다면, 그것이 다른 사람과의 교우관계에 어떤 영향을 미친다고 생각하나요?
2. 여러분은 어떻게 다른 사람들을 더 많이 수용하는 것을 배울 수 있다고 생각하나요?

지도자 유의사항

다른 사람에 대한 무조건적 수용은 어려운 일이다. 그러나 친구들에게 보다 더 관대하고 수용적인, 그리고 긍정적인 태도를 보이는 것이 학생들의 교우관계에 도움이 될 수 있다. 교우관계에서 부정적인 영향이 줄어들면 약자를 괴롭히는 행동 역시 줄어들 수 있음을 강조한다.

찾아 보기

저자 소개

Ann Vernon 박사는 Cedar Falls에 있는 Northern Iowa 대학교의 교육행정 및 상담학과의 부교수이자 상담 코디네이터이며, Albert Ellis 박사가 운영하는 REBT 연구소의 연계기관인 중서부 REBT 센터의 소장이다. 또한 그녀는 아동과 그 가족을 대상으로 한 개업상담가이며 다양한 쟁점에 대하여 교사, 부모, 정신건강 전문가들을 대상으로 컨설팅하고 있다. Vernon 박사는 Iowa 대학교에서 상담 및 인간발달 전공의 박사학위를 받았으며, REBT 연구소에서 REBT 심리치료 고급과정 훈련을 받았다. 그녀는『당신을 더욱더 건강하게 돕기 위하여(Help Yourself to a Healthier You)』(Minneapolis: Burgess, 1989)와 같은 학생들을 위한 정서적 교육프로그램들에 대한 교재의 저자이기도 하다. 그녀의 현재 관심 연구 분야는 아동, 스트레스와 관련된 REBT 교육과 컨설팅이다.

역자 소개

박경애(Park, Kyung-Ae)

〈학력〉

미국 트루먼 주립대학교(Truman State University) 영문학 학사

미국 미주리 대학교(University of Missouri) 교육 및 상담심리학 석사 · 박사

〈경력〉

King's college London, Institute of Psychology, Psychiatry, Neuroscience, 교환교수 (2016. 3.~2016. 12.)

광운대학교 교육대학원 원장(2011. 2.~2016. 1.)

광운대학교 상담심리/심리치료교육 주임교수

〈상훈〉

국무총리상 수상

세종나눔봉사대상UN봉사대상 수상

〈학회 및 연구회〉

한국학교상담학회장(2010. 9.~2013. 2.)

한국상담심리학회 산하 인지행동치료연구회장

〈자격증〉

한국상담심리학회 상담심리사 1급

한국상담심리학회 부부/가족상담 전문가

한국상담학회 수퍼바이저급 상담전문가

한국인지행동치료학회 인지행동치료 전문가

미국 미주리 주정부 학교심리학자 자격증

미국 Albert Ellis Institute of Rational Emotive Behavior Therapy

전문가 및 전문가 지도감독 자격증(Supervisory Certificate)

하진의(Ha, JIn-Eui)
숙명여자대학교 교육심리학 학사
숙명여자대학교 대학원 교육심리학 석사
숙명여자대학교 대학원 교육학 박사(교육심리 및 상담 전공)
국가공인 상담정교사 2급
국가공인 청소년상담사 1급
한국교육심리학회 학습컨설턴트 1급
한국청소년상담원 부모교육전문가
현 제주국제대학교 상담복지학과 교수

윤정혜(Yoon, Jeong-Hye)
숙명여자대학교 교육심리학 학사
숙명여자대학교 대학원 교육심리학 석사
숙명여자대학교 대학원 교육학 박사(교육심리 및 상담 전공)
한국상담심리학회 상담심리사 1급 및 수퍼바이저
한국정신분석협회 정신분석전문가
현 Dr.윤's심리치료 하연 원장
한신대학교 정신분석대학원 외래교수

이유미(Lee, Yu-Mi)
숙명여자대학교 교육학 학사
숙명여자대학교 대학원 교육학 석사
숙명여자대학교 대학원 교육학 박사과정 수료(교육심리 및 상담 전공)
한국청소년상담원 부모교육전문가
한국부모교육AP협회 이혼·별거 가정의 부모역할 지도자
현 고구려대학교 유아교육과 교수

초등학생용

REBT를 활용한 정서교육 프로그램 1

Thinking, Feeling, Behaving(Second Edition)

2018년 8월 30일 1판 1쇄 발행
2021년 7월 20일 1판 3쇄 발행

지은이 • Ann Vernon
옮긴이 • 박경애 · 하진의 · 윤정혜 · 이유미
펴낸이 • 김진환
펴낸곳 • (주)학지사
04031 서울특별시 마포구 양화로 15길 20 마인드월드빌딩
대표전화 • 02-330-5114 팩스 • 02-324-2345
등록번호 • 제313-2006-000265호

홈페이지 • http://www.hakjisa.co.kr
페이스북 • https://www.facebook.com/hakjisabook

ISBN 978-89-997-1577-8 93180

정가 17,000원

이 도서의 국립중앙도서관 출판시도서목록(CIP)은 서지정보유통지원시스템 홈페이지(http://seoji.nl.go.kr)와 국가자료공동목록시스템(http://www.nl.go.kr/kolisnet)에서 이용하실 수 있습니다.
(CIP 제어번호: CIP2018020061)